U0036226

心理學是什麼
What Is Psychology
...File
崔麗娟等◎著

序

心理學是一門很古老的學問，古希臘哲人亞里斯多德的《論靈魂》、《論感覺》、《論記憶》等著述，就是樸素的心理學；我國古代兵聖孫武的《孫子兵法》，已經能很好地運用心理學了。莎士比亞寫劇本、演戲很會牽動觀眾情緒，說明他掌握觀眾心理學；高明的政治家、軍事家、文學家、教育家，甚至是巫師，幾乎都懂心理學，古人用具體行爲，證明了他們不愧爲心理學大師。

心理學又是很年輕的一門學問。一八七九年德國人馮特創立第一座心理實驗室，出版著作、建立學說、教授學生，心理學才正式登堂入室，被承認爲一門獨立的科學。到了現代社會，心理學到了無孔不入的地步，不僅教育有心理學，管理有心理學，消費有心理學，算命有心理學，戀愛有心理學，連犯罪、自殺，都牽扯到心理學。心理學成了描述一切社會現象的萬靈丹。

什麼是心理學呢？詞典上、教科書上已經有了許多答案，可這些答案大部分只會讓讀者望而卻步。差不多一切科學概念都有一個通病：追求準確、系統，追求把握事物的本質，乃至無愧於「科學」的稱號。於是，擺出一副高深的學術面孔，脫離大部分人的需要和接受程度。心理學這門似乎人人明白的學科也不例外，即使是一些心理學的入門書，一般人讀起來也並不輕鬆。

其實，「心理學」應該是一個通俗的詞彙，它從現實生活的經驗出發，抽象出一定的理論，又回到大部分人身邊。一切科學的出發點，都是從解釋人們身邊的生活現象開始的，其最終目標，也應該指向人，應用到我們的現實生活——心理學更應該如此。最近幾年，在普及心理學知識方面，人們也確實做了不少工作。看看圖書館、書店的書架上擺著的有關個性分析、興趣鑑定、智力測驗以及人生指導之類的書籍，你就能明白心理學是無時不在我們身邊的。只不過這些書大多集中在幫助人們認識自己，而不是認識心理學本身。

在我看來，心理學是解釋因與果的鑰匙，是聯繫人與動物的基因鏈條，是接通自我與社會的橋樑，總之，心理學是關於「人」的學問，是關於生活和社會的科學與技巧。本書試圖從人人都熟悉的生活現象入手，用通俗的語言引出相關的心理學原理，讓讀者看得見、摸得著，並將心理學原理與自己的內心經驗互相印證，把握心理學的精髓。這是本書追求的第一個特點。

現代心理學發端於十九世紀末，算起來只有一百多年的歷史，相對於古老的文學、歷史學、哲學來說，其歷史雖然不是很長，但是，在短短的時間裡，心理學領域可謂異彩紛呈，大家迭出，在相當大的程度上，影響了文學、藝術、哲學，甚至人類歷史的面貌。本書試圖以簡潔的粗線條，向大家介紹心理學的基本知識、基本流派，以及現代心理學發展的基本脈絡，使讀者建立起對心理學的基本知識體系。這是本書追求的第二個目標。

正因爲如此，足以讓我們在內容的取捨上爲難了：是不是還有什麼最能讓讀者感興趣的內容我們沒有囊括其中？不過既然是書，自有體系，人就是一個宇宙，有關人的發現不是用一個體系能夠描述的，我們只希望這是讀者所見的獨特的體系。心理學還年輕，但並不氣盛，我們還有一大片未知的領域等待開拓。一個還沒有充分發展的學科，是不能說它是什麼的。所以本書的目的只有一個，那就是告訴你我們知道些什麼。如果我們的介紹能引起讀者對心理學的濃厚興趣，使你產生要進一步了解它、研究它的願望，我們已經很感欣慰了。

心理學到底是什麼？讀了這本書，也許讀者心中早已有了自己的答案，而且這個答案可能比我們講述的還要寬廣、宏大；也許有的人會更糊塗了，因爲在未涉心理學之前，大多數人都會想：學了心理學是不是可以看穿他人的心思。抱著這種想法的人總歸是要失望的。我們也深感罪過，爲什麼一旦揭去神秘的面紗之後便魅力不再呢？難道心理學眞應該是我們描述的這個樣子？爲什麼心理學就不能是大家想像的那個樣子呢？除了一些由歷史和文化等因素帶來的誤解之外，我們只能說理想與現實之間總是有差異的。我們的理想與讀者可能沒什麼差別，但是當科學站在我們身邊時，我們只能說讀者想知道的東西太多而目前心理學所確知的又太少了。

看完本書之後，或許你會想，心理學就是這個樣子？如果你想藉此看透心理學，我們只能對你說抱歉了，因爲你只是透過我們所開的一小扇窗戶，看到房間的一個角落，而房間裡到底藏著什麼寶物，這是需要大家共同去努力才可能完全摸清楚的。

本書共有十二章，第一章到第四章，由馬麗靂撰寫；第五章、第六章以及第九章到第十二章由崔麗娟撰寫；第七章、第八章由楊志勇撰寫；由崔麗娟最後修改並定稿。不能求全是我們的能力有限，而在時間與完美之間，我們又不得不選擇時間，所以我們也只能很不情願地說：錯誤自是難免，缺陷更不必言。還望讀者諒解、學界匡正！

崔麗娟

二〇〇一年十月於華東師範大學

目　錄

什麼是心理學？

在馮特創立他的實驗室之前，心理學像個流浪兒，一會兒敲敲生理學的門，一會兒敲敲倫理學的門，一會兒敲敲認識論的門。一八七九年，它才成爲一門實驗科學，有了一個安身之處和一個名字。

——墨菲

馮特（科學心理學創始人，德國人，1832-1920）

「心理學」這個名稱常被人誤解，其原因就在於：在歷史演變中，多次都是舊瓶裝入新酒的形式，只換內容，不改名稱，因而使人望文生義，不能確知「心理」二字的涵義。

以現代心理學的觀點，心理學可以說是一門古老而又年輕的科學。心理學源於西方哲學，西方哲學源於兩千多年前的希臘。從蘇格拉底、柏拉圖、亞里斯多德開始，都把「心」的探討，視爲哲學上的主要問題之一。到了十九世紀末，受生物科學的影響，心理學才開始脫離哲學，逐漸成爲一門獨立的科學。此後，心理學的內容不斷變更，但名稱仍舊不改。心理學的英文psychology，是由希臘文中的psyche與logos兩字演變而成；前者意指「靈魂」，後者意指「講述」，合起來就是：心理學是闡述心靈的學問。這一界定不含科學意味，只具有哲學意義。到十九世紀末，科學心理學萌芽出現，心理學一度被界定爲：心理學是研究心理活動的科學。至此，心理學開始被列入科學的範疇。

從隸屬於哲學到開始被視爲科學，心理學在內容上只涉及了人的精神或心理方面的問題。到了二十世紀二〇至六〇年代，心理學又被界定爲：心理學是研究行爲的科學。行爲是指可以觀察到的外顯活動。這種界定一直維持了四十多年，直到七〇年代才又改爲：心理學是對行爲和心理歷程的科學研究。這一新的界定修正了對行爲的偏重，加上了「心理歷程」，意指「內外兼顧」，這也正是現代心理學的特徵。

1.1 心理學是什麼？——可能的回答

從某種意義上講，我們每一個人都是業餘心理學家（folk psychologist）。四歲的寶寶已經能揣度別人的心思了，他知道怎樣把玩具藏起來讓其他小朋友找不到，還會提供錯誤的線索去誤導小朋友；孩子會從媽媽的神情和語氣上判斷她在生氣，所以乖乖地不敢胡鬧，等媽媽高興時，就會乘機提出要求；父母知道怎樣正確地運用獎勵和處罰來幫助孩子糾正不良行爲、養成良好的習慣……這些都是建立在對他人心理進行觀察和推論的基礎上的，也就是說每個人都能對他人在日常生活中的所感、所思和所爲進行預測。這也正是心理學家想要努力說明的問題中的一部分。

儘管每個人都是業餘心理學家，但「心理學」作爲一門古老而又年輕的科學，常常被冠以「玄」、「神秘」、「不可信」甚至是「僞科學」的名頭。如果問非專業的人士什麼是心理學，可能會得到各種不同的答案，其中不乏一些偏見和誤解，我們先來澄清一些。

1.1.1 心理學家知道你在想什麼

大多數心理學者都有過這樣的經歷：當周圍人得知了你的專業時，他們會馬上好奇地發問：「你是學心理學的？那麼你說說我正在想什麼？」人們總是以爲心理學家應該能透視眼前人的內心活動，和算命先生差不多。「研究心理」就是揣摩別人的所思所想。

糾正　心理活動並不只是人在某種情境下的所思所想，它具有廣泛的涵義，包括人的感覺、知覺、記憶、思維、情緒和意志等。心理學家的工作就是要探索這些心理活動的規律，即它們如何產生、發展、受哪些因素影響以及相互間有什麼聯繫等。心理學家通常是根據人的外顯行爲和情緒表現等來研究人的心理，也許他們可以根據你的外在特徵或測驗結果來推測你的內心世界，但再高明的心理學家也不可能具有所謂的「知心術」——一眼就能看穿你的內心，除非他有超感知能力(ESP)。

1.1.2 心理學就是心理諮詢

現在，心理諮詢作爲一個新興的行業日漸火熱，各種所謂的心理諮詢中心、心理門診、心理諮詢熱線等不斷湧現，透過不同的管道衝擊著人們的視聽。很多人聽到的第一個與心理學有關的名詞就是心理諮詢，並把它當作了心理學的代名詞。此外，人們關注一門學科，更容易從實際應用的角度去認識它。心理學最爲廣泛的應用就是心理諮詢或心理治療，所以更爲大家所熟知，因此很多人會把心理諮詢與心理學劃上等號。

糾正　心理諮詢只是心理學的一個應用分支。諮詢心理學家的工作對象可以是一個人、一對夫婦、一個家庭或一個團體。心理諮詢的目的是爲了幫助人們應對生活中的困擾，更好地發展，增加生活的幸福感。一般來說，心理諮詢是面向正常人的，來訪者有心理困擾，但沒有出現嚴重的心理偏差。如果是嚴重的精神疾病，就要由臨床心理學家或精神病學家來處理。

目前，心理諮詢機構多分布在學校、醫院，也有一些專門成立的諮詢中心。但有一點：心理諮詢的宗旨是助人解決心理困擾，幫助人們更好地生活。現在有心理困擾的人越來越多，對心理諮詢的需求也越來越大。從事這項工作的人必須有專業知識背景，還要有足夠的實際技能培訓，和良好的職業道德規範。這是一個專業性很強、責任重大的職業。

1.1.3 心理學家只研究變態的人

很多人都說他們走進心理諮詢室是需要很大勇氣的，可能還有過內心掙扎：「去還是不去？人家會不會認爲我是精神病？朋友知道了會怎麼看我……」這在一定程度上反映了很多人對心理學的看法：去心理諮詢的人都是「心理有問題」的人，心理有問題就是變態；心理學家只研究變態的人，所以與心理學有干係的非專業人士都不正常。

之所以會有如此看法，一方面和我們的文化傳統有關，中國人比較內斂，有了心理困擾傾向於自己調節，如果放在了台面上，就會被認爲是很嚴重的精神問題；另一方面，爲了滿足人們獵奇的心理，媒體在表現與心理學有關的題材時喜歡選擇變態心理，認爲這樣更具有炒作價值。很多人是從電視、電影、報紙和雜誌上認識心理學的，這很容易形成片面的誤解，認爲心理學只關注變態的人。尤其是好萊塢和日本的所謂「心理電影」，對此要負很大責任，《精神變態者》、《發條橘子》、《沈默的羔羊》、《本能反應》、《催眠》等，爲觀眾展現了心理失常中最異常的畫面，也爲心理學打上了帶有偏見的烙印。

糾正　大多數心理學研究都是針對正常人的。有些人把心理學家和精神病學家混淆了。精神病學是醫學的一個分支，精神病學家主要從事精神疾病和心理問題的治療，他們的工作對象是所謂「變態」的人，即心理失常的人。精神科醫生和其他醫生一樣，在治療精神疾病時可以使用藥物，他們還必須要接受心理學的專業培訓。與精神病學家不同，雖然臨床心理學家也關注病人，但他們不能使用藥物。除此之外，大多數研究都探討正常人心理現象，如兒童情緒的發展、性別差異、智力、老年人心理、跨文化的比較、人機界面等等。

1.1.4 心理學家會催眠

在很多人眼中，催眠術是一種很玄妙的技術，讓人感興趣。而知道催眠術的人，又往往把它和心理學家的工作聯繫起來。之所以有這樣的看法，一是因爲佛洛伊德的知名度，在一些人看來，佛洛伊德就是心理學家的典型代表，既然他使用催眠術，那麼心理學家就都會催眠；二是和幾部深有影響的「心理電影」有關，如日本恐怖片《催眠》，這部影片誇大甚至是歪曲了催眠術的作用，純粹是爲了商業的炒作，和心理學家使用的催眠術相去甚遠。

糾正　催眠術只是精神分析心理學家在心理治療中使用的一種方法，並非心理學家的「招牌本領」，而且大多數心理學家的工作並不涉及催眠術，他們更喜歡嚴謹的科學研究方法，如實驗和行爲觀察。

催眠術發展於十八世紀的麥斯麥術。十九世紀英國醫生布雷德研究出令患者凝視發光物體而誘導出催眠狀態，並認爲麥斯麥術所引起的昏睡是神經性睡眠，故另創了「催眠術」一詞。但催眠的本質至今尚未明瞭。催眠術的方法很多，大多是要求人徹底放鬆，把注意力固定在某個小東西上，如晃動的鐘擺和閃爍的燈光，然後誘發出催眠狀態。催眠前先要測定被催眠者的暗示性。暗示性高的人容易被催眠，能進入深度的恍惚狀態，對這些人進行催眠治療效果較好。人在催眠狀態下會按照治療師的暗示行事，搞不好會有不良後果，所以要由經驗豐富的催眠治療師來進行。催眠術在國外的一個應用是幫助訊問嫌犯，使嫌犯在催眠狀態下不由自主地坦白情況。但現在很多司法心理學家反對這樣做，認爲催眠狀態下的訊問對人有誘導之嫌，很可能使嫌犯按著催眠師的暗示給出所「期待」的回答。

1.1.5 心理學就是夢的分析

這種誤會同樣是佛洛伊德的影響所致。很多人認爲，佛洛伊德的理論中，最吸引人的內容就是釋夢。這也不足爲怪，因爲人總是對自己和別人內心深處的秘密有一種頑固地挖掘欲望，而夢似乎是透視內心風景的一扇窗戶。許多人因此把佛洛伊德的理論等同於夢的分析，又因爲佛洛伊德的「代表性」而進一步使之成爲心理學的代名詞。

這一次，好萊塢的電影又起了作用，例如希區考克的《意亂情迷》（*Spellbound*）和李察基爾的《最後分析》。很多大學生稱他們對心理學的最初了解就來自於《意亂情迷》，它是好萊塢第一部涉及精神分析的作品。希區考克非凡的洞察力爲好萊塢挖掘了一塊寶，自此精神分析開始在電影中風行，各種精神變態者和精神科醫生粉墨登場。這部影片的一個中心內容就是夢的分析，其中有一句經典台詞「晚安，做個好夢，明天拿出來分析一下」，可謂深入人心，讓許多人以爲這就是心理學家（其實影片中是精神科醫生）的口頭禪。

糾正　夢的分析只是精神分析流派所使用的治療技術之

一，是心理學工具箱裡的一個起子。有關夢的分析的內容，我們在下一章裡會有比較詳細的闡述。

1.1.6 心理學是騙人的東西

還有一種讓心理學者感到傷心的看法：有些人認為心理學是「偽科學」，是騙人的東西。為什麼會有這種評價呢？

一是對心理學科學性的懷疑。在大多數人看來，所謂「科學」就應該像物理學或數學那樣，要有嚴格的實驗操作和嚴密的邏輯推理。而人的心理是看不見、摸不著的，對它的任何操作和探究都很「玄」，而且會加進很多主觀的東西。人的心理又是一個動態的過程，人本身也是個難以控制的變數，所以心理學研究的結果靠不住，缺乏科學性。

二是有些人對心理諮詢的「失望」。有的人缺乏對心理諮詢的正確了解，總是希望一、兩次諮詢就能包治百病，這當然是不現實的。還有人認為能否解決心理困擾全是諮詢師的責任，自己毋需投入，諮詢效果自然不會好了。由此便認為心理諮詢是騙人的，進而把心理學一棒子打死。

糾正　一九八二年國際科學聯合會（ICSU）接收國際心理科學聯合會（IUPsyS）為其會員協會，肯定了心理學的學術地位。心理學中有很多領域向來就與自然科學研究相近，如實驗心理學、心理物理學和生理心理學。現在，心理學的各個領域都採取了嚴格的科學設計，從實驗控制、統計學分析，直到結論的提出，都服從於統一的科學標準。所以說，心理學是一門正在成熟的科學。

至於成功的心理諮詢，往往需要數月，甚至是更長時間，而且還有賴於求助者的主動意願和積極參與，它是一個互動的過程。冰凍三尺非一日之寒，問題的解決自然也不是一蹴而就的事情。大家對心理諮詢要有正確的理解和現實的期望，不能因為急於求成而否定了整個心理學。

1.2 關於心理學的「這些那些」

我們已經澄清了一些有關心理學的錯誤看法。你可能並不滿足，還想從更多的方面來了解心理學一些基本內容：心理學有什麼研究方法、心理學家都在做哪些事情等。我們的回答無法勾畫出心理學的全部畫卷，但希望能幫助你對心理學的一些主要問題有一個大致的了解。

1.2.1 心理學知識≠一般常識

一些人對心理學家所做的事情不屑一顧，認為他們花很長時間而得到的研究結果只不過是一些人盡皆知的常識。我們認為這樣的評價是不公平的。心理學知識不是一般常識，它所研究的範圍遠遠超出了一般常識所能回答的問題。你的看法又如何呢？下面是我們摘自《心理學與你》一書中的幾個「常識性」問題，你不妨試著回答一下，看看心理學知識與一般常識是否有區別。

★Q1.做夢用多長時間？

在莎士比亞的《仲夏夜之夢》裡，萊桑德爾說真正的愛情是「簡單」又「短暫」的，像做夢一樣。夢真的是來去一瞬間嗎？你認為做一個夢所用的時間是：

(1)一秒鐘的幾分之一。

(2)幾秒鐘。

(3)一兩分鐘。

(4)若干分鐘。

(5)幾個小時。

你隔多長時間做一次夢?

(1)難得或從不做夢。

(2)大約每隔幾夜一次。

(3)大約每夜一次。

(4)每夜做好幾次。

★ Q2.牛奶一樣多嗎?

五歲的瑤瑤看到媽媽在廚房裡忙，便走了進去。在廚房的桌子上放著完全相同的兩瓶牛奶。她看到媽媽打開其中一瓶，把裡面的牛奶倒進一個大玻璃罈子裡。她的眼睛溜溜地轉，目光從那只仍裝滿牛奶的瓶子轉回到罈子。這時媽媽突然記起她在一本心理學書上讀到的情況，便問：「瑤瑤，是瓶子裡的牛奶多呢，還是罈子裡的牛奶多?」瑤瑤的可能回答：

(1)瓶子裡的多。

(2)罈子裡的多。

(3)一樣多。

★ Q3.天生的盲人恢復視力以後

現在運用外科手術使那些天生的盲人在晚年恢復視力，已不是什麼奇蹟。在拆除繃帶的頭幾天裡，你認爲這樣的人：

(1)什麼也看不見。

(2)看到的只是一片模糊。

(3)只看到一些模糊不清的影子在晃動。

(4)不用觸摸就能認出熟悉的東西。

(5)只有在觸摸一下並看一看後才能認清東西。

(6)看到的一切東西全都上下顛倒。

★ Q4.哪一種決定風險大？

一群朋友準備把一些錢作爲共同資金在賽馬會上花掉。在每次比賽前他們都分別寫出賭注的意見。然後集中商討，作出全組決定。在每項比賽上，最愼重的決定是一點賭金也不押，較爲冒險的決定是在最有可能獲勝的馬上押少量的賭金，而非常冒險的決定是在不大可能獲勝的馬上押大量的賭金。與個人意見的平均情況相比，全組的決定可能：

(1)更愼重。

(2)更冒險。

(3)既不更愼重也不更冒險。

下面是心理學的回答：

★ A1.做一個夢要用若干分鐘，而且每個人每天夜裡都會做好幾次夢。

你可能覺得自己沒做什麼夢或夢沒那麼多，這是因爲你忘了或只記住了醒來之前的那個夢裡的片段情景。研究夢的心理學家把微小的電極貼在正在睡覺的人的頭上，記錄下腦波，可以揭示出睡夢期間腦波活動的特有模式。做夢與這種腦波是同時發生的（睡覺的人在出現這種腦波活動時被叫醒，報告說他們正在做夢），並且眼球在眼皮下快速轉動，男性還會伴有陰莖勃起。在夢中發生的事情似乎和現實生活裡發生的同樣事情持續相等的時間。研究已經表明做夢具有普遍性，這些答案只靠內省報告是得不到的。

★ A2.瑤瑤很可能會認爲瓶子裡的牛奶比罈子裡的多。

一般來講，七歲左右的兒童才能明白同一瓶液體不管倒到什麼地方體積都是不變的。瑤瑤只有五歲，如果她只是一般的小孩，當她看見瓶子裡的牛奶比罈子裡的牛奶液面高很多，她會認爲是瓶子裡的牛奶較多。

★ A3.在晚年治好失明的人不用觸摸就能認清所熟悉的東西。

這個問題在十七世紀就曾經討論過，可是直到二十世紀六〇至七〇年代心理學家做了仔細的研究後才令人滿意地解決了。對許多先天失明而恢復了視力的人的研究證實了這一結論。

★ A4.全組決定很可能比個人決定的平均情況更冒險一些。

這是一個「集體極化現象」的例子。雖然這種現象具有強烈的反直觀性，但是它在課堂教學示範中很容易被展現出來。集體極化的一種特殊實例叫做冒險轉移，是五〇年代末、六〇年代初由兩位心理學家分別發現的。兩位研究者使用的方法很不相同，但都顯示全組決定一般比個人決定更冒險。對此有兩種假設：一種是說在全組討論中，大多數組員會發現其他人的決定比自己的決定更冒險。因爲一般人讚賞冒險精神，這時比較慎重的人就會改變自己的決定。另一種假設是說比較冒險的意見在小組討論當中更容易傾吐出來，其他的人此時容易被說服。

1.2.2 心理學採用哪些研究方法？

你參加過心理學研究嗎？如果有過這樣的經歷，那麼你可能對心理學的研究方法略知一二了。例如，你做過某份有關電視暴力的問卷，該研究所用的方法就是問卷調查法；你報名參加過一項有關安慰劑效應的心理學實驗，該研究所用的就是實驗法；或者你在某項活動中的表現被心理學研究者用攝影機錄了下來，那麼他們是在運用觀察法……

所有的心理學家都受過有關研究方法的嚴格訓練，這些方法的重要特點是具有可重複性。如果心理學家能夠重複一項研究並重現早期研究結果的話，那麼就有理由相信，這兩次結果的出現並非偶然。心理學上所使用的研究方法很多，下面我們來看看常用的幾種。

1.觀察法

由研究者觀察和記錄個人或團體的行爲，來分析判斷兩個或多個變數之間的關係的方法，稱爲觀察法。例如，將幼兒與同伴玩耍時的情景拍攝下來，然後進行編碼，來分析是不是男孩在遊戲中的攻擊行爲要多於女孩。

心理學上的觀察法分爲兩種：在自然情景中對人或動物的行爲直接觀察、記錄，然後進行分析，稱爲「自然觀察法」。使用這種方法時一般儘量不讓被觀察者知道，否則他們的行爲會變得「不自然」。在預先設置好的情景中進行觀察，稱爲「控制觀察法」。

在實際進行觀察時，觀察者可以有兩種身分：一是參與被觀察者的活動，在其中將所見所聞隨時記錄下來；另一種是以旁觀者的身分進行觀察。不管以何種身分出現，都應該避免使被觀察者發覺而影響觀察效果。觀察成年人的社會活動（如投票行爲）時，能以參與者的身分進行觀察；觀察動物和兒童時，只能以旁觀者身分進行觀察。以旁觀者身分進行觀察時，爲避免被觀察者受到干擾，常在實驗室裡設置隔間，在隔間牆壁上安裝單向玻璃，觀察者和被觀察者在兩個不同的房間。這種情景大家在電影裡可能見過，如法國電影《芳芳》，劇中主角芳芳的房間就被安上了單向玻璃，這樣觀察到的她的所有行爲都是自然的，所有的情緒都是眞實流露出來的。

2.實驗法

指在控制的情境之下，實驗者有系統地操縱自變數，使之發生改變，然後觀察因變數隨自變數的改變而受到的影響，也就是探究自變數與因變數之間的因果關係。例如，要研究「某種香水對女性內分泌週期的影響」，香水是自變數，女性內分泌週期的變化就是因變數。

在實驗中分別設計實驗組和控制組。比如上面的例子，給實驗組的女性施用了香水，對控制組的女性則採用另外一種對女性內分泌週期肯定不會有影響的物質安慰劑，如純淨水，然後透過比較兩組女性內分泌變化的情況，來判斷這種香水是否起作用。實驗組和控制組的唯一差別就是用不用香水，在其他因素上兩組都要相等，這樣控制組可提供反應基線來與實驗組進行比較。爲了使兩個組達到相等，在抽樣（選擇被試）和分組（將被試分到不同組）上都要按照統計學上認定的方式進行。

在心理學上，實驗法除了常見的實驗室實驗外，還可以延伸到學校、工廠等實際生活情境中進行，我們稱之爲「實地實驗」。還有一種是「自然實驗」。例如，研究者有一種假設「大腦前葉與自我意識有關」，但不能用損傷正常人大腦前葉來做實驗，否則是不道德的。但有時會出現「自然實驗」——用沒有大腦前葉的人來進行比較。第二次世界大戰使很多人遭遇了嚴重的腦損傷，生理心理學家透過研究這些人，可以了解到關於大腦各部位與行爲或體驗之間的許多知識。

3.調查法

是以所要研究的問題爲範圍，預先擬定問題，讓受調查者自由表達其態度或意見的一種研究方法。調查法可採用兩種方式進行：問卷法和訪問法。問卷法可以經由郵寄、發放問卷甚或網上答題的方式進行，同一時間可以調查很多人；訪問法只能在面對面的方式下進行，由訪問員按接受訪問者對問題的反應隨時代答或記錄。

調查問卷一般包括兩部分：一部分是個人資料，如性別、年齡、教育程度、職業、宗教信仰等，一般不要求塡寫姓名，以消除接受調查者的顧慮，保護其隱私；另一部分要塡的是對各題目的反應，答題方式可採用選擇法或是非法，也可用簡答。

調查法中的一個重要問題是抽樣。調查所選取的樣本一定要具有代表性，否則不能貿然下結論。例如，研究「大學生對職業選擇的意見」，如果單一使用某大學一年級或軍事院校四年級的學生爲調查對象，所得結果就不能說明問題。因爲大學一年級學生對職業選擇還缺乏認識，而軍事院校則因爲自己的特殊性而影響了學生對職業的選擇，這樣可能就會使調查結果不能反映全面的、眞實的情況。爲了避免類似的情形，心理學家通常會採用特定的抽樣方法，如隨機抽樣和分層抽樣等。

4.個案研究法

是以個人或一個團體（如一個家庭、一個公司）爲研究對象的一種方法。個案研究最早是醫生用來了解病人病情和生活史的一種方法。醫生爲了診斷正確，詢問患者以往求診經過、生活起居習慣等，在性質上即屬個案研究。後來個案研究法在心理學上得到應用。臨床心理學家用得最多。此外，教育心理學上對學生進行個案輔導、司法心理學上的個案調查、工業心理學上的個案分析，原則上都採用個案法。因爲個案研究時，多半要追溯個案的背景資料，了解其生活經歷，所以又稱「個案歷史法」。

與其他研究方法相比，個案研究法除了強調「個案」外，還有兩個特徵：一是廣集個案資料。以司法心理學爲例，要想研究個案的整個犯罪行爲及犯罪的心理歷程，在資料蒐集上必須包括：個人基本資料、家庭背景、學校生活、社會生活、身體特徵、心理特徵、過往創傷性經歷、犯罪史等；二是兼採多種方法，如問卷法、測驗法、身體檢查等。

1.2.3 心理學的研究領域有哪些？

心理學家活動的領域相當廣闊。在諮詢中心、精神衛生中心以及醫院，我們可以看到臨床心理學家的身影，他們爲那些需要幫助的人提供建議，解決他們的心理困惑，幫助來訪者健康成長，對那些有比較嚴重的心理疾病患者，如強迫症、抑鬱症、精神分裂症等，則採用行爲矯治或者藥物治療。除了提供幫助之外，他們也做一些研究性工作。在學校，教育心理學家和學校心理學家發揮著重要的作用，教育心理學家研究學生是如何學習、教師應該怎樣教學、教師如何才能把知識充分地傳授給學生，以及如何針對不同的課程設計不同的授課方式等；而學校心理學家負責學校學生的心理輔導與健康成長的工作，有時他們也針對個別學生提供學習上、情感上的幫助和支持。在監獄、犯罪研究機構以及司法部門，活躍著的心理學家通常被稱為司法心理學家，他們研究社會犯罪的特徵和規律，為決策機構提供預防、減少犯罪的措施，幫助偏離社會正軌的人重新踏上社會，有時也為司法部門在精神障礙病人犯罪的判決問題上提供科學定罪依據。其他的領域還有很多，如軍事、部隊、工業、經濟等，凡是有人的地方就有心理學的用武之地，可以說，還沒有哪一門學科有這麼大的研究和應用範圍。

心理學的研究，涵蓋了人的各個活動層面：內心與外顯的、個體和群體的，這也構成了心理學的整體內容。但因為本質和方法上的著重點不同，心理學的各領域也有不同的探討對象和內容。下面我們介紹一下幾個主要的領域。

1.實驗心理學與心理學的生物基礎分支

心理學在沿著自然科學道路發展的過程中，在遵循自然科學研究一般原則的基礎上，也形成了適合本學科特殊研究對象的一套獨特的研究方法，並形成了一個重要的學科分支，這就是「實驗心理學」。雖然我們可以用實驗方法研究行為的各個層面，但有關個體基礎活動過程的內容，如學習、知覺、記憶、動機、感覺等常為科學方法所探討的問題，也歸入實驗心理學的範疇。當然，廣義來說，心理學也強調以生物體為研究對象，所以對動物行為也有濃厚的興趣，但也是為了進一步了解人類的行為。另外，實驗心理學也開發精確的測量方法和工具、探討行為控制的有效程序等。

心理學很重要的一個分支，就是針對人類的生物基本性質進行探究，這就是「生理心理學」的重要任務：建立生物過程與人類行為之間的密切聯繫。我們生活中接觸到的研究內容有：我們的大腦如何對我們不同的日常活動進行分工？思維、動作、情緒等的指揮中心在腦的哪些部位？左撇子的起源與神經系統的關係何在？漢字閱讀與英文閱讀的大腦活動是否一樣？激素的分泌如何影響性行爲？等等。

2.人類行為的發展與展現：發展心理學、人格心理學與社會心理學

說到人的心理與行爲，我們必須從人生的整個歷程來看。人從出生到死亡，早期經過一些固定的階段，逐漸演進並習得了各種能力、情緒的成熟或不同成長時期如幼兒期或少年期的智慧狀態、思維現象等，都是「發展心理學」的研究課題。在人類人格的形成及成長、社會行爲的發展等方面，心理學關心的是人們一生的過程，如何發展人格特徵、個體間的差異、人格的分類及測量和人格形成的理論探討等是「人格心理學」的主要題材。人是群性的動物，所以必須恰當地發展人與人之間的社會行爲，其間涉及重要的心理層面，有彼此的態度、互動關係、團體行爲、心理溝通等基本心理現象；在應用方面，熱門的課題則有團體衝突和化解、從眾行爲、人際關係、偏見和攻擊行爲等「社會心理學」研究的有趣現象。

3.行為的矯正與治療：臨床心理學與諮詢心理學

人有時會出現情緒或行爲上的偏差，例如精神分裂症、少年犯罪、吸毒、智力障礙、家庭及婚姻問題等，都需要有經過專業心理學訓練的人幫助解決或減輕症狀。在這個領域服務的「臨床心理學家」，從事對心理或行爲的診斷，採用各種心理治療手段來達到矯正的作用，也是運用心理的科技來幫助人，是技術性較高的心理學分支。臨床心理學家的活動範圍可涉及精神病院、法庭、監獄和心理衛生部門，他們與醫生、精神科醫

生和社會工作人員之間關係很密切。另外有些心理學家也從事助人的診斷和對應性工作，但他們的服務對象所面臨的問題較輕，如學生學習問題、青少年情緒問題、人際關係問題等，都可經由學習和心理輔導而得到幫助或解決。另外如婚姻與職業等問題的輔導，也都是「諮詢心理學家」的服務內容。

4.教與學的相關領域：教育心理學、教學心理學和學校心理學

心理學在學習與教育方面的努力與成績，可從傳統的學習原理和教學觀點中看出。許多研究者從探討教學方法、課堂教學教程設計、學生動機引發、教具的開發等方面著手，希望有助於有效的學習、授課方式和教師行為，這些都是「教育心理學」的中心課題。近年來，隨著認知心理學的迅速發展，教育心理學中關於學習歷程的研究也進入了新的層次。許多認知心理學家把人的思維、記憶和推理的特徵，運用到設計教材、促進理解和提高學習效率等具體層面，使得心理學的應用更具體化、科技化，也產生了重大的學習效果。這個心理學的分支就是新興的「教學心理學」，它與傳統的教育心理學有相輔相成的功能。

另外一個與學生有關的心理學分支是「學校心理學」。當學生（尤其是中小學生）在學校生活中遭遇到較為嚴重的情緒、學習上的困難時，學校心理學家為他們提供輔導和幫助。這方面的服務多半結合兒童發展、兒童教育及臨床和諮詢心理學的知識和技巧進行。具體的輔導內容包括兒童學習困難和情緒困擾問題的測量、測試兒童的智商、成績和人格特徵等，並協助教師、家庭一起來幫助兒童克服困難。

5.經濟發展所需的心理學：工業與組織心理學、人因心理學、消費心理學與廣告心理學

心理學在經濟領域內也有突出的應用和貢獻。「工業及組織心理學」，討論如何使心理學在工商及事業機構裡發生具體的效用，可分爲人事管理和組織行爲兩個分支。前者注重應用心理測驗及其他心理學技術，從事人員的甄選、訓練、提升、人員發展、職務分析、職責評定等方面的研究；後者則重視工作機構裡的領導方式、激勵、態度分析、溝通、決策過程及組織中的人際關係等方面。這兩個分支的成功應用，對組織的工作績效、生產力、員工滿意感會有正面的促進及成效。

「人因心理學」在工作的操作過程、工作方法和組織環境的設計與配合方面，有重要作用，涉及具體的效率、安全、舒適、滿足感等員工心理和操作需求條件的配合，對組織的經濟效益和人員效益有直接影響，這個分支又稱「人類功效學」。

消費心理學和廣告心理學也與組織效益相關。消費心理學側重研究消費者的消費動機、認知及消費行爲，以便設計產品、布置商場和影響顧客的態度及行爲，其中也涉及社會行爲、個人人格特徵對消費者的影響等。廣告心理學則更進一步探討心理學在廣告設計、分析與比較、市場的動態分析及產品形象的推動和維護等各方面的應用，充分利用心理學的理論與成果作爲客觀依據，從而促進廣告的影響力及市場活動的品質。

「心理學」一詞最早是怎樣出現的？

心理學最早的歷史可以追溯到古希臘時代，但心理學作爲一個專門的術語卻是在一五〇二年才出現的。在這一年，有一個叫馬如利克的塞爾維亞人首次用psychologia這個詞發表了一篇講述大眾心理的文章。這是心理學一詞的debut（首次亮相）。之後七十年，另一位名叫歌克的德國人又以此詞出版了名爲《人性的提高，這就是心理學》一書。這便是人類歷史上最早記載的以心理學這一術語發表的書。

第一個有記載的心理學實驗

人類歷史上第一個有記載的心理學實驗是在西元前七世紀做的。古埃及有一個名叫Psamtik 一世的國王，他爲了證明埃及人是世界上最古老的民族，將兩個出生不久的嬰兒帶到一個遙遠的地方隔離起來，每天由人供他們食物飲水，卻不許人與他們講話。

國王設想，這兩個與世隔絕的孩子發出的第一個音節，一定是人類祖先的語言了。他希望這個音節是埃及語中的一個詞。待孩子兩歲時，他們終於發出了第一個音節becos 。可惜，埃及語中沒有這個發音。於是，這位國王傷心地發現，埃及人不是人類最古老的民族。國王把小孩子的偶然發音當作人類最古老的語言，這不但使他大失所望，也使心理學的第一個實驗「出師不利」。

考考你：

1.心理學一詞是怎麼來的？

2.你眼中的心理學家是什麼樣子的呢？

3.舉幾個生活中與心理學有關的例子。

4.心理學的主要研究方法有哪些？

5.看了我們的大致介紹之後，你對哪一領域的心理學比較感興趣呢？

2. 精神分析

任何五官健全的人必定知道他不能保存秘密。如果他的嘴唇緊閉，他的指尖會説話；甚至他身上的每一個毛孔都會背叛他。

——佛洛伊德

佛洛伊德（精神分析學創始人，奧地利人，1856-1939）

很多人對心理學的認識，都是從佛洛伊德開始的。他的理論對心理學有著極其重要的影響，也滲透到了我們的日常生活中。比如，你可能會自然而然地接受這樣一種觀點：你的所作所爲通常會受到潛意識的影響。你可能說過這樣的話：「我肯定是在潛意識中這樣做的。」你會仔細思考朋友的反常行爲背後隱藏著怎樣的心理衝動，或者想知道自己的夢是否揭示了內心的焦慮或欲望。佛洛伊德不是研究潛意識和釋夢的第一人，但此前沒有人將它們納入心理學的龐大體系加以強調和應用，是佛洛伊德做了這一偉大的工作。

有位作家說過：「佛洛伊德的潛意識理論對當代電影、戲劇、小說、政治運動、廣告、法庭辯論，甚至對宗教都有著巨大的影響。」英國學生研究莎士比亞時，要參考佛洛伊德的心理學；希區考克拍電影，要借助精神分析的魅力；我們日常的語言也與之相關，人們談話中會自然而然地提到佛洛伊德的一些概念，如遺忘、潛意識、壓抑等。也許佛洛伊德對心理學最大的貢獻在於，他其後的心理學家都會以他的理論作爲基礎、對照或是反駁的對象。

下面我們就從佛洛伊德開始，對精神分析理論做一個簡單介紹。精神分析本身複雜深奧，現代學者對之也頗多質疑，希望讀者能以審愼的態度去了解它。

2.1 心靈的白晝與黑夜——佛洛伊德與精神分析

人們啊！留心！

深沈的午夜説些什麼？

我睡了，我睡了——
我從深沈的睡夢中驚醒；
我知道，世界是如此深沈；
深於白晝所知道的。
深沈就是它的痛苦，
快樂卻比痛苦更深。
痛苦說：消逝吧！
而快樂卻希望著永恆。

——〈蘇魯支醉歌〉，尼采

尼采在精神分裂中結束了自己的一生，他的思想是美麗而又危險的，也因此引起了許多心理學家的興趣。佛洛伊德就多次將尼采的作品運用到他的心理學上。比如這首〈蘇魯支醉歌〉，佛洛伊德將白晝解釋爲意識，將黑夜解釋爲潛意識。宇宙是一個潛意識的世界，我們要當心！這是尼采的忠告，正如我們掙扎在潛意識的湧動中，因爲欲望與道德的衝突而痛苦。

2.1.1 天才佛洛伊德——生平簡介

西格蒙德·佛洛伊德（Sigmund Freud, 1856-1939），奧地利心理學家、精神病學家、精神分析學派的創始人。有人將他和馬克思、愛因斯坦合稱爲改變現代思想的三個猶太人，他的學說、治療技術，以及對人類心靈世界的理解，開創了一個全新的心理學研究領域。

一八五六年佛洛伊德出生於摩拉維亞，他的父親是一個開明而嚴格的人，母親是一位典型的猶太家庭婦女。一八六〇年佛洛伊德舉家遷往維也納，並在那裡生活和工作，直至生命的最後一年。在學生時代，佛洛伊德就對整個人生產生了興趣。當他進入維也納大學讀醫科時，一開始並沒有集中精力攻讀醫學，而是對生物學產生了興趣。他在德國著名科學家布呂克的實驗室裡花了六年的時間進行生理學研究。一八八二年他訂了婚，需要一個有可靠收入的職業，爲此他不得不開始在維也納總醫院當醫生。一八八六年他同瑪莎結婚，並建立了自己的「神經症」私人診所。他一直維持著這個診所直至生命的最後一刻。

佛洛伊德對精神領域的探索工作，大致可以劃分爲三個階段。

1. 第一階段

佛洛伊德提出了很多重要概念，發展了精神分析學的理論和治療方法。一八八五至一八八六年間，他向法國神經病學家沙可學習催眠術，由此激發了對心理學的濃厚興趣。當時沙可正在用催眠術治療歇斯底里症（hysteria）。佛洛伊德在自己的病人身上發現了類似的症狀，他曾試圖用電療法和催眠術進行治療，但二者的效果都不盡如人意。而後他嘗試用他朋友布洛爾曾用過的「宣洩法」。這種方法假設：歇斯底里症的病因是病人已經忘記了的某種強烈的情感經歷，治療就是要引發出病人對這一經歷的回憶，使相應的感情發洩出來。這種主張認爲，人可以受自己並未意識到的記憶或感情的折磨，使用某種方法使病人意識到這種記憶或感情，病情就會有好轉。這種主張即是佛洛伊德發展精神分析學說的基礎。後來他又引進了「抵抗」、「壓抑」和「移情」的概念。在十九世紀末的幾年裡，佛洛伊德對自己進行了精神分析，得出了「嬰兒性行爲」和「釋夢」的概念，這些都是使精神分析理論得以成熟的重要概念。

2. 第二階段

佛洛伊德發表了一些重要著作，精神分析理論日漸成熟。一九〇〇年佛洛伊德出版了《夢的解析》，他認為這是他最好的一本書。一九〇一年他發表了《日常生活中的精神病理學》，分析了日常錯誤（口誤、筆誤等）的潛意識根源。一九〇五年他又發表了《性學三論》。以上三部著作將精神分析理論擴展到了正常的精神生活領域，而不局限於分析病理情況。一九一三至一九一四年，他又發表了《圖騰與禁忌》，將他的理論應用於人類學。一九一五至一九一七年，《精神分析引論》發表，對整個精神分析理論做了詳盡的闡述。

3. 第三階段

佛洛伊德進一步發展和修正他的理論，並嘗試將精神分析理論應用於社會問題。他先是提出了「死本能」的概念，然後又在一九二三年出版了《自我和本我》一書。

2.1.2 暗流的湧動——潛意識精神狀態的假設

佛洛伊德在探究人的精神領域時運用了決定論的原則，認為事出必有因。看來微不足道的事情，如做夢、口誤和筆誤，都是由大腦中潛在原因決定的，只不過是以一種偽裝的形式表現了出來。由此，佛洛伊德提出了關於潛意識精神狀態的假設，將意識劃分為三個層次：意識、前意識和潛意識。

前意識是能夠變成意識的東西，比如我們對特定經歷或特定事實的記憶，我們不會一直意識到這些記憶，但是一旦有必要時就能突然回憶起來。每個人都可能有過這樣的經歷：早晨醒來對做過的夢全然不知，接下來的一件事或一樣東西與夢中的情境似乎有關聯，受此觸動你馬上就會想起你的夢境來。這個過程很像心理學中的啓動效應。

潛意識是指那些在正常情況下根本不能變爲意識的東西，比如人內心深處被壓抑而無從意識到的欲望。這就是大家比較熟悉的所謂「冰山理論」：人的意識組成就像一座冰山，露出水面的只是一小部分（意識），但隱藏在水下的絕大部分卻對其餘部分產生影響（潛意識）。佛洛伊德認爲潛意識具有能動作用，它主動地對人的性格和行爲施加壓力和影響。譬如，潛意識的欲望能使一個人做出他自己也無法合理解釋的事情來。

下面我們用一個比喻來說明意識三個層次之間的關係（當然僅代表佛洛伊德的觀念）：「潛意識」像個很大的門廳，各種衝動擁擠在此，都想闖進「前意識」掌管的一個小接待室，以引起屋裡那位「意識」先生的注意。可是接待室的門口（意識閾）站了個看門人，「壓抑」一些看不順眼的衝動，拒之門外。被壓回「潛意識」大廳的衝動並不死心，如果不能僞裝改容混入「意識」，就會鬱積在心，導致變態心理。

2.1.3 人格結構的一僕二主——本我、自我和超我

有時候你是否覺得「這一個我不是我」，或者內心總有不同的聲音在對話：「做得？做不得？」或者內心因爲欲望和道德的衝突而痛苦不堪，或者爲自己某個突如其來的醜惡念頭而惶恐？我們來看看佛洛伊德對此是怎麼說的。

佛洛伊德在《自我與本我》一書中對人格的結構有詳盡的介紹，他將人格分爲三部分：本我、自我和超我。

1. 本我

本我（id）包含要求得到眼前滿足的一切本能的驅動力，就像一口沸騰著本能和欲望的大鍋。它按照「快樂原則」行事，急切地尋找發洩口，一味追求滿足。本我中的一切，永遠都是潛意識的。

2. 自我

自我（ego）處於本我和超我之間，代表理性和機智，具有防衛和仲介職能，它按照「現實原則」行事，充當仲裁者，監督本我的動靜，給予適當滿足。自我的心理能量大部分消耗在對本我的控制和壓制上。任何能成爲意識的東西都在自我之中，但在自我中也許還有仍處於潛意識狀態的東西。

對於本我和自我的關係，佛洛伊德有這樣一個比喻：本我是馬，自我是馬車夫。馬是驅動力，馬車夫給馬指引方向。自我要駕馭本我，但馬可能不聽話，二者就會僵持不下，直到一方屈服。對此佛洛伊德有一句名言：「本我過去在哪裡，自我即應在哪裡。」自我又像是一個受氣包，處在「三個暴君」的夾縫裡：外部世界、超我和本我，努力調節三者之間互相衝突的要求。

3. 超我

超我（superego）代表良心、社會準則和自我理想，是人格的高層領導，它按照「至善原則」行事，指導自我，限制本我，就像一位嚴厲正經的大家長。佛洛伊德認爲，只有三個「我」和睦相處，保持平衡，人才會健康發展；一旦三者吵架，引起失調，就會導致神經症的產生。

2.1.4 清白無邪的夢、披著羊皮的狼？——自由聯想和夢的分析

佛洛伊德認為解決心理問題的關鍵是揭示出病因。在精神分析治療中，他使用多種技術去洞察一個人的潛意識心理過程，這些技術包括自由聯想和夢的分析。

1. 自由聯想

在自由聯想中，病人通常是躺在長椅上，閉上眼睛儘量放鬆。然後讓病人聽見一句話，或者看到一個字，病人會產生聯想，接著隨口說出浮現在心頭的任何語句、想法和感覺。精神分析師坐在病人身後，記錄下病人的所有聯想內容。這種場景相信大家在好萊塢的一些「心理電影」中見到過，如《最後分析》，影片裡做精神分析時就常使用這種方法。自由聯想往往是病人潛意識裡的東西，經過分析，從中能發現致病的潛在原因。

2. 夢的分析

在夢的分析（釋夢）中，病人將夢境中的事情作為最初刺激，然後運用自由聯想來探索夢的潛在意義。佛洛伊德認為，夢不是偶然的，而是被壓抑的願望，透過偽裝得以滿足。

佛洛伊德認為潛意識好比「情感的垃圾箱」，一個人在成長過程中，會將各種不符合現實原則或不被道德意識所允許的本能或非理性欲望及相關經驗透過壓抑趕到潛意識裡。在夢中，壓住「情感垃圾箱」箱蓋的意識力量減弱了很多，潛意識活動便開始活躍起來。因為潛意識裡的原始衝動或欲望很醜陋，不能赤裸裸地湧出來，而且處於半休息狀態的「意識警察」仍在

潛意識的出口把門，潛意識中的種種欲望、衝突、見不得人的東西，必須喬裝改扮後才能透過意識警察的把關，浮現到意識層面。所以透過分析夢的隱藏意義，就可以洞察到被壓抑的欲望，發現病因。夢的解釋通常涉及一個人的性生活、童年經歷、嬰兒時期的性欲，以及與父母的關係。

在今天，我們雖然不能認為所有的夢都是「潛意識欲望的改裝」，但佛洛伊德釋夢的「文法」以及解讀這種文法的「自由聯想」，仍是我們理解夢這道奇異的夜間風景的一個最佳角度。

2.1.5 偉大的佛洛伊德：我們如何評價他？

佛洛伊德以潛意識作為研究對象，開闢了心理學研究的新紀元。他的潛意識理論，在醫療、文藝、運動等許多領域都有廣泛的實踐意義，如文學評論中對莎翁作品和女性文學的精神分析，以及達利描繪光怪陸離的夢境的畫作。另外，佛洛伊德重視病人的內心衝突和動機，把變態心理學從靜態描述轉變為精神動力的研究，這也是一大突破。

佛洛伊德的貢獻還在於改變了傳統的生物醫學模式。有些人可能看過一部好萊塢電影《紅伶劫》，其中有精神病院的治療場景，藥物、電擊和顳葉切除手術，依靠軀體治療來「解救」精神病患者。佛洛伊德可謂異軍突起，提出「精神創傷」是引起心理失常的主要原因，主張用精神分析來挖掘病人被壓抑到潛意識裡的心理衝突，從而治好病人。這就打破了純粹依靠藥物、手術和物理方法的傳統醫學模式，為現代「生物心理社會醫學模式」的建立當了先鋒官。

佛洛伊德的學說也遭到了很多非議。他的觀點建立在心理疾患原因的推論上，他是透過觀察並且設法幫助那些有問題的人而逐漸形成了他對人性的看法，因而有人認爲他不關心正常人，只關心一小部分不幸的人，他的理論也不能運用到整個人群中。

另一種批評則是針對他悲觀消極的宿命論。在佛洛伊德看來，人性是醜惡的，人總是掙扎在潛意識的湧動中，因爲欲望與道德的衝突而痛苦。大多數人可能寧願去相信孟子的「人之初，性本善」，而不願意做佛洛伊德口中的「衣冠禽獸」。

還有一種批評是指向他學說中的神秘主義，這也正是很多人認爲精神分析「荒誕」的原因。例如，某人潛意識地在腦海中浮現出426718這個數字，佛洛伊德是這樣分析的，他認爲這個人潛意識裡盼望其三姐和五哥去死，因爲六個數爲1至8，獨缺3和5。另外，佛洛伊德對夢境、筆誤等日常過失的分析也有不少神秘色彩。

對佛洛伊德最多的質疑可能來自他的「泛性論」，他把一切問題都歸因爲性的問題，總是把性欲當作人行爲的眞正動機。他所謂的性是廣義的，指廣義的快感的滿足，而不是單指兩性的性接觸，而且性在嬰兒出生後便開始了。佛洛伊德認爲在性的背後有一種原始的驅動力，驅使人們去尋求快感，他稱之爲「力比多」(libido)。在此基礎上他提出了「戀母情結」、「戀父情結」等概念，細心的讀者可能會想起根據米蘭．昆德拉的作品改編的電影《生命中不可承受之輕》中有此應用。這裡，佛洛伊德極端誇大了性本能的作用，宣揚泛性主義的性欲決定論，似乎是一大錯誤。還有人則將他視爲六〇年代西方性解放運動的「罪魁禍首」。

我們怎樣造夢？

佛洛伊德把夢境分爲兩種：顯夢和隱夢。顯夢是能回憶並且陳述出來的夢，是經過化妝的。隱夢指夢背後所隱藏的潛意識動機。做夢就像是編寫謎語，顯夢是謎面，隱夢是謎底。爲了把隱夢變成顯夢，要透過佛洛伊德所謂的「夢的工作」。夢的工作有四種方式：

凝縮　是指將幾種隱含意思用一種象徵表現出來。比如一個人夢見一位中年男人，這個中年人長著他爸爸的臉，卻留著和班主任老師一樣的小鬍子，身上穿著軍裝。實際上他爸爸沒留鬍子，也不是軍人。這個夢中人就是由父親、班主任和軍官三個人物凝縮而成的，在現實生活中都代表著「權威」，因而夢中之人可能就是「權威」的象徵。

轉移　是指把某種情緒由原來的對象轉移到其他可接受的代替物上，一些次要的部分「反客爲主」，取代原來強烈的情感色彩。比如，夢見自己走出了大門，又折回來取眼鏡。回來取眼鏡是件不重要的表象，實際上在夢裡這個人是想回去再看看年輕漂亮的女主人。

象徵化　指用具體可見的東西代替抽象的思想。比如，一個女子夢見自己被馬踐踏，其實是代表她內心的屈服。

潤飾　指在醒來後，把夢中亂七八糟的材料條理化，以掩藏眞相。

自我防禦機制

自我防禦機制是一種自我保護法，幫助人減輕和解除心理緊張。佛洛伊德的女兒安娜將她父親提到的自我防禦機制歸納爲十種，比如我們常常提到的投射、昇華、合理化等。投射就是「己所不欲，施之於人」。明明自己嫉妒別人，偏偏說是別人嫉妒自己。昇華是把本能的欲望衝動轉化爲能被社會接受的事情，比如柏拉圖的精神戀愛。合理化就是「自圓其說」，指用一種自我接受、超我能寬恕的理由來代替自己行爲的眞實動機，比如阿Q的精神勝利法。

2.2 潛意識：魔鬼寓於神中——榮格與分析心理學

我們生活在一個希臘人稱之為「眾神變形」的時代，一個充滿如此多的風險，如此依賴於當代人心理素質的時代。

——榮格

有人做過這樣一個評價：佛洛伊德爲人類打開了心理學的大門，榮格則爲心理學帶來了光亮。榮格很欣賞中國的陰陽學說，是西方研究《易經》的權威。在他的心理學理論中，有很多類似於陰陽對生的概念，如意識和潛意識、阿尼瑪和阿尼姆斯、外向和內向等。

榮格對潛意識內容有過這樣一段描述：「我所知道的、但此時未想到的一切事物；我曾經意識到、但現在已忘卻的一切事情；我感官所感受的、但未被我意識注意的一切事情；我感覺、思索、記憶、需要和做的非自願而又不留意的一切事情；正在我心中形成的、有一天將出現在意識中的東西。」潛意識包括了未來的有意識精神內容，又包含了遠古以來祖先遺傳、積累的沈澱物。潛意識的化身具有兩重性，它包含了人性的所有對立面：黑暗與光明、邪惡與善良、獸性與人性、魔性與神性——魔鬼寓於神中。

2.2.1 有兩個人格的榮格——生平簡介

卡爾．榮格（Carl Gustav Jung, 1875-1961），瑞士精神病學家、著名心理學家、分析心理學派的創始人，他突出心理結構的整體性，提出「集體潛意識」和「原型」等概念，擴大了潛意識的內涵，對心理學及宗教、歷史、藝術、文學等有深遠影響。榮格曾是佛洛伊德最爲鍾愛的弟子，師徒二人相處甚歡，意氣相投，佛洛伊德也一度將他視爲自己的衣缽傳人，是他「心理學王國的王儲」。但後來二人因爲學術上的分歧而分道揚鑣。

一八七五年榮格出生於瑞士山區的一個鄉村裡，父母和祖先都是因襲傳統的人。由於父母關係緊張，他從小養成了孤獨的性格。少年榮格靦覥而敏感，常常與父母的信念、老師的要求相悖。他和同學相比很特別，脆弱而且易受傷害。當受到不公正待遇時，他容易發怒。也正是在這時候他開始了對自己

「第一人格」和「第二人格」的思考。

在背後的幽深之處，我總是意識到我是兩個人，一個是我父母的兒子，正在唸書，與其他男孩相比，顯得不太聰明，不太專心，不太刻苦，不太莊重，不太整潔；另一個是成熟老練，實際上——是一個多疑多慮的懷疑論者，他遠離人世，但接近自然、大地、太陽、月亮、天空和萬物，尤其是接近黑夜、夢和「上帝」為他所設的一切。

在榮格看來，「另一個」就是他的第二人格，脆弱而不堅定，所以他不得不以他所謂的第一人格去推動他。第一人格是虛僞的、狡詐的，它逐漸包圍了他，滿足了他。當他在人生道路上屢獲成功時，無論他做得多麼出色，他內心的混亂都一直困擾著他，刺激著他，把他從旁人期待他走的道路上引導出來。當他的第一人格輝煌燦爛時，他的第二人格卻痛苦著。因此他後來一生都在追求生命的完善。

一九〇二年榮格獲得蘇黎士大學醫學博士學位，一九〇五年任該校精神病學講師。後來辭職自己開診所。一九〇六年他與佛洛伊德開始通信，對佛洛伊德充滿仰慕之情。一九〇七年他前往維也納與佛洛伊德見面，二人成了親密的朋友和同事。後來二人因爲學術上的分歧而分道揚鑣，這是榮格生命中的一次最大的打擊，使他經歷了從未體會過的迷惘、惶恐和孤獨，但當他度過這段黑暗時期之後，他的事業開始日漸輝煌。

值得一提的是，榮格對東方文化和宗教一直很感興趣，並借用到了他自己的理論當中。在他生前，曾寫過幾篇文章，論及心理學和東方宗教。他的涉獵很廣，藏傳佛教、印度瑜珈、中國的道學和易經、日本的禪學和東方的冥想，都有過深入的思考。他還曾引用過中國煉金術的理論和佛教的曼陀羅圖治療過精神病。

2.2.2 人格隧道的盡頭——集體潛意識

榮格也認爲人格結構由三個層面組成：意識（自我）、個人潛意識（情結）和集體潛意識（原型），這和佛洛伊德的提法有所不同。

1. 意識

意識是人格的最上面一層，能被人覺知，如我們所覺察到的記憶、思維和情緒等。意識的作用就是使人適應周圍的環境。自我則是意識的中心。榮格認爲意識只是心靈中很少的一部分，扮演門衛的角色，選擇和淘汰潛意識。在門衛處有一條水準線，自我就是控制這條水準線的主人。

2. 個人潛意識

個人潛意識是人格結構的第二層，作用要比意識大。它包括一切被遺忘的記憶、知覺和被壓抑的經驗，以及夢和幻想等。個人潛意識相當於佛洛伊德的前意識，可以進入意識的領域。榮格認爲個人潛意識的內容是情結。情結往往具有情緒色彩，是一組一組被壓抑的心理內容聚集在一起而形成的潛意識叢，如戀父情結、批評情結、權利情結等。當我們說某人具有某種情結時，是說這個人沈溺於某種東西而不能自拔，用流行的話來說就是上了「癮」。最早榮格認爲情結起源於童年時期的創傷性經驗。後來他覺得情結必定起源於人性中比童年時期的經驗更爲深邃的東西。在這樣一種好奇心的鼓舞下，他發現了精神中的另一個層次——「集體潛意識」。

3. 集體潛意識

集體潛意識是人格結構最底層的潛意識，包括祖先在內的世世代代的活動方式和經驗庫存在人腦中的遺傳痕跡。從一些包含著深化主題和宗教象徵的材料中，如他自己的和病人的夢和幻象，還有精神分裂症患者的幻覺，榮格發現了集體潛意識。集體潛意識和個人潛意識的區別在於：它不是人後天學來的，而是由種族先天遺傳的，而且它不是被遺忘的部分，而是我們一直都意識不到的東西。榮格曾用島打了個比方，露出水面的那些小島是人能感知到的意識；由於潮來潮去而顯露出來的水面下的地面部分，就是個人潛意識；而島的最底層是作爲基地的海床，就是我們的集體潛意識。

2.2.3 心靈的原子能——原型

榮格認爲集體潛意識的內容是原型。原型與本能差不多，都是人格中的根本動力，原型在心理上追求它的固有目標，而本能在生理上追求滿足。原型是出於人類祖先歷代沈積而遺傳下來的，不需要借助經驗的幫助，只要在類似的情境下，人的行爲就會和祖先一樣。比如，我們都知道「A＞B，B＞C，則A＞C」，這類知識就是原型的表露。科學發明或藝術創造的「如有神助」、「神來之筆」等，就是原型在顯身手。榮格認爲有多少典型情境就有多少原型，如出生原型、死亡原型、騙子原型、魔鬼原型、太陽原型、武器原型等。當一種與特定原型相對應的情境出現時，這種原型就被激發，並不可抗拒地表現出來，就像一種本能的衝動。

榮格反覆告誡我們：當被釋放的潛意識內容沒有採取適當的保護和預防措施時，就有可能導致危險的後果。因爲它可能會壓倒意識，使意識崩潰，引起嚴重的後果，甚至會導致精神錯亂。他把原型的爆發力比作被釋放的原子能。

> 原型具有一種與原子世界相同的特點，這就是……研究者越深入到微觀物理世界的深處，他發現在那裡被束縛的爆發力就越具有毀滅性。

這可能會讓我們想起一些氣功修煉者坐禪入境時的「走火入魔」。在密宗的禪定中，心觀的形象，代表著一些原型。每個原型都具有雙重性——光明與黑暗，所以，當它從潛意識的深處跳出來時，其力量的黑暗面就會引起虛妄的幻想。心理不健全的人很脆弱，會因爲原型以它意想不到的可怕的一面出現而精神失常，出現「走火入魔」。

2.2.4 人格的「四合一」

有時候我們說「某某是多重人格」，往往是帶有貶損意味的。實際上，每個人都是不同人格特質混合而成的產品。榮格認爲人格主要有四個原型：人格面具和陰暗自我、阿尼瑪與阿尼姆斯。

1. 人格面具

總是討好別人，按著別人的期望行事，和眞正的你並不一致，這就是我們常說的「表裡不一」。

2. 陰暗自我

陰暗自我是人內心最黑暗的東西，包括一切不道德的欲望、情緒和行爲，是人的獸性的一面。台灣某個網站有一個專欄，可以讓網友們毫無顧忌地發洩，「肆無忌憚」地說出心裡最想說的話。讓版主大吃一驚的是，幾乎所有人的帖子都充滿了惡毒的詛咒、抱怨和爲非作歹的念頭，這就是陰暗自我的大曝光。

3. 阿尼瑪

阿尼瑪是指男性身上的女性特質，拉丁文的原意爲「魂」。榮格認爲每個人身上都有一個女人的原型和一個男人的原型，就好像男性也會分泌雌性激素，女性也會分泌雄性激素。當阿尼瑪高度集中時，就能讓男性變得女性化，容易激動、多愁善感、好嫉妒和愛慕虛榮。

4. 阿尼姆斯

阿尼姆斯是指女性身上的男性特質，拉丁文的原意爲「魄」。當阿尼姆斯高度集中時，就會使女性變得男性化，富有攻擊性，追求權力，並引起內心衝突。

對阿尼瑪和阿尼姆斯運用最多的是在男女感情方面。如果人身上沒有一點兒異性特質，那男女之間就不可能相互理解，更談不上「心有靈犀一點通」了。當一個男人愛上一個女人，很有可能是因爲這個女子很符合他身上的阿尼瑪，所以覺得親切和默契，就像是自己的「另一半」。當然，如果一個人身上的兩種特質失去平衡，男性變得「小女人氣」，或者女性變得「大丈夫氣」，都容易引起男女間的衝突，嚴重時還會導致心理變態。

2.2.5 外向和內向的人

我們描述一個人的性格時，常常用到「內向」、「外向」這樣的形容詞。這種對人格的劃分也是榮格的學說之一。榮格早年在字詞聯想測驗中發現，不同的人會有不同的「情結」表現。後來他根據自己的臨床經驗和與各種人的廣泛接觸，提出把人分爲兩種：外向型和內向型。

1. 外向型

外向型的人往往很關心「外面的世界」，這種人喜歡運動，愛說話，喜歡社交，愛熱鬧，很自信，也很開朗樂觀，容易適應新環境，但是比較輕率，喜歡趕時髦。這種人走極端的話，會得神經症。

2. 內向型

內向型的人往往很關注自己的內心世界，愛思考，喜歡安靜，善於內省，但不夠自信，也不善於交朋友，顯得孤僻和害羞，對宗教、哲學容易感興趣。這種人如果走極端，可以發展爲精神病。

不過，沒有純粹外向或內向的人，每個人都或多或少有些外向或內向，只不過有的人外向特徵占優勢，有的人內向特徵占優勢。這兩種特徵也說不上誰好誰壞，各有其優缺點。有一種有趣的現象是兩種類型的「互補」效應：內向的人心裡面羨慕外向的人，外向的人又對內向的人很感興趣，這種情況在異性交往中尤其常見，性格相反的人反而更容易互相吸引。

2.2.6 人格的八大類型

在提出了兩種人格傾向後，榮格又提出了人格的四種功能類型，他將二者搭配組合，就形成了八種性格類型，分別是思維外向型、思維內向型、情感外向型、情感內向型、感覺外向型、感覺內向型、直覺外向型和直覺內向型，具體表現如下：

1. 思維外向型

按固定的規則生活，客觀而冷靜。積極思考問題，武斷、感情壓抑。

2. 思維內向型

獨處的願望強烈。實際判斷力差，社會適應差。智力發達，忽視日常生活實際。感情壓抑。

3. 情感外向型

極易動感情，尊重權威和傳統。尋求與外界的和諧，愛交際。思維壓抑。

4. 情感內向型

安靜、有思想，感覺靈敏。對於別人的感情和意見漠不關心和迷惑不解。思維壓抑。

5. 感覺外向型

尋求歡樂，無憂無慮，社會適應力強。不斷追求新異的感覺刺激，或許好吃，對藝術品感興趣。直覺壓抑。

6. 感覺內向型

生活受情景所決定、被動、安靜、藝術性強。不關心人類事業，只顧身旁發生的事情。直覺受壓抑。

7. 直覺外向型

做決定的不是依據事實，而是憑預感。不能長時間堅持某一觀點，好改變主意，富於創造性。感覺受壓抑。

8. 直覺內向型

偏激而喜歡做白日夢，觀點新穎但稀奇古怪。冥思苦想，很少為人理解，但不為此煩惱。以內部經驗指導生活。

榮格本人很關注內心體驗的隱秘背景，內在想像力十分豐富，而且很敏感，常常產生各種離奇的幻覺和想像。按照他的八大類型分類，他應該屬於直覺內向型。

榮格與煉金術

煉金術對榮格的學說有很大的影響。一般人認為，煉金術的目的就是透過化學實驗製造金子或是令人長生不老的靈丹妙藥。但是榮格認為煉金活動實質上是一種精神修煉。煉金士煉金時有一定的心理體驗，按榮格的話講就是在體驗他自己的潛意識，把潛意識投射到物質的黑暗中，以期進行精神轉化。大量混亂複雜的煉金符號，描述了精神從蟄伏到甦醒的過程。受此啓發，榮格發現了解釋自己學說的圖解：一個人從潛意識狀態到意識狀態的逐漸領悟，以及構成其基礎的治療作用。中國神話裡的太上老君修煉時要煉仙丹，大概也是這個道理。

榮格和佛洛伊德為什麼會決裂？

有人認為，榮格和佛洛伊德的失和，除了學術上的分歧外，還有其他原因：一、榮格是一個典型的馬丁路德教派的新教徒；二、他是瑞士山區人，有吹毛求疵的毛病，他們排外，尤其是猶太人；三、他有德國人的特點，缺乏幽默，不像佛洛伊德那麼風趣詼諧；四、歐洲人對神明的認同，有一種矛盾複雜的心理，這使得他們二人彼此不能相容。看來想成爲事業上的同道中人，性情相投、價值觀相當是很重要的。」

「什麼叫心理平衡？

我們常說「某某心理不平衡」。「心理平衡」一詞可謂是中國人獨創的心理學術語。在西方心理學中，是沒有psychological balance這一術語的。其實「心理平衡」就是指人們用昇華、幽默、外化、合理化等手段來調節對某一事物得失的認識。中國人之所以用「心理平衡」一詞來形容心理調節過程，大概可以歸結到我們思維中陰陽對立、福禍轉換的「文化基因」上。千百年來，中國人在看待個人的榮辱得失時，深受老莊哲學的影響，很講究內心的平衡之道。所以，中國人用「心理平衡」一詞形容自我的心理調節絕非偶然。其實，心理學中常用的內向、外向等概念，就是榮格在讀了老子的《道德經》後提出的，其中即含陰陽平衡之意。」

2.3 站在佛洛伊德的肩上——阿德勒和艾力克遜的理論

對佛洛伊德的評價向來是眾說紛紜。我們比較欣賞這樣一個比喻：他就像一棵巨大的橡樹，佇立在一片樹林的中央，歷久而引人注目，既引起了諸多質疑和反駁，又繁衍出了一大批學者，他們在佛洛伊德理論的基礎上推陳出新，形成了自己的學派觀點，我們稱之爲「新精神分析」。霍尼曾經說過：「同佛洛伊德的巨大成就相比，這些理論的不同在於它們建立在他所創建的基礎之上。」這些學者認爲，佛洛伊德理論中的三個局限對新精神分析的發展起了很大作用。

佛洛伊德認爲人格在兒童五、六歲時就完全形成，今天的人格紮根於童年，與後來的經歷無關。新精神分析者承認兒童期經歷的重要性，但他們認爲，青春期和成年初期的經歷也很重要。

佛洛伊德沒有認識到社會文化力量在人的發展中的作用，只強調了本能的影響。後來的心理學家，尤其是霍尼等人認爲，我們成長其中的文化在造成人格的性別差異等方面起了很大作用。

許多學者不喜歡佛洛伊德理論的消極特徵。很多人都對人格和人類本身持更積極的看法，例如，有人提出了自我的積極特徵，強調意識而不是潛意識對行爲的決定作用，以及人的尋求優越和自我補償。這批學者中的代表人物有榮格、阿德勒、艾力克遜、霍尼等，這裡我們簡單介紹一下阿德勒和艾力克遜的一些觀點。

2.3.1 克服與生俱來的自卑——尋求優越

尋求優越是阿爾弗雷德·阿德勒（Alfred Adler, 1870-1937）提出的一個概念。佛洛伊德的學生中有很多都和他決裂了，阿德勒是其中的第一人。阿德勒起初是佛洛伊德理論的捍衛者，後來因爲在學術上與佛洛伊德有分歧，被後者視爲背叛者，二人也因此徹底決裂。最終阿德勒走出了佛洛伊德的陰影，創立了自己的學派，稱爲「個體心理學」（individual psychology）。他的理論的核心概念就是「尋求優越」。

阿德勒認爲，每個人生來就有一種「自卑感」。人類兒童必須在更爲強大的成人的照料下才能生存下來，這就是自卑感的證明。這就是說人從一開始就要爲克服自卑感而抗爭，是爲「尋求優越」。具體來說，每個人一生下來就存在著身心缺陷，所以產生補償這種缺陷的欲求；而補償往往是超額的，不僅抵償了缺陷，還會發展爲優點。佛洛伊德把人的動機結構的基礎集中在性和攻擊上，阿德勒則認爲尋求優越才是人生的內驅力。他還指出，追求優越既能成爲向上的動力，也能危害社會。如果一個人一心一意地追求自己個人的優越，而忽視了他人和社會的需要，這個人就會形成一種自尊情結，就會變得驕傲、專橫、自以爲是和缺乏社會興趣，希特勒從一個自卑的少年成長爲一個冷酷的獨裁者，就是最好的例子。

人追求優越是來自人的自卑感。阿德勒早期強調生理缺陷或功能不足，據此他提出了補償的概念。克服自卑的主要表現就是對缺陷的補償。補償有兩個基本途徑：(1)發展機能不足的器官，如體弱者透過鍛鍊使身體強健；(2)發展其他器官的機能來補償缺陷，如失明的人往往聽力和觸覺很好，這就是一種補償。後來阿德勒把補償的概念應用到心理學領域，認爲自卑感是人與生俱來的，沒有自卑就沒有補償。例如，兒童與成人相比，顯得虛弱和無能，自卑感激起兒童獲得能力的強烈動機，從而克服自卑感，以便能達到優越的目標。這種對自卑的對抗就是補償作用。可以說沒有自卑就不會有補償。但過度自卑又會使人垮掉。

歷史上有不少名人在生理上都存在不足或者缺陷，如拿破崙就是一個身體瘦弱矮小的人，而美國第三十二任總統佛蘭克林·羅斯福則因爲幼時患小兒麻痹症而致殘，是不是自卑感促使他們追求卓越呢？不管眞實的情形如何，至少在阿德勒眼裡是這樣的。

2.3.2 三歲看小、七歲看老？——人格發展的八個階段

這裡我們介紹艾力克遜的關於人格發展的八階段論。埃里克·艾力克遜（Erik Erikson, 1902-1994）出生於德國，曾經是一個遊歷歐洲的藝術家。在奧地利一所小學工作時，他有機會認識了精神分析，並得到了精神分析的培訓。後來他成爲了一名開業的心理醫生，並逐漸形成了自己的理論。艾力克遜的學說中保留了佛洛伊德理論的一些成分，但他本人對心理學的貢獻也是巨大的，其中包括「自我同一性」的概念和人格發展的八階段論。篇幅有限，我們只介紹後者。

佛洛伊德認爲人的個性在最初的幾年就已經形成了。的確，童年經驗對人格的發展非常重要。但我們也常常會說，我們的人格在最近幾年發生了很大的變化。艾力克遜認爲，人格在人的一生中不斷發展，據此他提出了八個階段，每一個階段

對人格的發展都很重要。

按照艾力克遜的觀點，每一個發展階段都由一對衝突或者兩極對立組成，形成一種危機。危機的積極解決能增強自我，使個性得到健康的發展，有利於我們對環境的適應；危機的消極解決會削弱自我，使人格不健全，阻礙人對環境的適應。另外，前一階段危機的順利解決，會增加後一階段危機積極解決的可能性；反之，後面階段危機的解決就會更困難。

第一個階段是「嬰兒期」（零至一歲），這一階段的危機是「基本信任對不信任」。在出生後的一年中，嬰兒最為軟弱，離不開成人的照料和關愛，依賴性很大。他們是否能得到成人充滿愛的照料，他們的需要是否得到了滿足，他們的啼哭是否得到了注意，都是他們人格發展中的第一個轉捩點。需要得到滿足的兒童，會產生基本的信任感。受到適當的愛和關注的兒童，認為周圍的人是充滿愛意的，世界是安全可靠的。相反，如果嬰兒沒有得到愛和關注，基本需要沒有得到滿足，就會產生不信任感和不安全感。這樣的兒童在他們的一生中對他人都會表現得疏遠和退縮，不相信自己，更不相信他人，不能愛別

人格發展八個階段的危機和相應的品質

階段	危機	年齡（歲）	積極解決的品質	消極解決的品質
嬰兒期	信任對不信任	0-1	希望、安全感	恐懼、不安全感
學步期	自主對羞怯和懷疑	1-3	自我控制	自我懷疑
學前期	主動對內疚	4-5	方向和目的	無價值感
小學期	勤奮對自卑	6-11	能力	無能
青少年期	同一性對角色混亂	12-20	忠誠	不確定感
成年早期	親密對孤獨	20-24	愛	兩性關係混亂
成年期	繁殖對停滯	25-64	關心	自私
老年期	自我整合對失望	65-死亡	明智	失望和無意義感

人和接受愛。可以說，兒童的基本信任感是形成健康人格的基礎。

其他七個階段這裡就不一一詳述了，感興趣的讀者可以參閱相關的書籍。

女性心理學

凱倫·霍尼（Karen Horney）是新精神分析理論的一員女戰將，她很強調文化和社會對人格的影響，她對精神分析方法的重要貢獻之一就是女性心理學。

霍尼認爲佛洛伊德的理論有蔑視婦女的成分，由此她開始懷疑佛氏的理論。佛洛伊德的一個觀點是女性發展的本質可以在陽具妒羨中找到，每一個女孩都希望成爲男孩。霍尼用子宮妒羨一詞來反駁男性的立場，男性會嫉妒婦女懷孕並哺育兒童的能力。當然，霍尼並不是說男性會因此對自己不滿，而是認爲每一種性別都具有讓另一性別讚賞的地方。

霍尼進一步指出，在佛洛伊德的時代，女性之所以想當一個男人，是因爲文化給她們帶來的負擔和壓力，而不是天生就有劣勢。她認爲，男性和女性的人格差異是社會環境造成的。霍尼的觀點對後來的女性主義運動有很大的影響。

出生次序對兒童人格的發展有影響嗎？

阿德勒很強調出生順序對兒童發展的影響。他認爲，兒童和兄弟姐妹相處，一心都想爭奪優越地位，特別是父母的愛。年齡較大的以哥哥、姐姐自居，向弟妹發號施令，甚至仗勢欺人。年紀小的孩子自知年幼體弱，能以柔制勝，他們很聽話，對父母也恭敬，以此博得父母的歡心。

長子在第二個孩子出生前一直是家裡人關懷的中心人物。但第二個孩子出生後，他的地位就會迅速下降。他知道弟妹的出生給他帶來的威脅，容易產生嫉妒和不安全感，怕父母對自己的愛讓老二奪去，所以比較孤獨或倔強，對人容易產生敵意，也容易自卑。次子常常雄心勃勃，有遠大抱負，因爲他要超越長子，常懷有野心，容易反抗和嫉妒。但他們有長子作爲超越的對象和競爭的伴侶，相對是比較幸福的。最小的孩子沒有弟妹，容易受人溺愛，總想讓別人幫助他。他們在家中的地位是沒人能取代的，容易被慣壞，愛依賴別人或者專横霸道。

出生次序作爲一種環境變數，確實會對兒童的人格發展有影響，但沒有阿德勒所認爲的那樣簡單，後來的研究並沒有得出一致的結論。比如，在智力方面，有研究表明天才兒童中長子長女所占的比例最大；在問題行爲方面，有人認爲沒有哪一個出生次序是最壞的，每一個次序中的兒童都有困擾，而且比例相當。

考考你：

1.佛洛伊德把人的意識劃分爲哪三個層次？

2.什麼是昇華？舉例說明。

3.什麼是集體潛意識？

4.什麼是阿尼瑪和阿尼姆斯？

5.根據艾力克遜的理論，嬰兒期的危機是什麼？

3. 行爲主義

給我一打健康而體型健全的嬰兒，給我一個專門的環境培養他們，我保證從他們之中任意選出一個，都能將他培訓成我所選擇的任何一種專家——醫生、律師、藝術家、大商人，當然還有乞丐和小偷，而不論他們的才能、愛好、能力、稟性如何，也不管他們的祖先是什麼種族。

——華生

華生（行爲主義創始人，1878-1958）

在日常生活的情境中，人們都在試圖應用基本的學習原理來改變行爲，這樣的事隨時都在發生：

★一個孩子和爸爸訂好了「契約」，早晨起來時自己穿衣疊被，他就能得到一顆小星星；幫媽媽做十五分鐘的家務事，可以得到二顆小星星；寫作業時不看電視，也能得到二顆小星星。當星星累積到一百顆時，爸爸就會爲他買一套他最喜歡的漫畫書。這是一種「代幣制」的方法。

★馬戲團裡會鑽圈的小狗，牠們可不是天生就那麼聰明的。在平時的訓練過程中，只要牠們偶爾做出了符合要求的動作，訓練員就會獎給牠們肉骨頭。小狗嚐到了甜頭，以後符合要求的行爲就會越來越多。這種方法就是一種「強化」。

★大家可能都有這樣的體會：並不是所有的技能都需要實際的演練才會學會。有時我們看過別人是怎麼做的也就學會了。想想看，是不是有人手把手教你打過羽毛球、籃球，通常情況下，不會有人跟你說，你第一步做什麼，第二步做什麼，你只要看別人怎麼打的就明白應該怎麼做了。這就是「觀察」學習的原理。

只要細心地觀察，你會發現這樣的例子很多。這些透過改變行爲而進行學習的現象，一直都是心理學家所感興趣的課題。而在這一領域作出卓越成績的心理學家，要麼本身就是行爲主義心理學家，要麼和行爲主義有密切關係。他們從行爲主義的角度出發，研究態度形成、攻擊性行爲的學習、心理治療、性別角色、習得性無助等許多問題。可以說，行爲主義一經產生，很快就風行美國，成爲美國現代心理學主要流派之一，對心理學的發展影響巨大，因而被稱爲心理學的第一勢力(first force)。下面我們介紹行爲主義的主要理論，當然還有那些巨匠們。

3.1 心理學的神話：孩子是橡皮泥——華生與行爲主義

行爲主義心理學家華生有一個很誇張的論斷，相信很多人都有所耳聞；他認爲如果能對環境進行足夠的控制，心理學家可以把一個孩子塑造成他們所期望的任何一種人。塑造孩子就好比捏橡皮泥，只要條件恰當，就可以隨心所欲。這種神話般的說法，華生後來也承認是「有失事實」。但這種思維方式在美國很受推崇，因爲美國人信奉的是，無論一個人的出生背景和社會階層如何，他都擁有與所有人平等的發展機會。這當然又是一個神話了。

3.1.1 華生走過的路——生平簡介

約翰·華生（John B. Watson, 1878-1958）是行爲主義心理學的創始人，他的行爲主義又被稱作「S-R心理學」，即刺激—反應心理學。在華生看來，心理學應該成爲「一門純粹客觀的自然科學」，而且必須成爲一門純生物學或純生理學的自然科學。

一八七八年華生出生於南卡羅來納州的格林維爾。還在孩提時代，他就顯示了日後成名立業所需具備的兩個特點：喜歡攻擊，又富有建設性。他曾坦言，在上小學時他最喜歡的活動就是和同學打架，「直到一個人流血爲止」。另一方面，十二歲時他就已經是一個不錯的木匠了。在他成名之後，他甚至爲自己蓋了一幢有十幾個房間的別墅。

華生是個很有個性的人。據他自己說，上小學時「很懶，有些反叛，考試從未及格過」，「大學生活對我幾乎沒有吸引力……我不擅長社交，沒有幾個知心朋友」。但就是這樣一個似乎缺乏熱情的人，日後改寫了心理學的方向。

在獲得了一個碩士學位後華生進入芝加哥大學哲學系攻讀博士學位，曾就學於杜威。後來他轉到了心理系，在一九〇三年取得了芝加哥大學第一個心理學博士學位。在讀書的時候他便與眾不同，喜歡用老鼠而不是用人來做被試。

畢業後華生先是在芝加哥大學教書，後來又到約翰·霍普金斯大學心理系任職。在此期間，他開始探索用行爲主義的方法來取代當時的心理學，他的觀點很快受到了學術界的歡迎。一九一三年，他發表了影響巨大的《行爲主義者眼中的心理學》。此後不久，行爲主義開始風行心理學界。

一九二〇年華生中斷了他的學術生涯，這是心理學界的一大憾事。當時他和女助手雷納正在主持一項有關性行爲的實驗研究，結果引發了家庭醜聞。離婚、再婚的風波讓他不得不離開學術界而轉投商界。他過人的才華在廣告業得到了施展，開創了又一個成功的職業生涯。雖然他在剛進入不惑之年就完全離開了心理學，但他所創立的行爲主義流派卻影響深遠。

3.1.2 心理學該研究什麼？——拒絕意識，只研究行爲

在十九世紀末二十世紀初，心理學家主要憑藉對感情和感覺的內省去了解人的意識活動。華生則反對這種做法。在他看來，心理學必須成爲「一門純粹客觀的自然科學」，如果把意識作爲心理學的研究對象，心理學就永遠不能躋身科學之列。華

生認爲，心理、意識和靈魂一樣，只是一種假設，是主觀的東西，本身不可捉摸，又不能加以觀察、測量和證實，拿它們作爲心理學的研究對象，是一種自欺欺人的做法。心理學之所以「百家爭鳴」，就是因爲研究意識而糾纏不清。

那麼，心理學該研究什麼呢？華生的答案是「外顯的行爲」，即那些可以被觀察到的、可預見的、最終可以被科學工作者控制的行爲。情緒、思維、潛意識等，這些東西要統統扔掉。在華生看來，思維只是言語行爲的一種變體，是一種「無聲言語」，在這種無聲言語中，會伴隨有輕微的聲帶振動。

爲了方便對行爲進行客觀的實驗研究，華生把行爲和引起行爲的環境影響分爲兩個要素：「刺激」（S）和「反應」（R）。刺激是指引起行爲的外部和內部的變化，而反應則是指行爲的基本成分，即肌肉收縮和腺體分泌。比如聞到飯香（S），你就會分泌唾液（R）。這樣，不管引發行爲的原因多麼複雜，最終都可以歸結爲物理化學上的變化。後來他又引進了「情境」和「動作」的概念，分別指生活中較爲複雜的刺激和行爲。

對於神經系統的作用，華生又有何看法呢？他認爲，神經系統，包括中樞在內，只不過在感覺器官和行爲器官之間起聯絡和傳導的作用罷了，與其他器官如心臟、肌肉、骨骼等的作用沒什麼大的區別。他還反對以往心理學家對大腦左右功能的強調，說人家把大腦看成了一個神秘的黑箱子，「凡是他們不能用精神解釋的東西就都推到腦子裡去」。但後來神經心理學家的研究證明，華生的這些主張完全是淺薄之見。

3.1.3 恐懼可以習得嗎？——小阿爾波特的故事

這裡先要介紹一下俄國著名生理學家巴甫洛夫（Ivan Pavlov）

用狗所做的著名實驗，我們稱之爲經典條件反射實驗。巴甫洛夫起先是研究狗的消化系統的。在觀察狗看到食物就分泌唾液時，他驚奇地發現有時沒有食物狗也能分泌唾液。在後來的實驗中，每次餵狗前先響鈴。當這種聯繫反覆出現一定次數後，只響鈴不餵食，狗也會分泌唾液。因爲牠們已經知道響鈴預示食物馬上出現，於是作出了相應的生理反應，這時所謂條件反射就建立了，這是學習的結果。當然，如果多次只呈現鈴聲而不給食物，那麼唾液分泌就會逐漸減少直到最後消失，這個過程我們稱爲消退。下面我們總結一下條件反射建立的過程：

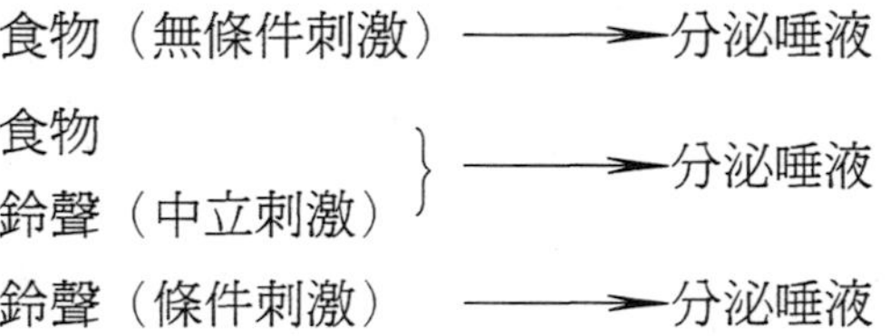

華生拓展了巴甫洛夫的工作，證明經典條件反射原理同樣適用於人。他和雷納（Rosalie Rayner）在一個幾個月大的小男孩身上建立了對白色皮毛動物的條件性恐懼，這就是著名的小阿爾波特的故事。

可憐的小阿爾波特起初並不怕白鼠（中立刺激），後來不論什麼時候只要白鼠一接近他，華生就在他身後靠近頭的地方敲擊一塊金屬發出很大的響聲。每次敲擊所發出的巨大聲響（無條件刺激）都能把阿爾波特嚇哭。敲擊與白鼠成對出現多次後，白鼠單獨出現時，阿爾波特也會嚇得哭起來。原來的中性刺激變成了條件刺激。經過了幾個月後，阿爾波特的條件性恐懼已經泛化到了兔子、狗、皮大衣和聖誕老人面具。後來阿爾波特離開了華生對他進行實驗的醫院，所以沒有繼續研究他的條作性恐懼的消退過程。幸虧如此，不然華生要對他做「重建條件反射」的實驗。這是一種準備用來消退恐懼的方法，在出現令幼兒感到害怕的東西的同時，刺激他的性敏感區，先是嘴唇，後是乳頭，最後是性器官。在今天如果有誰敢這樣做，一定會引發虐待兒童的官司。

3.1.4 什麼是客觀的研究方法？

華生堅定不移地摒棄主觀意識而主張研究客觀的行爲，因而在研究方法上也反對使用內省法，主張使用客觀法。他認爲內省法不能施之於人，而且即使對自己進行內省觀察，也會因爲沒有一致的標準而造成結果的分歧和混亂。那麼華生所謂的客觀法都有哪些呢？

1. 觀察法

一種是實驗方法，用儀器來控制的觀察，這種方法比較精確。另一種是不用儀器的觀察，因爲缺乏嚴格的控制，只能對研究對象做粗略的了解。觀察所得數據都可以進行統計處理。

2. 條件反射法

例如上面講到的阿爾波特的例子。這種方法對研究兒童情緒的發展很有價值。條件反射的建立和泛化能解釋看起來不合理的恐懼情緒是怎樣產生的，例如我們常說的「一朝被蛇咬，十年怕井繩」，一個被蛇咬過的小孩會害怕所有的蛇以及任何與蛇相似的東西。

3. 自我報告法

華生認爲這種方法是專門研究正常人行爲的。在他看來，能覺察自己身體內部的變化並把它報告出來是正常人才有的能力，動物和病態的人都沒有這種能力。

4. 測驗法

華生主張設計和運用不一定需要言語的有外部表現的行爲測驗，這樣就可以使有語言障礙的人也可以進行測驗。

3.1.5 華生：我們如何評價他？

對華生的評價可謂毀譽參半。因爲他完全拋棄意識，只研究行爲，而且貶低大腦的作用，有人就把他的行爲主義心理學稱爲「肌肉抽筋心理學」、「無心理內容的心理學」、「無大腦心理學」等，認爲行爲主義毫無價值。另一方面，華生向維護「心靈」的傳統心理學宣布徹底決裂，他的勇敢和頑強的精神、對傳統和神秘的蔑視、對科學控制人的樂觀，使得行爲主義在當時很多青年心目中，意味著一個新方向，一種新的希望，因爲他們對舊傳統已經絕望了。

小雞啄米：是本能還是後天學來的？

郭任遠是和華生同一時代的中國心理學家，他也是一個激進的行爲主義者，力主消除心理學中的本能説，認爲一切都是後天習得的，爲此他做了很多有趣的研究。

一般人認爲小雞剛孵出來時就有啄米本能，郭任遠反對這種觀點，他認爲啄米的動作是小雞在胚胎中學會的。在三〇年代他發表了一系列關於鳥類胚胎行爲的研究報告。他把雞蛋的殼弄成透明的，來觀察孵化過程中小雞胚胎的活動。他發現，由於雞雛的蜷臥姿勢，每次心臟的跳動都必然推動牠點一次頭，由此便建立了小雞點頭的習慣。當小雞孵出來後，向下點頭的習慣仍然保持著。如果小雞點頭時嘴碰到了地面，偶然啄到了米粒，得到了強化，這樣就建立了吃米的條件反射活動，最終使小雞學會了啄米。』

『華生學希臘語

華生曾誇口說，在他讀大學四年級時，他可能是班裡唯一的一個通過了希臘語考試的學生。他的秘密是在考試前一天憑著一罐可口可樂提供的能量死記硬背了整整一天。他在幾年後說：「現在，讓我就是積蓄一生的能量也寫不出一個希臘字母，或說出一個字母的變格。」他到芝加哥大學攻讀博士學位而不是去他嚮往的普林斯頓大學，據說就是因爲後者要求必須能閱讀希臘文。』

3.2 快樂是操作性條件反射的副產品——史基納與激進的行爲主義

我愛上過兩、三個長得像我媽媽的姑娘，當我還是個小孩子時，我媽媽一定就長得那樣。我也認為女人的胸部很美。但據我所知，達爾文和巴甫洛夫的解釋要比索波克爾和佛洛伊德的解釋更好。

——史基納

史基納有一個非常著名而有爭議的觀點：快樂是操作性強化的一種副產品。使我們快樂的事情是那些給了我們強化的事情。他承認人是有感情和思維的動物，但他沒有在人的心靈內部尋找行爲的原因，否定假設的思維狀態或內部動機的必要性，而是強調發現環境條件和行爲之間的函數關係，因而他的行爲主義被冠以「激進」之名。

3.2.1 不安分的史基納——生平簡介

史基納（Burrhus Frederic Skinner, 1904-1990）被人們看做是華生的繼承人，他是美國新行爲主義的主要代表，是操作條作學習理論的創始人，也是行爲矯正的開創者。他的理論在很多領域都有應用，如學生成績、工業管理、自閉症和精神疾患的治療以及問題行爲的矯正等。

一九〇四年三月二十日，史基納出生於美國的賓夕凡尼亞州。他的童年是在一個溫暖、穩定的家庭環境中度過的，父親是個律師，母親聰明而美麗。在成長過程中，史基納醉心於建造各種東西：雪橇、木筏、滑行帆船、蹺蹺板、賽車、噴焊器等，他甚至還試圖製造一架滑翔機，發明永動機，結果都沒成功。

一九二二年史基納進入紐約的漢密爾頓學院主修英國文學，在校期間他曾是個「不安定份子」，參與惡作劇，攻擊聯誼會等。大學畢業後他本想靠當作家來一舉成名，但不久就放棄了，轉而對心理學產生了興趣。一九二八年他進入哈佛大學專攻心理學，是著名心理學家波林的學生。一九三一年他獲得了哲學博士學位，先後在哈佛大學、明尼蘇達大學和印第安納大學從事研究或教學工作。一九四八年他又重回哈佛，直到一九七〇年退休。

史基納在一九三六年結了婚，有兩個兒女，大女兒從事教育心理學的工作，小女兒是個藝術家。第二次世界大戰期間，他曾在美國科學研究和發展總署服役，採用他的操作條件作用法訓練鴿子，用來控制飛彈和魚雷。

3.2.2 此行爲？彼行爲？——反應行爲和操作行爲

史基納將行爲分爲兩類：反應行爲和操作行爲。反應行爲是指某種特定的刺激（S）所引起的行爲（R），比如美食當前你會禁不住流口水，看到一隻蟑螂你會失聲尖叫。前面我們提到的巴甫洛夫，他的經典條件反射實驗（史基納稱之爲「反應性條件反射」）就是研究反應行爲的。

如前所述，經典條件反射就是建立新的S-R連結的過程。在日常生活中有很多這樣的例子，只不過我們沒有意識到罷了。比如，一個人喜歡古典音樂，是因爲他爸爸一到星期六就在家裡聽古典音樂，而星期六正好是這個人最喜歡的一天。在醫院看病的時候，一位很焦慮的人和另一個人坐在相鄰的椅子上等待，焦慮者會發現和他一起等的人缺乏吸引力。這可能是由於等待的焦慮與共同等待的人聯繫在一起，使焦慮者產生了對那個人的消極反應。

「操作行爲」是指個體作用於外部環境以產生某種結果的行爲，它是個體自發的行爲，不是外在刺激引發出來的，如讀書、寫字、演奏樂器、用筷子吃飯和開車等。反應行爲受到先行刺激的控制，而操作行爲受到的是行爲結果的控制。史基納用白鼠和鴿子作爲對象，對操作行爲進行了研究，即「操作性條件反射的史基納箱」方法。

史基納箱內有一個可以壓動的槓桿或可以啄動的按鈕，還有一個盤子，可以接住自動傳送的食物。這個裝置可以自動記錄壓桿或啄動按鈕的間隔時間。當一隻白鼠第一次被放進箱裡，只要牠四處活動就獎給牠食物；此後，只有牠接近槓桿時才會獲得獎勵；接下來，只有接觸槓桿才獎給牠食物；最後，牠只有壓動槓桿才能吃到食物。

這裡要提到一個重要的概念即「強化」。有些行爲的後果可以增加這種行爲再次出現的可能性，比如白鼠壓槓桿後得到了食物，這讓牠嚐到了甜頭，就會更加頻繁地去壓槓桿，這種過程就是強化，而食物就是強化物。強化有正負兩種：「正強化」是在行爲之後給予獎勵，目的是增加行爲，比如小寶寶咿呀學語，得到了媽媽的親吻和讚揚，他就會更加起勁地學說話；「負強化」也是爲了增加行爲，所不同的是在行爲之後撤消某種厭惡刺激，比如老鼠可以在迅速拉動繩子時避免電擊的折磨，牠很快就會學會拉繩子。另外，如果有些後果會使某種行爲的出現頻率減少，這些後果叫「懲罰」，有些地方給孩子斷奶時在媽媽的乳頭上塗上辣椒粉，就是這個道理。

操作性條件反射的原理可以用來解釋一些有趣的現象，例如一些「迷信行爲」。有些地區的人在乾旱的季節舉行某種儀式拜神求雨，是因爲過去有那麼一次偶然的拜神儀式之後碰巧下了場大雨，讓人們誤以爲這是求神的結果，於是這場大雨作爲一種偶然的強化物使旱季求神拜雨的活動成了一種習俗。有些運動員也常常表現出這種迷信行爲，比如有的足球運動員射點球時可能先要進行一番例行公式，繫繫鞋帶、親吻足球、閉眼唸唸有詞等，那是因爲他在以前的某次點球大戰時偶然作出這些行爲，結果球進了，所以這套行爲就成了他每次射點球時的必行儀式。

3.2.3 我們爲什麼會「樂此不疲」？——強化的時刻表

前面我們講了強化在形成行爲時的重要作用，對於行爲的保持強化也功不可沒。史基納根據強化與時間的關係，將之分爲「連續強化」與「間歇強化」兩大類，其中間歇強化又可以分爲「間隔強化」和「比例強化」。乍聽來可能過於抽象，下面我們結合不同的例子來解釋一下。

<table>
<tr><td colspan="4">間歇強化</td></tr>
<tr><td colspan="2">間隔強化</td><td colspan="2">比例強化</td></tr>
<tr><td>固定間隔強化</td><td>變化間隔強化</td><td>固定比例強化</td><td>變化比例強化</td></tr>
</table>

1. 連續強化

連續強化是指有些行爲在每次出現時都受到強化。比如開燈就會有燈亮的結果，打開電視機就會有畫面出現，如果電視機沒壞的話。連續強化還可以保持更爲複雜的活動，在寫字、騎車、打球等活動中會不斷地產生結果，這些結果強化了我們的行爲，我們就會「樂此不疲」了。如果在一段長時期的連續強化之後這種關係突然打住，結果就會令人沮喪、煩惱，產生懷疑等。舉一個簡單的例子：一位男子每天下班到家時妻子都會擁抱他一下，他都習以爲常了，但突然有一天妻子不這麼做了。這位男子肯定會感到奇怪：「妳怎麼了？出了什麼事？不舒服嗎？」

2. 間歇強化

間歇強化是說要作出一個符合規定的行爲才給予強化。與連續強化相比，因爲間歇強化而形成的行爲往往很難消失。我們的許多行爲都是受間歇強化形成的，尤其是一些頑固的行爲。生活中這樣的例子隨處可見；初出茅廬的作家投稿多次才被採用一篇，但他們仍堅持不懈地寫作；想當廚師的學徒，多次下廚操練時成敗參半，但仍樂此不疲。

固定間隔強化　顧名思義，每次強化間的間隔時間是恆定的。比如每天下午六點整在陽台上觀望丈夫回來的妻子，之所以有這樣的行爲，是因爲她的丈夫每天都在這個點回到家，這就是一種固定強化。

變化間隔強化　還是上面的例子：丈夫回家的時間是不固定的，有時是下午五點半，有時是六點，有時是六點半，那麼妻子可能隔一會兒就會去陽台上看看。這就是變化間隔強化使人產生的「焦急」行爲。

固定比例強化　一個人必須作出一定數目的行爲才會得到強化，工廠裡的記件工作就是一個典型的例子：工人只有完成了一定的工作量才能獲得相應份額的報酬。學生必須修滿一定的學分才能拿到學位也是這個道理。

變化比例強化　對期望行爲的多少沒有確定的要求，行爲次數只圍繞一個平均值變化。賭博、賽馬等所提供的就是變化比例強化，而這種強化最容易使人上癮，因爲結果總是難以預料，反而讓人欲罷不能，總抱著成功的希望。曾經就有一個心理系的學生研究了史基納的這些觀點，然後告訴了他賭博時坐莊的莊家，結果讓賭徒們輸紅了眼睛。

3.2.4 問題行爲是怎樣產生的？——原因與矯正

1. 問題行為產生的原因

史基納認爲，神經症、精神病強迫症等行爲問題都能在環境中找到病因，比如不適當的負強化和粗暴的處罰等。

不適當的負強化 我們常常看到這樣的例子：老師常常當著全班同學的面批評一個調皮搗蛋的「問題兒童K」，當K表現較好時老師就會停止批評。老師的本意是希望K「學好」，但K卻對老師的這種做法很不滿，認爲老師不尊重他，有了「破罐破摔」的想法，導致最後逃學出走。

粗暴的處罰 比如幽閉恐懼症，這是一種習得的反應，很可能是患者曾經在幽閉的環境中受到嚴厲懲罰的結果，當時的情景讓患者產生了極端的恐懼情緒，出現了心跳急速、出汗、肌肉緊張等行爲上的劇烈變化。以後每當他遭遇到類似的幽閉情景時，就會激起同樣的恐懼體驗。

此外，史基納認爲不充分的正強化或是對不良行爲的強化，也是問題行爲產生的原因。

不充分的正強化 例如，父母忙於工作，沒有注意到孩子的良好行爲，沒有給予他及時的強化，那麼這種好的行爲就不易保持。現在很多年幼的孩子在父母的安排下學習彈琴、繪畫等，因爲孩子小，取得明顯的進步需要相當的時間，這期間如果父母忽視了孩子任何細微的進步，沒有給予充分的正強化，孩子得不到鼓勵和讚揚，就會喪失興趣，甚至感到厭煩，產生抵抗。

對不良行爲的強化 很多小孩子任性胡爲的表現就是要引起大人的注意。小孩子總是希望得到大人的關注，如果他的聽話行爲沒有得到父母的注意，他就會轉而變得調皮搗蛋，胡鬧撒潑，以此引起注意。大人如果「上了當」，對這種行爲給予強烈的關注，無形中就強化孩子的不良行爲，以後孩子一旦需要大人的注意，就會變得難纏。還有些孩子慣以哭鬧、打滾來讓父母滿足他的無理要求，也是因爲以前父母因此而滿足他的要求，強化了他的這種行爲。

2. 問題行為的矯正

行爲矯正 使用史基納的觀點來治療問題行爲的技術我們稱之爲「行爲矯正」。行爲治療師在治療過程中不會去找個人內部的原因，而是去尋找形成和保持問題行爲的環境因素，透過改變這些因素來達到矯正行爲的目的。比如一個有攻擊行爲的孩子，我們忽視他的攻擊行爲，讓其自生自滅，同時對他所做出的任何良好行爲給予讚賞和關注，他的行爲表現就會有所改善。接著，想辦法讓這個孩子日益增多的良好行爲得到來自老師、家長、同伴等各方面的關注，對他的非暴力的、合作的行爲給予讚賞，就可以逐步使他的攻擊行爲傾向得以糾正。

代幣制 心理學家常使用的一種改變行爲的技術是「代幣制」。代幣可以是假錢、籌碼等，來作爲強化物，例如幼稚園裡常用的「好寶寶」。有了一定數目的代幣，就可以換取獎品、特權等其他強化物，往往是當事人所想要的東西。爲了獲得代幣，這個人必須完成一些特殊的行爲任務：不愛學數學的孩子數學考到八十五分以上、愛打架的少年不再惹是生非等等。這種技術對於年幼的兒童尤其有效。

3.2.5 激進的史基納：我們如何評價他？

史基納作爲心理學的大家，對我們的貢獻是巨大的，他的理論在研究和實踐領域內都有廣泛的應用，尤其是促進了心理治療的發展。在今天，行爲矯正仍然是治療兒童問題行爲最有效的方法。

史基納是一個徹底的行爲主義者，也是一個激進的決定論者。對他的非議也大多來自於此。和佛洛伊德一樣，他認爲人的任何行爲都是有原因的，但他把這些原因都歸結爲環境因素，忽視人內在的心理過程。有人講史基納把從白鼠、鴿子身上得到的實驗結果毫不猶豫地推廣到人身上，未免有將任何動物等同之嫌。

此外，史基納的某些論斷引起了很大的爭議。在他的《超越自由與尊嚴》這本書中，他認爲，我們選擇什麼並不依據內心的決定，而只是對環境要求的一種反應。做出了高尙行爲的人就贏得尊嚴，但行爲是由外部環境決定的，這種尊嚴只能是一個幻想。如果你衝進熊熊大火中去救人，並非因爲你是一個英雄或傻瓜，只是因爲你曾有過被這樣強化的經歷，所以在類似的情境中才會有相似的行爲。這樣的觀點，你是否願意認同呢？

『《澳爾登第二》

前面我們講到，史基納起初想成爲一名作家。當他在心理學上成績斐然時，他也並未放棄對文學的興趣。一九四八年他寫了小說《澳爾登第二》。在這部小說裡，他根據自己在實驗室裡得到的強化原理，虛構了一個烏托邦式的社會。一九六七年，一些有志於將《澳爾登第二》中的理想付諸實踐的人在維吉尼亞的雙橡樹建立了一個眞實的社會。經過各種各樣的修改，這個理想社會得以保存下來，但是經過這些修改，它早已經走了形，不可能成爲史基納觀點的眞實檢驗了。

用史基納的觀點看酗酒和戒酒

根據強化原理，那些最終產生厭惡性結果的行爲得以保持，常常是由於受到即時強化的作用。我們來看看酗酒。喝酒所帶來的即時的暢快是一種強化，並且也會出現負強化，比如使人麻痺、逃避現實的煩惱，即所謂「借酒澆愁」。這樣，即時的強化就影響著人的喝酒行爲。如果喝酒帶來了痛苦的結果，如生病、人際關係受損、經濟損失等，酗酒者可能就會作出所謂自我控制的行爲——戒酒。這種自我控制的行爲是否可以得以保持，要依賴於戒酒結果的強化作用和厭惡結果的發展狀況。如果戒酒後情況沒有改善（缺乏強化）或者實在沒有其他辦法來擺脫煩惱，戒了酒的人可能又會沉湎於喝酒。當然，這裡只討論環境因素。

3.3 心理學家的形象：實驗服、鉛筆、迷宮中奔跑的老鼠？——洛特和班杜拉的理論

華生和史基納等大師爲心理學研究提供了一種科學而具有實證性的方法，這使得美國大學中的心理學家們逐漸開始了對實驗方法的偏愛。學習的基本原理有廣泛的適用範圍，史基納、桑戴克等人在低等動物如老鼠、鴿子等身上驗證了這一點。也正因爲如此，很多人眼裡的心理學家就成了這個樣子：整天穿著實驗服，手裡拿著記錄用的鉛筆，觀察在迷宮中奔跑的老鼠。

到了五、六〇年代，人們對行爲主義的熱情開始冷卻了，很多行爲主義者本身也開始懷疑行爲主義的絕對性：人的所有學習都是條件反射的結果嗎？爲什麼思維和態度這樣的「內部」過程不能像外顯行爲一樣被控制？這些心理學家對行爲主義加以擴展，加進了更多的人格和社會特徵，如洛特和班杜拉的「社會學習理論」。這些理論包括了一些不可觀察的東西，如思維、價值觀、期望和知覺等。他們認爲，學習可以透過觀察甚至是透過聽說別人怎樣行爲而發生的。

3.3.1 你會選擇怎樣的行爲？——行爲潛能

朱利安·洛特（Julian Rotter）是「社會學習理論」的代表人物之一，他對激進行爲主義狹隘的觀點提出了質疑。洛特認爲，不能把人等同於動物，用於解釋低等動物行爲的原理不足以解釋複雜的人類行爲。要想預測人在特定情境中的行爲，就必須考慮知覺、期望、價值觀這樣的認知或社會變數。行爲潛

能就是洛特提出的一個重要概念。

我們先來看一個例子：美國前總統羅斯福有一著名的軼事，每當有人侮辱了羅斯福夫人神聖的名字時，他就會憤怒地拔槍與之決鬥。那麼遇到類似的情景時，你會作出怎樣的反應呢？在幾秒鐘之內，你可能會作出選擇：對於對方的挑釁你不屑一顧「粗魯之人，不與他一般見識」；你也可能平靜地說一聲「你應該向我道歉」；你也許會氣憤難平，揮起拳頭揍他；當然你也可能忍氣吞聲地走開。要想預測在這種情況下你的反應究竟如何，可以來分析一下每一種選擇的行爲潛能。

洛特對行爲潛能的定義是：在某一特定情景中作出某種反應的可能性。比如上面的情況，對於一種侮辱，每一種可能的反應都有不同的行爲潛能。如果你因此怒不可遏，那麼這個反應的行爲潛能就比其他可能反應的行爲潛能大。

那麼是什麼決定著行爲潛能的大小呢？洛特認爲這取決於兩個變數：「期望」與「強化值」。也就是說，在我們決定是否要採取某一個行爲時，我們會先盤算一下這一行爲導致的某一特定強化的可能性有多大（期望），還要考慮這種強化對我們有多大的價值（強化值）。如果這個反應過程被強化的可能性很小，或者可能會帶來的強化不是我們想要的，那麼這一行爲的潛能就很小。但是，期望某一個行爲帶來一些有價值的強化，我們就會作出這一行爲。

行爲潛能 ＝ 期望 ＋ 期望值

下面我們再具體說說什麼是期望和強化值。當你決定參加一次聚會時，你會考慮你是否能在聚會上玩得開心。這樣的估計就是洛特所謂的期望。很明顯，人的期望是基於上一次在相似的情境中的感覺如何而得出的。如果你在聚會上總遇到些讓你覺得無聊厭煩的人，你從來就沒開心過，那麼你對去參加聚會能玩得盡興的期望就很小。另外，人們更喜歡去做那些被強化了的行為。這也可以透過期望的改變來解釋。如果人經常從某一特定行為中得到強化（如參加聚會玩得很開心），希望這一行為在以後再次被強化的期望就會越強烈。反之，如果行為沒有得到強化（參加了聚會結果敗興而歸），你的期望就會降低，作出同樣行為的可能性也會隨之減小了。

再來說說強化值。洛特所謂的強化值，是指比起其他強化來，你更喜歡某種強化的程度。強化值的大小會根據情境和時間的不同而改變，比如朋友的一個問候電話，在你失意寂寞時，它的強化值肯定要高一些；而在平常，這樣的電話可能沒什麼特別。另外，對於各種強化，不同的人會有不同的賦值。一張王菲演唱會的入場券，年輕人可能會賦予它極高的強化值，但在老人眼裡它可能沒有任何強化的價值。

3.3.2 人為什麼會和自己不喜歡的人相處？——行為的相互決定論

阿爾波特・班杜拉（Albert Bandura）是社會－認知理論的代表人物之一。激進行為主義認為人類是由外部刺激來塑造的被動的接受者，班杜拉拋棄了這一觀點。在他看來，人當然會對外部環境中的刺激作出反應，人也會以內外界的獎懲而學會各種行為。但嚴格意義上的行為主義把人學習變化的過程等同於老鼠學會壓槓桿來獲取食物，這就忽視了人內部力量的作用。這些被忽視的東西一般與思維和訊息加工有關，班杜拉把它們納入到自己的行為主義理論中來，所以稱之為「社會－認知理論」。

在日常生活中常會有這樣的情況：有一個人你很不喜歡，但他偏偏要你和他一起吃午飯。你能想像這頓午飯會是多麼的索然無味。根據洛特的觀點，期望會影響你的行爲。所以，你的內部期望可能會使你拒絕邀請。但是你知道，這個人股票訊息很靈通，如果陪他吃飯，他肯定會向你透露一些內部消息，讓你在股票賺上一筆。這可怎麼辦？這時，外部誘因的強大力量又決定了你的行爲，你會說：「好啊！」接下去，你的股票果然賺了，那頓飯也還不錯，你其至會發現那個人也挺可愛的。再往後，你就願意和他多交往了。

在這個例子中，是外因改變了你的期望，這一期望又影響了以後的行爲。如此循環，這就是班杜拉的相互作用論。他認爲，行爲由內因和外因共同決定。外因如獎勵、懲罰和各種環境變數，信念、期望和思維等則是內因，二者相互作用，又影響著行爲，而行爲也會影響外因和內因。這個過程可以用下面的圖來表示：

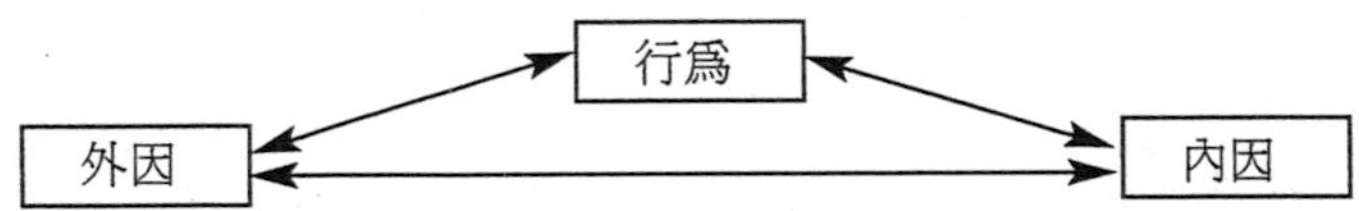

你可能注意到了，圖中的箭頭均爲雙向，表明三個變數間都會相互影響。這與激進的行爲主義不一樣，後者只用S-R的單向連結來解釋行爲。在班杜拉的模型中，環境會影響行爲，行爲也會影響環境。環境有潛在和實際之分。「潛在環境」對每個人都是一樣的，「實際環境」則是我們自己的行爲創造出來的。例如，一次聚會上，大家對兩個人的態度本來一視同仁，但其中一個舉止粗俗，周圍的人就對他懲罰多而獎勵少；另一個很友善，就可能創造出獎勵多懲罰少的環境。這就是班杜拉所謂的「我們自己爲自己創造了機會」。

3.3.3 孩子爲什麼成了小暴君——觀察學習

班杜拉對心理學最主要的貢獻，就是創立了觀察學習或替代學習的概念。他認爲，我們可以透過經典條件反射和操作條件反射來學習，也能透過看、讀或聽說別人怎樣行爲來學習，也就是通常我們所講的對榜樣的模仿。

行爲主義認爲我們要學會一種行爲，必須實際地參與這一行爲。班杜拉的觀點是透過觀察習得的行爲不一定要表現出來。例如，你沒有過打人的經歷，但你看到過《齊天大聖東遊記》裡周星馳怎樣對菩提老祖拳打腳踢，你知道打人時拳該怎樣揮出，腳該怎樣踹，這樣的行爲你肯定是學會了，但你可能從不表現出來。

爲什麼呢？班杜拉認爲，觀察學習的行爲是否表現，取決於我們對這一行爲後果的預期，也就是說，要看這一行爲帶來的是獎勵還是懲罰。打人一般不會有好結果，要麼受人指責，良心不安，要麼反被人打，所以你不會那麼做。這時你可能要問，既然從沒有表現過某種行爲，對結果的預期是怎麼來的？同樣，這也是來自對別人行爲的觀察。如果這一行爲使你的榜樣受到了獎勵，你就會預期自己的這種行爲能帶來好結果。反之亦然。

班杜拉有一個經典實驗，研究孩子對攻擊性行爲的觀察和模仿。研究者讓幼稚園的孩子觀看錄影帶，錄影帶中一個成年人K（榜樣）攻擊一個成人大小的充氣塑膠人，他的攻擊行爲有四種：

K把充氣人放倒在地，然後坐在它身上打它的鼻子，邊打邊叫：「哈！打中啦！咚！咚！」

K把充氣人又拉起來，用一個木槌連續擊打它的頭。一邊打一邊唸唸有詞：「哈！趴下！」

用木槌打完後，K又把充氣人踢來踢去，高興地叫著：「飛了！」

最後，K用一個橡皮球猛砸充氣人，每砸一下都大叫一聲：「咚！」

孩子們被分爲三個組，每個小組看到的結局都不同。第一組孩子看到另一個成年人用飲料或糖果等獎勵了K，並對他大加表揚；第二組孩子看到K被人用捲起來的雜誌打了一下，並且被警告說下不爲例；第三組則看到，K的攻擊行爲沒有任何結果，既沒表揚他，也沒有責備他。接下來，讓孩子們自由活動十分鐘。在自由活動的房間裡有許多玩具，其中就有一個充氣娃娃和許多K在攻擊充氣人時用到的東西，如木槌和皮球等。實驗者則透過單向玻璃來觀察孩子是不是透過前面的觀察學會了攻擊行爲。

結果發現，三組孩子都表現出了一定的攻擊行爲。不過，正如班杜拉所預料的，孩子們自由活動時是否會表現出攻擊行爲取決於他們對結果的預期。儘管所有的孩子都學會了攻擊，但那些看到K被表揚的孩子比那些看到K被責備的孩子更明顯地表現出了攻擊行爲。

想想看，在實際生活中這樣的榜樣何其多，孩子會透過觀察而習得各種行爲，如攻擊、友善、粗魯、優雅等。孩子每時每刻都在從不同的人身上學習各種行爲，父母、同伴、老師、明星偶像、卡通、電視，甚至是街頭陌生人的言行舉止，每個孩子都會在這些示範行爲的基礎上逐漸形成自己的行爲反應和期望模式。

拳王爭霸賽的公開暴力

曾有一項研究調查了兇殺率和拳王爭霸賽中公開暴力的關係。連續看了十場重量級拳王爭霸賽之後，所有人都承認自己在不同程度上模仿了攻擊行爲。賽前諸如「我要砸掉你的腦袋」這樣的言語攻擊，以及賽後氣氛的渲染，提供了大量的攻擊性暗示。研究者在一九七三年至一九七八年的十八次重量級拳王爭霸賽之後，比較預期的兇殺率和實際兇殺率。結果發現，從比賽後的第三天開始，兇殺案的數量以平均12.46％的比率上升。兇殺率增長最高是發生在宣傳力度最大、收視範圍最廣的比賽之後，即著名的阿里和弗雷澤之戰，比賽結束後增加了不下二十六起兇殺案。

當泰森憤怒地咬下了霍力菲爾德的耳朵，賽場裡的、電視機前的所有觀眾，無不爲之嘩然。這一攻擊性行爲激起了不少青年人心中蠢蠢欲動的暴力衝動。據說，那比賽後，很多人在和他人的爭吵或打鬥中都學泰森的樣，瘋狂地咬傷了對方的耳朵。

孩子是最脆弱的，最容易受到外界刺激的負面影響。除了拳擊這種公開暴力外，其他如電視暴力、媒體對暴力問題的過度渲染等，都會給孩子的成長帶來「污染」，增加了他們出現暴力行爲的可能性。我們應該呼籲媒體盡可能地減少節目中的暴力鏡頭，父母也要把好關，監督孩子看什麼樣的節目。在出現暴力鏡頭後，對孩子進行及時的分析與輔導。」

『習得性無助

一位老人住進了老年公寓，他再也用不著照顧自己的生活了，一切都會有服務員爲他打理好。他似乎無權支配自己的生活了，他不用自己做飯、整理房間，甚至是洗澡。很快，他變得鬱鬱寡歡，話變少了，沒以前開朗了，身體漸漸垮掉。這就是習得性無助的例子。

習得性無助的研究也開始於實驗室的動物研究。在實驗一中，狗被套上了鎖鏈，不斷受到電擊，但又無法逃走。經歷幾次這樣的電擊後，狗被放到了學習逃離的情境中；箱子被隔成兩個部分。信號一響，越過隔板跳到箱子的另一頭，就可以躲避電擊。結果發現，先前沒有經歷過實驗一電擊的狗，在電擊一開始就亂跑，很快就能學會怎樣躲避電擊（跳過隔板）。而那些有過實驗一經歷的狗，在電擊開始的幾秒鐘內也會亂跑一氣，然後牠們就停下來不跑了，趴在地上，靜靜地嗚咽。這是因爲，在無法躲避的電擊中，牠們無數次地嘗試躲避，都沒有成功。牠們明白牠們是無助的，所以在能夠逃離的情境中也會屈從於無助感。按行爲主義的觀點，牠們把先前習得的無助感轉移到了新的情境中。

人和動物一樣，也容易受到習得性無助的影響。人們在最初無法控制的情境中獲得了一種無助感，在以後的情境中也不能從中擺脫。而且，假如被告知不能克服一個嚴重的障礙，或透過觀察他人的無助，人們也能習得無助感。」

考考你：

1.行爲主義的創始人是誰？
2.講講小阿爾波特的故事。
3.什麼是強化？舉例說明。
4.什麼是經典條件反射？
5.用生活中的例子說說什麼是觀察學習。
6.什麼是代幣制？舉例說明。

人本主義

當我看著這個世界時，我是悲觀主義者；當我審視這世界的人們時，我是樂觀主義者。

——羅傑斯

羅傑斯（人本主義創始人之一，美國人，1902-1987）

一位搖滾歌手M沈溺於毒品和酒精，未到三十歲便死於突發心臟病。有些人把他的自殘行爲和猝死歸咎於社會，認爲M自小被父母疏遠，被警察糾纏，音樂製作人也不斷給他壓力，這些把他一步步推向死亡。有些人則認爲，沒有人逼M去吸毒和酗酒，也沒有人強迫他繼續從事音樂事業。如果這些都是那麼痛苦，他就應該退出。

這裡，後面一種觀點更接近人本主義心理學的思想。人本主義心理學家認爲，我們確實要關心社會問題，但面對困難時我們應承擔自己的責任。

在人本主義之前，心理學領域中占主導的人性理論有兩種：一種是佛洛伊德的觀點，他認爲人主要受性本能和攻擊本能控制；另一種觀點來源於行爲主義，走向另一個極端，把人看做較大、較複雜的老鼠。就像老鼠對實驗室的刺激作出反應一樣，人也對環境中的刺激作出反應，其中沒有任何主觀的控制。我們以目前的方式作出行爲反應，只是因爲現在或以前所處的環境，而不是因爲個體的選擇。這兩種理論都忽略了人性中的一些重要方面，例如自由意志和人的價值等。

人本主義的理論與上面兩種觀點不同，它假設人應該對自己的行爲負主要責任。我們有時會對環境中的刺激自動地作出反應，有時會受制於潛意識衝動，但我們有自由意志，有能力決定自己的命運和行動方向。M可能已經意識到了自己所面對的極大壓力，但如何面對這種困境是他自己的選擇。如果M去找人本主義治療師治療，也許他就能夠承擔責任，選擇相應的生活方式。

人本主義被稱爲心理學的「第三勢力」（the third force）。六〇年代強調個人主義和個人言論自由的時代背景爲人本主義心理學的成長提供了沃土。一九六七年人本主義心理學的重要人物亞伯拉罕·馬斯洛當選爲美國心理學會主席，這標誌著心理學中的人本主義思想已經廣爲接受。

4.1 什麼是人本主義心理學？

在人本主義心理學之前，歐洲有一批心理學家與存在主義哲學家的觀點非常一致，他們被冠以「存在主義心理學家」的稱號。他們以著名的存在主義哲學家尼采、沙特等的學說爲基礎，發展他們的心理學理論。這些存在主義心理學家包括賓斯萬格（Ludwig Binswanger）、弗蘭克爾（Viktor E. Frankl）和羅洛·梅（Rollo May）等人。存在主義心理治療的焦點是解決存在的焦慮，解決個人因爲生活沒有意義而產生的驚慌、恐懼感，治療一般包括透過強調自由選擇，以及建立一種可以減輕空虛、焦慮和煩惱的生活方式，培養對人生的更加成熟的態度。

存在主義哲學也影響了一些美國心理學家的觀點。卡爾·羅傑斯早期做心理治療師的失敗經歷使他意識到，治療師不能替患者決定他們的問題是什麼、如何去解決。他後來回憶說，「我突然明白，除非我有必要顯露我的智慧和學識，我最好是依靠患者決定治療過程的方向。」

亞伯拉罕·馬斯洛的轉變發生在二次大戰時他觀看閱兵時，「一次蹩腳的、可憐的閱兵……穿著舊軍裝的童子軍和肥胖的士兵們打著旗子、吹著走調的長笛」。這種閱兵本應該激勵美國人的愛國熱情，投入戰鬥。但是，它卻使馬斯洛認識到，心理學對理解人類行爲的作用是多麼渺小。他決心「證明人類有比戰爭、偏見和憎恨更好的東西」。我們需要一種科學的心理學去「思考那些一直由非科學家解決的問題——宗教、詩歌、價值觀、哲學和藝術」。

建立一個新的心理學流派去理解人類行爲，便成爲羅傑斯和馬斯洛畢生的工作。

在目前還沒有一個普遍認可的人本主義理論的定義。這種現象在六〇年代和七〇年代初期尤爲突出，在當時，似乎每一個人都認爲自己是「人本主義」的，並努力使自己的理論普及。結果人本主義成了一種熱門理論，似乎它能包治百病。近年來，由於人本主義心理學不再那麼流行，對人本主義理論的宣揚也少了，但還是有不少心理學者認爲自己屬於這一流派。雖然目前還沒有明確的標準來判別一種心理治療的方法是否屬於人本主義的範疇，但是一般認爲，人本主義心理學的核心內容有四個方面：(1)強調人的責任；(2)強調「此時此地」；(3)從現象學角度看個體；(4)強調人的成長。

4.1.1 人的責任

人們自己最終要對所發生的事情負責，這就是人本主義人格理論的基礎，它能說明我們爲什麼經常說「我不得不」這句話，例如「我不得不去上班」、「我不得不去洗澡」、「我不得不聽老闆的差遣」等。其實，我們不一定非要做這些事。我們甚至可以不做任何事情。在特定的時刻，行爲只是每個人自己的選擇。

佛洛伊德和行爲主義把人說成是無法自我控制的，人本主義心理學家則與之相反，他們把人看做自己生活的主動構建者，可以自由地改變自己，如果不能改變，只是因爲身體上有局限。人本主義心理治療的主要目標，就是使來訪者認識到他們有能力做他們想做的任何事情，但是，正如弗洛姆所說，有許多自由是可怕的。

4.1.2 此時此地

生活中總有很多懷舊或無法自拔於過去的人，他們常常追憶往昔的美好時光，或是反覆體驗以往尷尬的遭遇或是痛苦的失戀。也有一些人總是在計畫將來的日子，在心中預演將要發生的故事。從一個人本主義心理學家的角度，每天的懷舊或是白日夢使你失去了n分鐘的時間，你本應該享用這n分鐘去呼吸新鮮空氣、去欣賞日落美景或者與人交談而長些見識。

根據人本主義的觀點，只有按生活的本來面貌去生活，我們才能成爲眞正完善的人。對過去和將來的某些思考雖然有益，但是多數人花費過多的時間反省過去，計畫未來，這其實是浪費時間，因爲只有生活在此時此地，人才能充分享受生活。

有一句廣告語「今天是你剩餘生命裡的第一天」，這句話和人本主義心理學家的觀點不謀而合。我們不應該成爲過去的犧牲品。當然過去經驗會形成和影響我們是誰和怎麼做，但是這些經驗並沒有明確指出我們能夠變成什麼樣。雖然一些精神分析醫師強調成人的人格在兒童時期就已經形成，但人本主義的治療師反對這種觀點。人不能因爲他們「過去很害羞」就永遠害羞，也不能因爲不知道還能做什麼，就不得不維持煩人的人際關係。過去對現在的影響並非一成不變，人如果被困在過去的陰影中，他就不可能生活在今天。

4.1.3 個體的現象學

沒有人比你更了解自己。如果治療師聽了來訪者的傾訴後，判斷他們的問題是什麼，然後強迫他們接受意見，同意要改變什麼、如何去改變，這種作法是很荒謬的。與之相反，人本主義的治療師努力去理解來訪者的問題所在，然後給患者提供指導，使他們能夠幫助自己。

最初，一些人對這種方法感到困惑，心理失調的人爲什麼不能了解他們自己的問題？如果答案很簡單，治療是患者自己的事情，人們爲什麼還要去看心理醫生呢？原因就是人們此時不明白自己哪裡出了問題，治療師也還不了解有關資訊。但在治療過程中，患者會逐漸了解自己並想出適當的辦法來解決問題。你可能也會有相似的經歷，遇到困難時朋友會給你提建議，但由別人越俎代庖作決定可能不盡如你意；如果你權衡別人的建議，自己最終拿主意，往往是最見效的。

4.1.4 人的成長

根據人本主義心理學的觀點，讓所有需要立刻得到滿足並不是生活的全部。假如明天你繼承了幾百萬美元的財產，和一個愛你的人一起平平安安地過日子，而且讓你健康長壽，你會幸福嗎？你會有多長時間的幸福？當人們的眼前需要得到滿足後，他們不會感到滿意，而要積極地尋求發展。如果獨自一個人，沒有生活困難的阻擋，我們就會朝著最終的滿足狀態前進。羅傑斯認爲，這樣的人就是「自我完善」的人。

這一成長過程是人的發展的自然特徵。就是說，除非有困難阻礙我們，我們會不斷朝著這種滿意狀態前進。如果問題和困難阻礙了我們的成長，可以尋求心理治療師的幫助。當然，治療師並不能把來訪者推回到發展軌道上，只有來訪者自己才能這樣做。治療師應該允許來訪者自己克服困難，繼續成長。

4.2 是「來訪者」而不是病人——羅傑斯的人本主義心理學

好的人生是一種過程，而不是一種靜止的狀態，它是一個方向，而不是一個終點。

——卡爾·羅傑斯

羅傑斯的思想主要發展於「來訪者中心」療法（以人爲中心的療法）。在談到這種由他本人創立的心理治療方法時，有一點必須說明，使用術語「來訪者」是因爲它強調接受治療者主動的、自願的、負責的參與；同時，它暗示了治療者和尋求幫助者之間的平等，避免暗示這個人有病，或他正在被實驗之嫌。

4.2.1 優秀的傾聽者——生平簡介

卡爾·羅傑斯（Carl R. Rogers, 1902-1987）是美國著名的心理治療家，是人本主義心理學的創建者之一，也是「非指導式諮詢」（來訪者中心療法）的創始人。大家可能聽說過著名的「酗酒者互助協會」，它來自於「互助小組」的治療方法，而羅傑斯在創立這種治療方法中起了重要作用。羅傑斯對人性一直持樂觀態度，相信人可以挖掘潛能和獲得幸福，這爲我們了解人性提供了新的角度。

一九〇二年一月羅傑斯出生於芝加哥郊區的橡樹園。他的父母都信教，母親的觀念很傳統，父親是一位自由職業者、土木工程師。幼年的羅傑斯容易害羞但很聰明，他特別喜歡科學，十三歲時就被譽爲當地的生物和農業專家。唸中學時，他常常在父母的農場上幹農活。十五歲時他因患十二指腸潰瘍而休學了一段時間，據說是因爲不能在家中公開表達自己感情的緣故。

一九一九年羅傑斯進入威斯康辛大學學習農業，但很快就放棄了，因爲他覺得學習農業缺乏挑戰性。在選修了一門「乏味」的心理學課程後，他決定改學宗教。一九二四年他取得了一個歷史學學位後，就前往紐約的「聯合神學院」，準備當個牧師。

紐約的學習非常有意思，但有兩件事改變了他的方向。首先，學神學使他對自己的宗教信仰產生了懷疑，「基督徒的宗教信仰可以使不同人的不同心理需要得到滿足」，他發現「重要的不是宗教信仰，而是人」；其次，這時他對心理學有了新的認識，他經常和神學院的幾個同學去哥倫比亞大學旁聽心理學課。神學院的職業使羅傑斯有機會去幫助別人，但他的熱情在不斷消減。最後，他不顧父母的反對，毅然離開了教堂，去哥倫比亞大學繼續學習心理學，從事臨床及教育心理學的研究。

自一九二八年起，羅傑斯就在紐約羅徹斯特的兒童指導診所工作，主要是爲犯罪和貧困兒童提供諮詢和指導。後來他曾在幾所大學任教。在此期間，羅傑斯一直和流行於心理治療中的精神分析理論及當時風頭正健的行爲主義理論做鬥爭，推行自己的「來訪者中心療法」並小有勝利。一九五六年他獲得了美國心理學會第一次頒發的特殊科學貢獻獎。

對人的眞正關心是貫穿羅傑斯職業生涯的主線。他的一位同事回憶說：「羅傑斯看上去貌不驚人，他不是一個激情洋溢的談話者，但他總是以眞正的興趣傾聽你的談話。」在生命的最後十五年裡，羅傑斯一直致力於研究如何解決社會衝突和世界和平的問題。八十歲時，他還在前蘇聯和南非等地主持研討會和交流小組的工作。

4.2.2 「我是誰？」——自我概念和自我實現

當你看著鏡子裡的自己時，心中可能會泛起這樣的問題：「我到底是個什麼樣的人？」或者「我能做什麼？」這就是「自我概念」要回答的問題，即你對自己的了解和看法。自我概念在羅傑斯的理論中很重要。

羅傑斯認爲，一個人看待他自己的方式是預測即將發生行爲的最重要的因素。剛出生的嬰兒，還不知道自己是唯一的獨立的實體。隨著生長和發育，父母和其他重要人物開始影響他們，每個孩子不斷意識到有一種「他」的東西，他開始說「我想要……」、「我想……」、「這是我的……」或者「把那個東西給我」。這時，嬰兒的部分生理體驗變成了「自我概念」，能區分主格的「我」、賓格的「我」和「我自己」及相關的概念了，這就是自我體驗。孩子一天天長大，對自己的了解和看法也會隨之增加。

實際上，起初羅傑斯是反對使用自我概念的，他認爲這個概念太模糊，而且不科學。但後來他發現在心理治療中，來訪者在沒有任何指導語的情況下，讓他們自由表達他們的困惑時，經常以自我作爲話題的中心。這使他開始相信自我是個人經驗的一個重要成分。他曾經有過一位女性來訪者，治療開始時，她敘述道「我所做的事實在不像我，好像不是我自己做的」、「我對事情沒有感情，我擔心我自己」。後來隨著治療的繼續，她的自我概念有了很大的變化。「我對自己越來越有興趣了」、「我和別人不同，我有自己的興趣愛好」、「我承認我並不總是正確的」，她開始這樣描述自己了。這個案例使羅傑斯改變了對自我概念的看法。

與自我相關的另一個概念是「自我實現」。自我實現是一個人在遺傳的限度範圍內盡力地發展自己的潛能。人就好比一棵大樹，筆直、頑強、活潑，並且不斷地向上生長，這就是自我實現的過程。羅傑斯認為，基本上人都是朝著自我實現的方向行為的，使人變得更具有社會責任感。一個人也可能做出不符合人性的行為，表現出殘酷和攻擊性，做出對社會和他人有危害的事情。但羅傑斯認為，在這些人的內心深處，也有積極的實現傾向，但需要有人幫助他們發現和激發他們內心深處向善的力量。

4.2.3 了解痛苦，但更了解快樂——功能完備的人

在羅傑斯眼中，功能完備的人這一概念是一種理想。這樣的人可以體驗到來自他人的無條件的尊重。從實際的角度來看，功能完備的人就是能夠積極地向著不斷成長和自我實現方向行進的人。那麼，這類人都有哪些特點呢？我們來看看羅傑斯是怎麼說的：

> 功能完備的人應該坦誠地面對自己的經歷。他們會努力體驗生活的所有內容，樂意去發現什麼樣的生活是最有

價值的，然後珍藏這種美好的經歷。

功能完備的人關注此時此地正在發生的事情，他們生活在現實的空間裡，而不是沈湎於憑弔過去或幻想未來。

功能完備的人相信自己的感覺，如果他們覺得一件事情應該去做，他們就去做，不會因爲規則的約束或顧忌別人的看法而裹足不前。

功能完備的人與大多數人相比，不太在乎社會的要求，他們不是看著別人眼色做事的人。相反，他們看重自己的興趣、價值觀和需要。他們能深刻地體會到自己的情感，不管它是積極的還是消極的。可以說他們很敏感，生活經歷更豐富，用羅傑斯的話說，他們「了解痛苦，但更了解快樂」。他們比別人更能理解憤怒和恐懼，知道這是深刻感受愛和快樂的代價。功能完備的人生活在他們自己的生活中，而不僅僅是生活的過客。也許他們的痛苦會比別人來得鮮明，但他們的快樂也會比別人深刻。

4.2.4 別人的評價≠你的自我感覺，怎麼辦？——焦慮和防禦機制

在很多時候，成爲功能完備的人只是一種理想。人經常會不快樂，不能最大限度地享受生活的樂趣。當我們感到焦慮並以不同的防禦機制作出反應時，快樂就離我們而去了。爲什麼人會產生焦慮呢？

羅傑斯認爲，當我們接觸到與我們的自我知覺不一致的資訊時，就會產生焦慮。試想，你本來以爲你是個受朋友歡迎的人、一個受老師青睞的好學生、一個好情人，但你很可能會聽

到別人對你的評價與你的自我感覺根本不一致。比如，你以爲自己對朋友很講義氣，但有一天你聽到朋友說你很自私，你會怎麼辦？

如果你是一個功能完善的人，你會樂意承認：並不是所有的人都喜歡你。你會考慮別人對你的這種評價，並把它納入到你的自我概念中去。你會跟自己說，我是個不錯的人，但不是每個人都會欣賞我的，這很正常。不過，大多數人做不到這樣「大度」，這種有差異的評價會使你感到焦慮：原本以爲每個人都歡迎你，但事實證明實際情況並非如你所願。有時候這種焦慮一晃而過，但如果這個訊息對你的自我概念的根本部分構成了威脅，焦慮就很難克服。這時，爲了對抗焦慮的產生，你會使用各種防禦機制來阻止這個資訊進入你的意識層。

我們最常用的防禦機制是扭曲和否定。你可能會認爲說你「壞話」的人心情不好或者根本就是個小人。這樣訊息就被扭曲了，就不會與你的自我概念相矛盾了，焦慮水準就會降低。有時候，你可能會一廂情願的否定：我可能聽錯了，他們不是在說我，也許講的是一個和我名字很像的人。

在短時期內，防禦機制會奏效。但時間長了，每次都使用它，就會使人離現實越來越遠。例如，有一個人把現實和幻想混淆在一起，總認爲自己是鑽石王老五，但實際生活中幾乎沒人這樣認爲。當這種差距越來越大時，防禦機制就會不管用了，結果就會造成極度的焦慮。

4.2.5 心理治療師不是萬靈丹——來訪者中心療法

在心理治療的發展史上，來訪者中心療法是一個重要的里程碑，它是羅傑斯對傳統心理治療方法的一次挑戰，並影響了現代心理治療的基本觀念。在事業後期，羅傑斯使用了更新的名詞「以人爲中心」的療法。

羅傑斯的觀點是，治療師不是萬靈丹，不可能像來訪者一樣完全了解他們自己的問題，對改變狀況負責的應該是來訪者而不是治療師。對於帶著問題的求助者，治療師所做的工作不是改變他，而是提供一種氛圍，使求助者能自己幫助自己。羅傑斯相信每一個人都能以一種積極的方式發展。當這一過程受到阻礙時，治療師要幫助來訪者回到積極發展的軌道上去。在治療結束後，來訪者應該能更加坦誠地面對自己的個人經歷，更能悅納自己。要想達到這樣的治療效果，必須做到以下三點：

1. 治療師必須與來訪者建立和諧的關係

治療師要眞誠地對待來訪者，不能否認他們在治療中體驗到的感情，並且願意公開地表達持續的感情。這種眞誠關係的建立是很必要的，可以消除來訪者的戒備心理，使他們可以公開地說出自己的感受，從而逐漸了解並解決自己的問題。

2. 要有無條件的積極關注

在日常生活中，爲了獲得某人的關注，你可能會去取悅這個人，爲此而淡漠自己的內心體驗，隱藏那些可能不被接受的觀念。一旦你停止這樣做，對方就會收回他的關注。顯然這種關注是有條件的。在心理治療中，治療師要給予來訪者無條件的積極關注，必須接受並且尊重來訪者當前的狀態，讓他們能夠自如地表達和接受自己的所有感受和思想，而不僅是那些社會允許的東西，並且不必擔心會遭到治療師的拒絕。只有這樣，他們才能眞正克服困難，面對那些被扭曲和否定的經驗。

3. 透過回饋使來訪者更加了解自己

當來訪者把情感轉化爲語言時，治療師要讓他們聽他們自己說了些什麼。透過把含混的情感轉化爲清晰的語言，他們就能逐漸釐清自己的情感。治療師可以不斷複述來訪者的話，但並非是簡單的回聲式的反應，而是對來訪者談話所涉及的內心眞實體驗做有重點的突出或重複，從而幫助他們分析自己的思想和情感。例如：

來訪者：「我父母從來都不認真聽我的想法，好像我沒有對的時候。」

治療師：「你覺得自己長大了，可是父母不重視你的意見，你感到委屈。」

來訪者：「他們不相信我，認為我什麼也做不好。」

治療師：「你覺得自尊心受到了傷害。你其實很希望父母相信你，因為你覺得自己有能力作好一些事情。」

……

4.2.6 向善的羅傑斯：我們如何評價他？

羅傑斯的心理學理論，尤其是「以人爲中心」的心理療法，已經被大多數心理學家愉快地接受了。在現代學校中「以學生爲中心」的教學方法也是得自羅傑斯的啓示，並受到了學生的歡迎。

羅傑斯的心理學也不可避免地受到了指責。羅傑斯認爲人性本善，如果眞是如此，爲什麼有的人會作出那麼多亂七八糟的壞事？羅傑斯的理論過分強調了人性中好的一面。如果人在惡劣的環境和有條件關注下長大，就很容易變壞。但是一個在愛心和自由下長大的孩子，可能會變成一個自私、無法適應環境的人，這是怎麼回事呢？用無條件積極關注的理論似乎說不通。反之，一個在嚴格倫理道德約束下成長的孩子，卻長成了一個適應性強的人，這又如何解釋呢？這些都是羅傑斯的理論所不能解釋的東西。

互助小組

互助小組又稱「交朋友小組」，是利用群體力量來改變人的行爲的心理治療方式。在美國有很多人參加互助小組。參加的人不完全是心理疾病患者，他們希望透過互助小組的活動使生活更快樂。但是，情緒過度緊張、自我評價或人際關係有嚴重問題的人不能參加，否則會加劇他們的情緒紊亂，造成抑鬱、退縮等。每個互助小組可由十幾個人組成，組內有輔導員。剛開始時，成員之間可能會有攻擊或敵意，後來透過輔導員的工作，可逐漸建立溫馨、友好、眞誠的氣氛，使每個人體驗到其他成員對他的尊重和關懷。增強他們的自尊，展現和了解眞實的自我，使不良行爲得到改變。

來訪者中心療法的過程

來訪者中心療法的過程可以概括爲十二個步驟：(1)來訪者前來求助；(2)治療者向來訪者說明諮詢或治療的情況；(3)鼓勵來訪者情感的自由表現；(4)治療者要能夠接受、認識、澄清對方的消極情感；(5)來訪者成長的萌動；(6)治療者對來訪者的積極情感要加以接受和認同；(7)來訪者開始接受眞實的自我；(8)幫助來訪者澄清可能的決定及應採取的行動；(9)療效產生；(10)進一步擴大療效；(11)來訪者的全面成長；(12)治療結束。

看到這裡大家可能發現，一個有效的心理治療過程往往需要相當的時間，而不是一般人想像中的一蹴而就。很多人都寄望心理治療能在極短的時間內立竿見影，這是一種不現實的想法。

4.3 關注心理健康的人——馬斯洛與人本主義心理學

> 如果一個人只潛心研究精神錯亂者、神經症患者、心理變態者、罪犯、越軌者和精神脆弱者，那麼他對人類的信心勢必越來越小，他會變得越來越「現實」，尺度越放越窄，對人的指望也越來越低，……因此只對畸形的、發育不全的、不成熟的以及不健康的人進行研究，就只能產生畸形的心理學。
>
> ——馬斯洛

大多數心理學家，特別是心理治療師，都致力於了解人們出現不正常心理的原因，以及如何使這些人回復正常的心理狀態。馬斯洛認爲這樣是「見樹不見林」，對人格的理解有缺陷，我們還應該去關注心理健康的人，研究心理學如何幫助人們建立樂觀、幸福、健康的人格。「佛洛伊德提供心理學的悲觀部分，我們必須用健康的另一半來補充。」

4.3.1 曾是一個行爲主義者——生平簡介

亞伯拉罕．馬斯洛（Abraham Maslow, 1908-1970）是美國社會心理學家、人格理論家和比較心理學家，也是人本主義心理學的主要創建者之一，與羅傑斯同爲心理學第三勢力的領導人。他曾於一九六七年當選美國心理學會主席。

一九〇八年馬斯洛出生於紐約市的布魯克林區。一般人認爲馬斯洛熱情而平易近人，但他有一個冰冷、孤獨的童年。他的父母是沒有受過教育的俄羅斯移民，他是「一個生活在非猶太人地區的猶太人，孤獨而不幸，在圖書館裡、在圖書中長大，沒有親密的朋友」。

起初，馬斯洛在父母的意願下學習法律，但是沒有一點興趣，一年後就退學了。一九二六年他去了康乃爾大學，三年後又轉到威斯康辛大學學習心理學。一九三四年，他在著名心理學家哈洛的指導下取得了博士學位。這期間他一直是一個忠實的行爲主義者。在他的第一個女兒出生時，他產生了一種神秘的體驗，和他後來所講的高峰體驗差不多。看著女兒，他意識到行爲主義不能幫助他理解人類。他後來說：「我看著這個小小的、神秘的東西，感到自己是如此愚蠢。我很震驚，有一種失去控制的感覺。任何有了孩子的人都不可能成爲行爲主義者。」

一九三七年他到布魯克林學院任教，在那裡待了十四年。在此期間，他認識了他生命中最崇拜的兩個人，他希望深入了解這兩個「非凡的人」，這使他開始了對「自我實現的人」的思考。正如我們前面講到的，馬斯洛一生都致力於提倡對樂觀的、心理健康的、完整的人的關注。

4.3.2 需要層次理論

當你饑餓難耐時，你會有心情去談情說愛嗎？論風雅之事要等塡飽了肚子再說。

馬斯洛理論中最著名的就是他的需要層次論。起初，他提出人有五種基本需要：生理需要、安全需要、歸屬和愛的需要、尊重需要和自我實現的需要。後來他又在尊重需要和自我實現需要之間加上了認知需要和審美需要。

他認爲，人的這些需要以一種漸進的層次表達出來。必須先滿足某些需要，才能滿足另一些需要。儘管有例外，但我們總是先滿足低層次的需要，然後才會去關注高層次的需要。例如，你現在很餓，你的注意力就會放在尋找食物、塡飽肚子上。一般來說這個需要沒有得到滿足，你就不會有心情去交朋友或是看畫展了。

1. 生理需要

生理需要是最基本的需要，包括饑餓、渴、睡眠和性，這些都是我們首先要滿足的需要。在很多貧困地方，如苦難中的非洲大陸，生理需要的滿足仍是大多數人奔波操勞的中心。

2. 安全需要

生理需要得到滿足的時候，我們就被安全需要所推動。這包括需要安全、穩定、被保護、遠離恐懼和混亂，以及對秩序的需要。當未來不可預測或者社會秩序受到威脅的時候，這些需要就特別突出。那些覺得安全受到威脅的人，會大量地存錢，或者放棄高收入高風險的工作去從事安全穩定的工作。在個人發展中停留在安全需要中的人可能會因爲缺乏安全感而導致婚姻不幸福或者感情困擾。

3. 歸屬和愛的需要

低層次的需要得到滿足並不能保證幸福。當吃、喝、安全的需要很好地滿足了，大多數人有工作、有妻小、生活無憂，對友誼和愛的需要很快就出現了。馬斯洛指出，「現在人們強烈地感受到缺少朋友、戀人、妻子和孩子，人們渴望與人的親密關係，尤其是在群體或家庭中。」雖然有些人仍然傾力在安全需要中，把很多精力投入工作，但是多數人最終都會發現，如果犧牲與朋友和家人相處的時間去工作，那是很不滿足的。

馬斯洛提出了兩種類型的愛。D型愛，如饑餓，是以缺失爲基礎的。我們需要這種愛去滿足缺乏它們時產生的空虛，這是一種自私的愛，關注的是獲得，而不是給予。但它卻是發展第二階段的B型愛的必經之路。B型愛是一種無私的愛，以成長需要爲基礎。B型愛永遠不可能因爲有了所愛的東西而滿足。B型愛是豐富的、愉快的、和其他人一起成長的，「它是一種爲了另一個人的愛」。

4. 自尊需要

儘管許多詩人和作曲家都不同意，但生活中仍然有許多比愛更重要的東西。滿足了歸屬和愛的需要，我們就會產生對自尊的關注。馬斯洛把此類需要分爲兩種基本的類型：自尊的需要和受到他人尊重的需要。他認爲這種需要是必須要得到的，我們不能自欺欺人地認爲是受人尊重的，或者是處於權威的地位。雖然我們有金錢、配偶和朋友，但如果無法滿足自尊和被別人尊重的需要，我們就會產生自卑、無助、沮喪的情緒。

5. 自我實現的需要

幾乎每一種文化中都有這樣的故事，一個人幸運地得到神的幫助，能得到任何想要的東西。但是，得到這些財產、愛和權力並不能保證這個人一定幸福。因爲，當低級需要得到滿足之後，一種新的需要和不滿足就會出現。在生活中，那些滿足了所有需要的人就會關注怎樣才能發揮出自己的全部潛能。馬斯洛指出，「音樂家必須去創作音樂，畫家必須作畫，詩人必須寫詩。如果他最終想達到自我和諧的狀態，他就必須要成爲他能夠成爲的那個人，必須眞實地面對自己。」

當所有的低層次需要都得到滿足之後，我們就開始想，除了這些，我們還想要什麼、生活的目標是什麼、想做些什麼。對每一個人而言，這些問題的答案都不一樣。馬斯洛認爲，只有極少數人可以達到自我實現的狀態，在這種狀態下他們的潛能得以完全的發揮。每個人都有努力追求這種狀態的需要，大多數人都在朝著這個方向努力，只不過採取的方式是現在無法設想的。

4.3.3 自我實現的人＝心理健康的人

長期以來，心理學家都在關注和研究那些心理不健康的人，馬斯洛則選擇對心理健康的人進行研究。他的做法是，首先挑選出符合心理健康標準的人。根據需要層次理論，這些人就是那些完全滿足了自我實現需要的人。

馬斯洛調查「自我實現的人」是從對他的兩位導師的崇敬

開始的：韋特海默和本尼克特。他發現這兩個人身上有很多共同的特徵，這使他很興奮，決心開始尋找具有同樣特徵的人。他找了那些能夠充分發揮自己才能、工作極其出色的人，包括歷史人物、熟人和學生。馬斯洛對他們中間的一些人親自進行了訪談，對於歷史人物，如貝多芬、歌德、愛因斯坦、羅斯福等，他採用文獻法收集資料。馬斯洛知道他的工作和嚴格的方法學要求是有差距的，他並沒有採用統計法或者其他量的分析，而是用「傳記分析法」，透過自己的努力去深層次地理解這些人。從分析中，馬斯洛概括出了這些自我實現的人的特徵：

(1)對現實有良好的認識。
(2)悅納自己，對他人、對大自然表現出最大的認可。
(3)單純而自然。
(4)就事論事，不會自我中心。
(5)有獨處的需要，能享受孤獨。
(6)不受環境和他人意見的束縛。
(7)欣賞生活中的一切。
(8)有過神秘的高峰體驗。
(9)關心社會。
(10)有良好的人際關係。
(11)富有哲理的幽默感。
(12)富有創造性。

當然，自我實現的人也不是十全十美的，他們身上也有一些消極特徵。馬斯洛發現，他們可能好揮霍、輕率，甚至剛愎自用，有一點虛榮和偏袒親人的毛病。有時候他們會表現出令人吃驚的鐵石心腸：當他們對朋友感到絕望時，會毫不留情地與之斷交；他們中很多人能迅速擺脫親友死亡的悲哀等等。

4.3.4 到自己心目中的天堂去旅行——高峰體驗

馬斯洛發現心理健康的人都擁有的一個特徵是他所謂的高峰體驗。高峰體驗是一種超越一切的體驗，其中沒有任何焦慮，有回歸自然或天人合一的愉快情緒，馬斯洛將其比喻爲「到自己心目中的天堂去旅行」。

馬斯洛認爲，很多人都會有高峰體驗，只不過在自我實現的人身上更爲常見。高峰體驗可以在不同場合下發生。人們在發現一個天大的秘密時、與深愛的人重逢時、欣賞天籟之音時、迷戀自然美景時，都會出現高峰體驗，體驗到某種「充滿敬畏的時刻、充滿幸福的時刻，甚至充滿極樂的、入迷的或狂歡的時刻」。估計范進中舉時就曾有過這種神秘的體驗。

馬斯洛用很多大學生做被試，他們報告說在高峰體驗時有兩種生理反應：一種是激動和高度緊張，如發狂、興奮地跑上跑下、手舞足蹈、不能入睡，甚至沒有食欲；一種是感到放鬆、心如止水，甚至進入深度睡眠狀態。

4.3.5 馬斯洛理論的蒼白之處

馬斯洛的理論在今天依然流行，但批評也是不可避免的。最主要的質疑認爲，他的理論中有很多概念是很難定義的。到底什麼是「自我實現」？我們怎麼才能知道自己感受到的是高峰體驗，而不是一種特殊的愉快體驗？馬斯洛的解釋不能令人滿意。大部分心理學者都是嚴謹的研究者，不能接受這些模糊的概念，而這也正是馬斯洛理論的一個局限所在。

測測看：自我實現

對下面的陳述，按以下標準選擇最符合你的分數：

1＝不同意；2＝比較不同意；3＝比較同意；4＝同意。

1.我不爲自己的情緒特徵感到丟臉。

2.我覺得我必須做別人期望我做的事情。

3.我相信人的本質是善良的、可信賴的。

4.我覺得我可以對我所愛的人發脾氣。

5.別人應讚賞我做的事情。

6.我不能接受自己的弱點。

7.我能夠讚許、喜歡他人。

8.我害怕失敗。

9.我不願意分析那些複雜問題並把它們簡化。

10.做一個自己想做的人比盲從好。

11.在生活中，我沒有明確的要爲之獻身的目標。

12.我恣意表達我的情緒，不管後果怎樣。

13.我沒有幫助別人的責任。

14.我總是害怕自己不夠完美。

15.我被別人愛是因爲我對別人付出了愛。

記分時，以下題目要反向記分：2、5、6、8、9、11、13、14（選擇「1」計4分；選擇「2」計3分；選擇「3」計2分；選擇「4」計1分）。然後把十五道題的分數相加。可以將你的分數和下面的大學生常模進行比較。分數越高，說明在你人生的某一階段，越有可能達到自我實現。

	平均分	標準差
男生	45.02	4.95
女生	46.07	4.79

測測看：自我隱蔽

人本主義心理學的一個相關研究是對自我表露的探討，與自我表露相對的是自我隱蔽。我們都有一些典型的從未告訴過他人的關於自己的秘密或訊息。但比較而言，一些人更有可能與朋友和親戚討論個人消息。下面這個小測驗可以幫助你知道自己在憂傷或是消極的時候將覺察到的個人資訊隱蔽或是表露的程度。採用5點記分的方法，1表示非常不同意，5表示非常同意。

1. 我有一個從未與人分享的重要秘密。
2. 如果與我的朋友分享所有的秘密，他們會不喜歡我。
3. 我的很多事情只有我自己知道。
4. 我的一些秘密確實折磨著我。
5. 當發生糟糕的事情時，我傾向於不告訴別人。
6. 我經常害怕會洩露我本不想洩露的事情。
7. 說出一個秘密經常會產生事與願違的結果，我眞希望沒說過。
8. 我有一個很私人的秘密，無論是任何人問起，我都會撒謊。
9. 我的秘密如此尷尬，不能與人分享。
10. 我自己的消極想法從不告訴他人。

將所有題目的得分加起來。成年人樣本的平均分是25.92，標準差是7.30。分數越高，自我隱蔽趨勢越明顯。

考考你：

1.人本主義的代表人物有哪些？
2.怎樣理解「此時此地」？
3.按照羅傑斯的觀點，什麼是扭曲和否定？
4.「以人爲中心的療法」是誰創立的？
5.什麼是自我實現？
6.馬斯洛把人的需要劃分爲哪幾個層次？
7.什麼是高峰體驗？你有過嗎？

5. 人是如何觸摸世界的？

理解行爲的問題就是理解整個神經系統活動的問題，反之亦然

——赫布

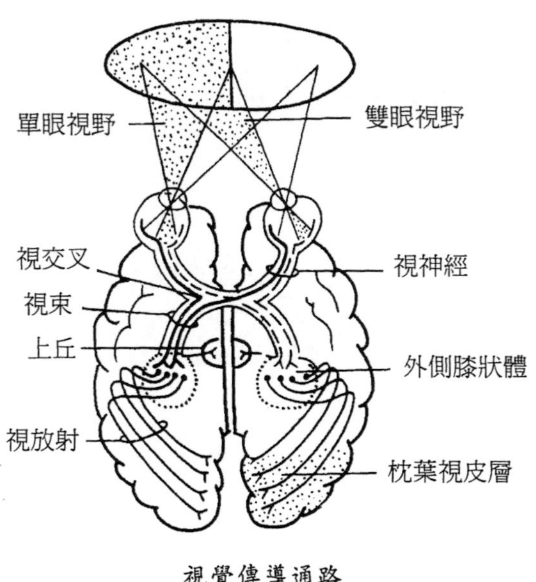

視覺傳導通路

有關感覺的研究是心理學研究中最古老的部分，長期以來它的許多現象和理論，引起了藝術家、生理學家、物理學家和心理學家的濃厚興趣。感覺的存在給人們帶來了愉快、帶來了好處，但同時也給人們帶來了痛苦、帶來了煩惱。感覺使我們發現世界上美好的事物，使我們去探究世界萬物。比如，眼睛能告訴我們生動的畫面和鮮明的色彩；香水能使我們產生愉快的嗅覺，但是當刺激過於強烈的時候，我們必須把眼睛閉上或把耳朵堵住；過於濃烈的氣味常使我們驚慌；而痛覺則好像使我們周圍的世界緊縮。我們的生活就是處在愉快的感覺和痛苦的經驗之間的。

5.1 假如沒有了感覺

感覺是客觀世界物質運動在人腦形成的主觀印象。感覺的產生依賴於外周感受器、傳導通路及大腦皮層中樞的動作。首先是我們全身各種感受器分別將不同能量形式的自然刺激轉換為可被神經系統理解的語言，即編碼成神經衝動，然後神經衝動沿神經傳導通路把訊息上傳到大腦皮層中樞。在傳導通路上傳導的都是動作電位，感受器之所以能區分不同的感覺，關鍵取決於正工作著的傳導通路跟什麼感受器相連。因此，如果感受器與視神經通路相連，那麼產生的是視覺，因為視神經把訊號傳導給了大腦的視覺中樞區，就被譯成了視覺。例如，對著你的眼睛猛打一拳，你的眼睛感受到的不是觸覺，而是眼冒金星；給你的手臂照射可見光，你的手臂感受到的不是光亮，而是灼熱。

5.1.1 感覺及感覺剝奪

我們的感官不斷接受著變動著的光、形、色、聲、嗅、味、觸等刺激的襲擊，這些刺激不僅沒有把我們淹沒，而且有許多心理學家以「感覺剝奪」實驗論證了它們對於維持我們正常的身心機能是十分必要的。

第一個感覺剝奪實驗的研究工作是由加拿大麥吉爾大學的心理學家赫布（D. O. Hebb）和貝克斯頓（W. H. Bexton）在一九五四年進行的。他們徵募了一些大學生爲被試，這些大學生每忍受一天的感覺剝奪，就可以獲得二十美元的報酬。當時大學生打工的收入一般是每小時五十美分，因此一天可以得到二十美元對當時的大學生來說可算是一筆不小的收入，而且在實驗中，大學生的工作好像是一次愉快的享受，因爲實驗者要他們做的只有每天二十四小時躺在有光的小房間裡的一張極其舒服的床上，只要被試願意，盡可以躺在那兒白拿錢。

在實驗的過程中，給大學生被試吃飯的時間、上廁所的時間，但除此之外，嚴格地控制被試的任何感覺輸入，爲此，實驗者給每一位被試戴上了半透明的塑膠眼罩，可以透進散射光，但圖形視覺被阻止了；被試的手和胳膊被套上了用紙板做的袖套和手套，以限制他們的觸覺；同時，小房間中一直充斥著單調的空調的嗡嗡聲，以此來限制被試的聽覺。

參加實驗的大學生們本以爲實驗爲他們提供了一次安安心心睡上一大覺的機會，他們正可利用感覺被剝奪後的清靜安寧，思考學業或整理畢業論文的思路，但學生們不久就發現，他們的思維變得混亂無章，他們忍受不了幾天就不得不要求立刻離開感覺剝奪的實驗室，放棄二十美元的報酬。實驗後，學生們報告說，他們對任何事情都無法做清晰的思索，哪怕是在很短的時間內；他們感覺自己的思維活動好像是「跳來跳去」的，進行連貫性的集中注意和思維十分困難，甚至在剝奪實驗過後的一段時期內，這種狀況仍持續存在，無法進入正常的學習狀態。還有部分被試報告說，在感覺剝奪中，體驗到了幻覺，而且他們的幻覺大多都是很簡單的，比如有閃爍的光、有忽隱忽現的光、有昏暗但灼熱的光。只有少數被試報告說是體驗到較爲複雜的幻覺，比如曾有一個被試報告說「看到」電視螢幕出現在眼前，他努力嘗試著去閱讀上面放映出的不清楚的訊息，但卻怎麼也「看」不清。

自此後，許多學者發展出了多種形式的感覺剝奪實驗研究方法，所有的實驗都顯示了在感覺剝奪情況下，人會出現情緒緊張憂鬱、記憶力減退、判斷力下降，甚至各種幻覺、妄想，最後難以忍受，不得不要求立即停止實驗，把自己恢復到有豐富感覺刺激的生活中去。可見，豐富的感覺刺激對維持我們的生理、心理功能的正常狀態是必需的。

5.1.2 感覺的分類

亞里斯多德曾把感覺分爲視、聽、嗅、味、觸五大感覺，他有意排斥痛覺，他認爲，「疼痛只不過像快樂一樣是一種心靈的激情」，不是一種感覺模式。現在對於感覺的分類有多種，一般在臨床上分爲特殊感覺、軀體感覺和內臟感覺。

1. 特殊感覺

包括視覺、聽覺、嗅覺、味覺和前庭感覺（又叫平衡覺）。在這些特殊的感覺中，視覺最爲重要，我們有關世界的訊息，

80％以上是透過視覺獲得的，而且當視覺和其他感覺發生矛盾時，我們深信「眼見爲實」。曾經有學者用實驗很好地論證了我們對視覺的依賴。研究人員給每一位參加實驗的被試事先戴上一副特殊的三稜眼鏡，使被試透過這副特殊的眼鏡看到一根直的木棍是彎曲的，同時請被試用手觸摸這根木棍，觸覺告訴被試木棍是直的，當研究人員問：「木棍是什麼形狀的？」結果有90％的被試都堅信自己的視覺，認爲木棍是彎曲的。

2.軀體感覺

分爲皮膚感覺和深部感覺。其中皮膚感覺包括觸覺、壓覺、溫度覺、震動覺和痛覺。皮膚感覺我們都很熟悉了，時刻在體會著，而深部感覺常常沒有明顯的體會，那麼什麼是深部感覺呢？所謂的深部感覺是位於肌肉和關節等身體的內部結構中的各類感受器所產生的主觀感覺，下面你可以根據我的指示體會一下深部感覺。請你閉上雙眼，然後請把你的手插入你的褲子口袋裡。你十分準確地插入了吧？你雖然沒有看，但卻又迅速而準確無誤，這就是得益於你身體的深部感覺，我們身體內部隨時隨地都有著關於我們身體各個部位之間相對位置的感覺，這些感覺來自我們的肌肉和關節中的感受器，又叫做「本體感受器」。

3. 內臟感覺

是指我們身體各臟器受到刺激時而產生的主觀感覺，包括內臟痛覺、牽拉感覺、脹、饑餓、噁心和反射痛等。

如果用手去觸摸我們的內臟，我們的內臟會有被觸摸的感覺嗎？沒有！這一現象是十八世紀的哈維（Harvey）醫生發現的。在一次戰鬥中，有一位叫艾德的士兵不幸受傷，其胸腔上的一大塊肌肉被拉掉了，心臟也就被裸露在外。在哈維醫生的精心治療下，艾德奇蹟般地痊癒了。在治療的過程中，哈維發現每當觸摸到艾德的心臟時，艾德都好像渾然不知一樣，於是他有意地在觸摸後問艾德有什麼感覺，艾德竟然眞的回答沒有感覺。哈維十分激動，於是就把艾德帶到了皇帝面前，說：「我以皇帝的名義宣誓，心臟是沒有感覺的。」

盲人的「面部視覺」

數世紀來，人們都知道盲人能覺察出障礙物的存在而無須碰到它。一個盲人走近牆壁時，能在撞到牆壁之前就停下來了，這時我們常聽到盲人報告說，他感覺到面前有一堵牆，他還可能告訴你，這種感覺是建立在一種觸覺的基礎上的，即他的臉受到了某種震動的作用。爲此，人們把盲人的這種對障礙物的感覺就稱之爲「面部視覺」。問題是，盲人眞的是靠「面部」來避開障礙物的嗎？

一九四四年美國康乃爾大學的達倫巴史 (K. M. Dallenbach) 及其同事對盲人的「面部視覺」展開了一系列的實驗驗證工作。實驗人員用毛呢面罩和帽子蓋住盲人被試的頭部。露出盲人被試的耳朵，往前走的盲人被試仍能在碰到牆壁前停住。然後，研究人員除去盲人的面罩和帽子，而只把盲人的耳朵用毛呢包起來，在這種實驗條件下，盲人被試一個一個地撞上了牆壁。

由此可見，「面部視覺」的解釋是錯誤的，盲人是靠聽覺找線索避開障礙物的。

5.2 視覺、聽覺和痛覺

我們感覺外部世界的過程是人類行爲中最吸引人而又難以解釋的一個方面。我們常常會把生活中某種與某一感覺系統功能相似的儀器用於類比我們的這一感覺器官的工作機制，以爲我們的感覺器官也像那些儀器一樣，忠實地複製外部世界，但是，事實並非如此。比如，我們的眼睛與照相機有一些共同的特性，但它並不像照相機那樣工作；我們的耳朵與麥克風有相似的地方，但它也不像麥克風那樣運作。那麼，我們的感官是如何工作的呢？在這一研究領域，科學家們有了哪些有價值的研究成果呢？

5.2.1 視覺及其研究

我們對環境訊息作出反應，大多數情況下是由視覺把訊息傳遞給我們的大腦而引起的。在人類生命的早期，視覺就開始被用來探索世界的種種特徵的變化了。一九七五年懷特（White）就報告說，八個月到三歲的嬰幼兒在清醒的時候，用20％的時間注視他們面前的物體。的確，在人類對環境的探索中，視覺執行著重要的任務，而且這一任務持續在人的整個一生。因此，在人類的感覺系統中，視覺無疑是占主導地位的。

1. 看到了什麼？——視覺刺激

視覺看到的是可見光，而可見光是一種電磁波。我們的雙眼能接受的電磁光波僅僅是整個電磁光譜的一小部分，不到七十分之一，波長範圍大約爲三百八十至七百六十毫微米。用三百八十至七百六十毫微米的光依次照射我們的眼睛，我們的雙眼將依次產生紫、藍、綠、黃、橙、紅各色的感覺；將不同波長的可見光混合照射我們的眼睛，我們的雙眼就可以產生各種不同顏色的經驗；而將所有可見光的波長混合起來，則會產生白色視覺。

2. 感知多彩的世界

人類肉眼可見光的範圍在光譜上是非常狹窄的一段，我們卻看到了如此絢麗的世界。研究發現，這是由於我們對顏色的主觀感受是由色彩、飽和度和亮度三個方面共同決定的，所有的顏色都是由這三種心理印象組成的。

色彩　我們對物體色彩的感覺決定於物體表面反射光的波長。雖然我們一般只能說出幾十種色彩，但實際上我們的視覺可以區分大約二百多種色彩。

飽和度　指色彩的純潔性。各種單色光是最飽和的色彩，物體的色飽和度與物體表面反射光譜的選擇性程度有關，越窄波段的光反射率越高，也就越飽和。對於人的視覺，每種色彩的飽和度可分爲二十個可分辨等級。

亮度　物體對光的反射率越高，我們就越感到明亮；吸收光越多，則越暗。我們的視覺大約可以分辨五百個不同等級的亮度。

二百個色彩×二十個飽和度×五百個亮度＝二百萬個顏色視覺。

僅靠我們的眼睛，就可用兩百萬種的形式來感受外部世界，那眞是叫五顏六色、多姿多彩了。

3. 感知色彩——色覺理論

三原色學說 一八〇七年英國醫學物理學家楊格(T. Young)根據紅、綠、藍三原色可以產生各種色調的顏色混合規律，提出在我們的視網膜上有三種神經纖維，三種神經纖維都有特定的興奮水準，每種纖維的興奮都引起我們對一種原色的感覺，即分別產生紅、綠、藍色覺，而光譜的不同成分混合會引起三種纖維不同程度的同時興奮，混合色就是三種不同纖維按特定比例同時興奮的結果。例如，青色的感覺，就是由綠與藍兩種色光刺激混合而形成的。如果三種纖維同等程度地受到刺激、同等程度地同時興奮，就產生白色感覺。

一八〇二年楊格提出的這一理論還只是一個假設，在一八五七年，這一理論被德國學者赫爾姆霍茲（Helmoholtz）驗證，並加以補充和完善，成為著名的楊赫二氏色覺論（Young-Helmoholtz theory of color vision)，又稱三原色學說。在色覺研究上，三原色學說做出了巨大的貢獻，彩色電視機就是根據三原色的混合原理設計的。

三原色學說能很好地解釋各種色覺構成的原因，但不能解釋色盲。三原色理論認為色盲是由於缺乏一種或兩種或三種纖維所導致。照此推理應有紅、綠、藍色盲和全色盲四種色盲，但實際生活中常見的都是紅一綠色盲，而藍色盲和全色盲很少，即使全色盲的人，發現仍有白色感覺，顯然這是該理論所無法解釋的。

對比色學說 一八七六年，德國生理學家赫林（Ewald Hering）觀察到，顏色視覺是以紅一綠、藍一黃、黑一白成對的關係發生的，因此，他提出在我們的視網膜上有三對不同功能的感光視素：白一黑、紅一綠、藍一黃，每對視素對其所對應的一對色光刺激起性質相反的反應，比如紅一綠視素，在紅光下分解，產生紅色視覺，在綠光下則合成，產生綠色視覺。由於每一種顏色都有一定的明度，即含有白光成分，因此，每一種顏色不僅能影響其本身視素的活動，而且也影響著白一黑視素的活動。

這一理論可以很好地解釋色盲現象。根據該理論，色盲的存在是由於視網膜上缺少一對或兩對感光視素引起的，如果缺少的是紅一綠視素，就會導致紅一綠色盲；如果缺少的是黃一藍視素，就會導致黃一藍色盲。但該學說不能解釋爲什麼三原色可以產生光譜上的一切顏色視覺。

4. 有趣的視覺現象

暗適應　我們可能都曾經經歷過這樣的經驗，當我們從陽光明媚的大街上突然進入黑暗的房間，或晚上睡覺前突然把電燈關掉，起初我們一下子什麼也看不見了，過了片刻，我們才漸漸地看到房間裡相對較明顯的事物，最後終於也能隱約可見房間裡的細微末節了。這種身處黑暗中，雙眼對黑暗逐漸適應的過程，就叫做「暗適應」。

光適應　反過來，當我們從黑暗的房間突然走到陽光燦爛的戶外，或半夜醒來時突然燈光通明，這時我們的雙眼一下子承受不了，不得不把眼睛瞇起來，甚至閉上幾秒鐘，造成暫時失明狀態，慢慢地我們才能再睜開雙眼，恢復正常視覺。這種從暗處突然進入亮處，雙眼逐漸對亮光的適應過程，就叫做「光適應」。

暗適應是一個較緩慢的過程，大約需要三十分鐘，有時甚至需要近一個小時；而光適應則是一個很快速的過程，通常不到一分鐘就可完成。

視覺後像　當你在晚間看書時，你不妨做一個實驗，即用你的雙眼注視遠處的燈光，同時用書作爲你眼前的屏幕，上下迅速移動你的雙眼，這時你會發現，你所見的遠處的燈光並不因爲你眼前書本的隔離而有間斷的感覺。你也可以在夜晚熄燈前做這樣的實驗，將房間的燈快速開關一次，在熄燈的短暫時間裡，你的視覺仍然留著燈亮時的形象。這種視覺刺激雖然消失了，但感覺仍然暫時留存的現象，就稱爲「視覺後像」。

視覺對比　當兩種不同顏色或不同明度的物體並列或相繼出現時，我們的視覺感覺會與物體以單一顏色或單一亮度獨立出現時不同，即無色彩時的視覺對比會引起明度感覺的變化；有色彩的視覺對比則會引起顏色感覺上的變化，使顏色感覺向背景顏色的互補色變化，這就是「視覺對比」。比如，在綠色背景上放一灰色方塊，雙眼注視這一方塊時會覺得方塊帶上了紅色調。請你注視下面的圖形，你有什麼感覺？

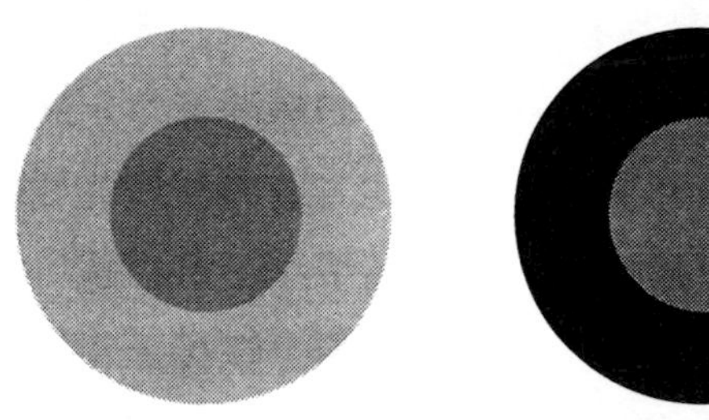

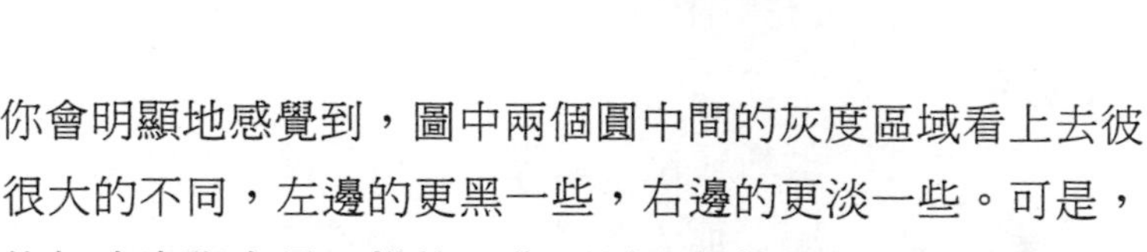

你會明顯地感覺到，圖中兩個圓中間的灰度區域看上去彼此有很大的不同，左邊的更黑一些，右邊的更淡一些。可是，它們的灰度實際上是一樣的。你可以用很簡單的方法來驗證一下。請把一張紙捲成一個細長筒，把長筒先對著左邊的圖中央，確保你的眼睛只能看到中間的灰色區域，然後再對著右邊的圖中央，一樣要確保你的眼睛只能看到中間的灰色區域，你就可以發現兩副圖中央的灰度是一樣的。

5.2.2 聽覺及其研究

1. 聽到了什麼？——聽覺刺激

聽覺刺激是一種振動，具體講就是一種稠密和稀疏交替的縱波，是由能量傳遞方向一致的分子運動所組成的聲波。

聲波在不同的媒體中，如空氣、水等，其傳遞速度也不同。當聲波的振動頻率爲二十至二萬赫茲時，便可引起我們的聽覺，因而這一段聲波範圍就叫做可聽聲譜。低於二十赫茲和高於二萬赫茲的聲波，人耳就聽而不聞了。

2. 怎麼聽？——聽覺學說

一九五一年一位義大利解剖學家報告說，他在研究顱骨時發現，顱骨是一個包含腔洞和隧道的系統。這一結構最引人注目的部分是一個充滿液體的小管，長約三公分，捲成蝸牛狀，因此被稱爲耳蝸。直到十九世紀中葉，耳蝸的機能意義仍是一個謎。就在這時，另一位義大利解剖學家考爾蒂（Corti）報告說，我們的聽神經進入耳蝸，並以與耳蝸頂部表面帶有毛狀突起的細胞密切接觸的形式終止在耳蝸。這一發現，導致學術界對耳蝸功能的大量研究工作的開展。結果發現，耳蝸底部受傷會導致我們對高音的失聰；耳蝸頂部受傷則會導致我們對低音的失聰。爲此，德國學者赫爾姆霍茲提出了聽覺的「位置學說」，他認爲，我們耳蝸的基底膜由繃緊的細絲組成，像豎琴的琴弦，起著調諧共鳴器的作用，而且，耳蝸基底膜的限定部位對應著每一種不同頻率的振動。因爲有實驗爲依據，這一學說歷時很久，一直到一九五三年貝凱西（Von Bekesy）提出「行波學說」。

貝凱西透過穿通耳蝸壁的一個小孔，用顯微鏡直接觀察研究耳蝸基底膜的實際運動，發現聲音刺激使耳蝸基底膜出現行波方式的振動，行波從耳蝸底部開始，向耳蝸頂部推進，振幅逐漸加大，到某一位置，振幅達到最大，隨即開始消失。不同頻率的聲波在耳蝸基底膜上引起的行波的推進距離不一樣，達到最大振幅的位置也不一樣，頻率越高，推進距離越短；頻率越低，推進距離越長。耳蝸對不同頻率聲音的分析就取決於行波最大振幅的所在位置。這就是著名的聽覺「行波學說」，貝凱西爲此獲得了一九六一年的諾貝爾生理學獎。

3. 感知遠近與方位——聽覺的空間定位

聲源位置一般能被相當準確地確定，這是我們大家都有的體驗。的確，聽覺對我們進行空間定位是很重要的，尤其是當視覺受到了限制的情況下，我們要想了解周圍的世界，就非得靠聽覺不可。當然，觸覺也能幫我們進行空間定位，但觸覺只能用於我們伸手所及的很有限的範圍之內，因此，在無法靠視覺進行空間定位時，無疑我們更會選擇「以聽代視」。

單耳線索　單靠一隻耳朵進行空間定位時，雖不能十分有效地判斷聲源的方位，但卻可以有效地判斷聲源的遠近。單耳判斷聲音的遠近是根據聲音的強弱：強則近，弱則遠。尤其是在判斷熟悉的聲音時，更爲準確。

雙耳線索　對聲源方位的判斷需要雙耳的協同作用才能進

行，而且用雙耳判斷聲音的強弱也更為準確。雙耳線索有時間差、強度差。

時間差 由於我們的雙耳位於頭部左右不同的位置上，因而當聲音從左右不同的方向傳過來，到達我們雙耳時就會有一個先後的時間差，這一短暫的時間差就成為我們對聲源左或右定位的重要線索；而當聲波同時到達我們雙耳時，我們就會對聲源進行前或後定位。

強度差 聲音到達我們雙耳時不僅有先後的時間差，而且還會有強弱的不同，這也是我們對聲源進行空間定位的重要線索。比如，當聲音來自左方時，由於頭部的阻擋，左耳接受到的聲波比右耳接受到的聲波強一些。由此我們也可對聲源進行有效的定位。

5.2.3 痛覺及其研究

痛覺常常對人的心理活動有重大的作用。比如，慢性的長時間持續的疼痛，會對人的性格產生深刻的影響，甚至會使患者把死亡看成是唯一的解脫。因而，痛覺就成為心理學特別感興趣的研究課題。那麼，痛到底是什麼？我們為什麼會有痛的感覺呢？

1. 痛覺及特性

疼痛是一種複雜的生理心理活動，它包括痛感覺和痛反應。痛感覺是傷害性刺激作用於機體時，我們所產生的主觀體驗；痛反應是指在疼痛過程中，我們的機體所伴有的軀體反應、內臟反應和情緒反應。痛覺作為一種特殊的感覺，具有以下特性：

痛覺是一種十分複雜的感覺體驗，常常伴有強烈的情緒反應，而且情緒反應總是單向的，即總是伴有不愉快感，具體表現爲憂慮、恐懼、害怕，表性多有痛苦狀。

任何刺激過度都會引起痛覺，這就是痛刺激的非特異性。比如，把手放在溫水中十分舒服，但隨著水溫的不斷升高，你的手就會由舒服變爲燙得生痛了。

同樣的傷害性刺激往往難以引起人們穩定的痛覺感受。比如，有些人可以平靜忍受的痛，對另一些人則成爲難以忍受的劇痛；而且同一個人在不同的時間裡接受同一個痛刺激，也常常體驗到不同的痛感受，產生不同的痛反應。

痛覺體驗雖然不爲人們所喜歡，但它卻是人體進行自我保護的一個重要手段。痛，可以說是我們身體的一種警示信號，它告訴我們身體某部位受到了傷害，這樣我們就會及時對受傷處進行處理和診治。

2. 痛感受器和致痛因子

研究已經證明，痛覺的感受器是游離神經末梢。引起痛覺的刺激可能是物理性的，如刀割、針扎、震動等；也可能是化學性的，如酸鹼侵蝕等。這些引起機體疼痛的刺激一般都會使機體組織的細胞破裂或發炎。此時組織細胞內就會釋放出某些化學物質。這些化學物質刺激了游離神經末梢，於是產生了痛覺。那麼，組織細胞釋放的又是什麼化學物質呢？

雖然沒有直接的證據表明痛和組織受損傷的程度是相關的，但大多數能引起痛的刺激都導致組織受到傷害，卻也是不容爭辯的事實，因此在很早以前就有學者推測，痛可能直接起因於受損傷的細胞釋放出的某些可致痛的化學物質。這一想法，在一九六四年時被兩位很有科學獻身精神的學者凱利（Keele）和阿姆斯特朗（Amstrong）創立的皮泡實驗法所證實。這兩位學者用某種化學物質使皮膚受傷起泡，再把起泡的眞皮剪掉，然後拿各種藥品往上滴，看哪種藥品致痛或不致痛。結果證明具有致痛作用的物質主要有K^+、H^+、血清素等。

催眠與疼痛

一八二九年，一位法國外科醫生克勞奎特（Cloquet）在法國醫學科學院報告了一例對一位患有右側乳腺癌的婦女所作的不同尋常的手術。在手術前，只給病人進行了催眠，而沒有注射任何麻醉藥物，結果在切開病人乳腺至腋窩並去掉腫瘤和腋窩腺體的整個手術期間，病人沒有一點疼痛的感覺。此報告一時引起了極大的回響，人們甚至指責克勞奎特是騙子。然而在隨後的幾年中，就有很多人報告說也用催眠術進行了無痛手術。這些報告喚起了人們對催眠術可以緩解疼痛的心理學機制的研究興趣。在大多數學者看來，催眠術緩解的只是病人對手術的焦慮、恐懼和擔憂，而疼痛作爲感覺是否也得以緩解，至今還是一個有爭議的問題。也許，在催眠術下疼痛可能達到某些較低的水準，只是沒有達到意識水準而已。關於這一點，希爾加德（Hilgard）的實驗也許可以說明。

希爾加德用循環冰水作疼痛刺激。他請被試把一隻手放進冰水裡，另一隻手則放在一個指示疼痛感受的按鍵上，並請被試用一至十級報告感受到的疼痛強度。在催眠狀態下，希爾加德驚奇地發現，被試說不痛，而且全然不理會放在冰水中的那隻手，但放在按鍵上的手卻按下按鍵報告疼痛的感覺，表現得和沒有受到催眠時一樣。這一發現說明，在我們的意識中存在不同水準的認識機能，疼痛可以達到意識的某一水準，但仍可以達不到被意識到的水準。

考考你：

1.「感覺剝奪實驗」說明了什麼？

2.在臨床上感覺剝奪實驗分爲幾類？各有什麼特點？

3.什麼是三原色學說？

4.什麼是光適應、暗適應？

5.聽覺的空間定位是如何進行的？

6.痛覺有哪些特性？

知覺及其研究

當知覺之門一塵無染時，人們才能毫不受限地洞察事物的眞面目。

——布雷克

花瓶與雙面佳人

我們對客觀事物的認識是從感覺開始的，我們首先透過感覺來反映作用於我們感覺器官的客觀事物的個別屬性和我們所處的某種活動狀態的資訊，在實際生活中，任何客觀事物的屬性並不是脫離具體事物而獨立存在的，因此，我們在對事物的個別屬性進行反映時，是把其個別屬性作爲事物的一個方面而與整個事物同時被反映的。這種對客觀事物進行資訊整合而形成客觀事物的整體映射就是知覺。

可見，感覺是知覺的基礎，知覺以感覺爲前提，並與感覺一起進行而產生。但知覺不是把感覺簡單地相加，知覺的產生還要借助於經驗和知識的幫助，也就是說，知覺是經驗參與其間的純粹的心理活動。

6.1 知覺及特徵

6.1.1 感覺和知覺的聯繫

感覺和知覺都是大腦對直接作用於我們感官的客觀事物的反映。只有當客觀事物直接作用於我們的感覺器官並引起我們感官的活動時，我們才會產生感覺和知覺，一旦客觀事物在我們的感官所及的範圍內消失，我們的感覺和知覺也隨之停止。

感覺是對物體個別屬性的反映，知覺是對物體整體的反映，但是如果沒有對物體個別屬性反映的感覺，就不可能有反映事物整體的知覺。因此，感覺是知覺的基礎，知覺是感覺的深入和發展；感覺越豐富、越精確，知覺也就越完善、越正確。

6.1.2 感覺與知覺的區別

感覺是對客觀事物個別屬性的反映，而知覺是對客觀事物整體屬性的反映。

感覺是一種生理、心理活動，而知覺純粹是一種心理活動。感覺的產生來自於感覺器官的生理活動及其客觀刺激物的物理特性；而知覺的產生是在感覺的基礎上，對刺激物的各種屬性加以綜合和解釋，表現出人的主觀因素的參與。

感覺受感覺器官的生理特性及外界刺激物的物理特性的影響；而知覺受一個人的興趣、愛好、價值觀和知識經驗的影響。

6.2 知覺立體世界——空間知覺

我們的視網膜是平坦的，無法從空間上表現深度，但我們的知覺還是有效地利用了一些資訊和線索，使這個世界在我們看來的確是三度空間的。那麼知覺利用了什麼資訊和線索使我們感知到立體的世界呢？

6.2.1 單眼線索

用一隻眼單獨地進行空間知覺。可用的資訊和線索有：

1. 遮擋

當某物體部分地遮擋住另一物體時，我們會感知遮擋物更近一些，被遮擋物更遠一些。見圖示：

2. 線條透視

在平面上，面積的大小、線條的長短以及線條之間的距離遠近等，都能使我們有效地進行空間知覺。由大到小、由長到短、由遠到近，我們會覺得物體離我們越來越遠。見圖示：

3. 結構梯度

當有很多同樣或類似的物體，集成一大片的平面景觀時，我們就會運用「近者大，遠者小；近者清楚，遠者模糊；近者在視野下緣，遠者在視野上緣」的經驗，有效地進行空間知覺。見圖示：

4. 運動視差

當我們從窗口望出去，將頭左右擺動，可以看到靠近窗口的樹木似乎在飛速運動，而遠離窗口的樹木則運動緩慢，甚至沒有運動，這就是運動視差。我們坐在車上時常常體驗到一種經驗，沿著路兩旁豎立的電線桿或籬笆，移動得很快，而遠處的樹木或農舍則在短時間內似乎保持原地不動。這種近處與遠處之間相對運動速度的差異，是我們進行空間知覺的重要線索。

6.2.2 雙眼線索

雙眼在我們頭部相距大約六・五公分，因此使得外界物體不能完全對應地落在我們雙眼上，從而使物體在雙眼視網膜上的成像略有差異，正是這一差異，使我們可以有效地進行空間知覺。也正因爲如此，我們可以把兩張平面圖形感知成立體圖形，這正是前些年風行的立體圖畫的原理。

6.3 知覺的基本特性

6.3.1 知覺的選擇性

在同一時刻進入我們感官的刺激是十分豐富的，但我們不會對所有的刺激都同時給予加工，我們總是根據自己當前的需要，有選擇地對其中某些刺激進行反映，而忽視其他刺激。人們這種對外來刺激有選擇地進行組織加工的過程，就叫知覺的選擇性。被我們選擇進一步加工的刺激，稱爲知覺對象；而同時作用於我們感官的其他刺激就被叫做知覺背景。知覺對象與知覺背景的區別在於：知覺對象有鮮明的、完整的形象，突出於背景之前；是有意義的，容易被記憶。

知覺對象與知覺背景是相對而言的，此時的知覺對象也可以成爲彼時的知覺背景；被選擇爲知覺對象的刺激也可能在那個人眼中就成爲了知覺背景，這要看知覺者個人的需要、興趣、愛好、知識經驗以及刺激物對個人的重要性等主觀因素。比如下面這個經典的雙關圖就是一個知覺對象與知覺背景可以相互轉換的明顯例證。你可以按自己的意願隨便看這幅圖，你既可以把它看成是一個稍稍有點側身的老婆婆，也可以把它看成是一位臉稍稍轉開的少女，這關鍵取決於你想看哪一種。

少女與老婦

6.3.2 知覺的整體性

是指人們根據自己的知識經驗把直接作用於感官的不完備的刺激整合成完備而統一的整體。格式塔心理學派對知覺的整體性進行了研究，並提出知覺的整體性有以下幾個組織原則：

1. 接近性

指人們往往傾向於把在空間和時間上接近的物體知覺成一個整體。比如下圖，我們會把它知覺成由三個距離很近的黑點構成的一些線條，在垂直方向稍微向右傾斜。我們一般不會以另一種結構來知覺它，或者就算以別的結構去知覺它，也是很費力的一件事。

2. 相似性

指人們往往會把在形狀、顏色、大小、亮度等物理特性上相似的物體，知覺成一個整體。比如下圖，我們會把形狀相同的圓圈和黑點分別兩兩知覺為一組，而不太會把一個圓圈和一個黑點知覺成一個整體。

3. 連續性

指人們往往會把具有連續性或共同運動方向等特點的客體作為一個整體加以知覺。比如下圖，我們傾向於把它知覺成更為自然和連續的兩條相交的曲線AC和BD。可見，連續作用對我們的整體知覺有著驚人的力量。

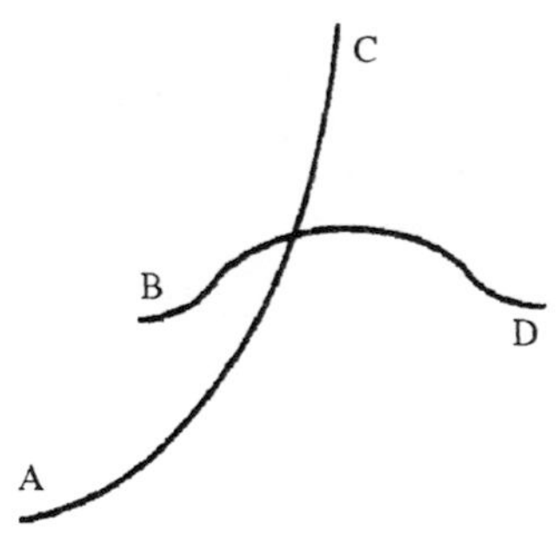

4. 求簡性

指我們在知覺過程中會傾向於知覺最簡單的形狀，我們的知覺也傾向於在複雜的模式中讓我們知覺到最簡單的組合。比如下圖，我們可以把它解釋成一個橢圓和一個被切去了右邊的直角圖形，在接觸一個左邊被切除了一個弧形的長方形。可事實上，這不是我們知覺到的東西，我們知覺到的東西要比這簡單得多，即一整個橢圓和一整個長方形互相重疊而已。

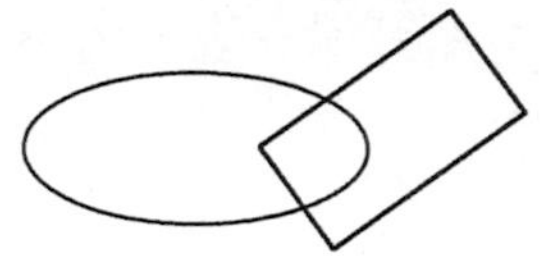

5. 封閉性

實際上是求簡律的一個特別和重要的例子。指我們在知覺一個熟悉或者連貫性的模式時，如果其中某個部分沒有了，我們的知覺會自動把它補上去，並以最簡單和最好的形式知覺它。比如下圖，我們傾向於把它看做一顆五角星，而不是五個V形的組合。

6.3.3 知覺的理解性

指人們在知覺過程中，會根據自己的知識和經驗，對感知到的事物進行加工處理，並用語詞加以概括，賦予確定意義。知覺的理解性受知覺者的知識經驗、實踐經歷、接受到的言語指導以及個人的興趣愛好等影響，對同一事物可以表現出不同的知覺結果。比如下圖，把它知覺成陶瓷花瓶，還是知覺成人物剪紙，與個人的知識經驗以及對知覺對象與背景的選擇等有關，習慣於把黑色作爲知覺對象或愛好剪紙的人，往往會首先把它知覺成剪紙；而習慣把白色作爲知覺對象或喜歡陶瓷藝術的人，則更容易首先把它知覺成陶瓷花瓶。

雙面花瓶

6.3.4 知覺的恆常性

在不同的角度、不同的距離、不同的明度下觀察我們所熟知的物體時，雖然觀察物的大小、形狀、亮度、顏色等物理特徵會因環境的變化而不同，但我們對物體的知覺卻常常傾向於保持穩定不變。在一定範圍內，知覺的這種不隨知覺條件變化而變化，而是保持對客觀事物相對穩定的組織加工過程，就是知覺的恆常性。主要有：

1. 亮度恆常性

是指照射物體的光線強度發生了改變，但我們對物體的亮度知覺仍保持不變的知覺現象。決定亮度恆常性的重要因素是從物體反射出的光的強度和從背景反射出的光的強度的比例，只要這個比例保持不變，就可保證對物體的亮度知覺保持恆定不變。比如，兩張白紙，不管是在陽光下，還是在陰影中，它們都互為背景和對象，對光的反射比例始終保持不變，因而我們對亮度的知覺也就保持了恆常性。

2. 大小恆常性

同一個物體在我們視網膜上的映像大小，會隨著物體距離我們的遠近而發生改變：「近大遠小」這是以視覺感受器為基礎的視覺現象。但是，我們在判斷該物體的大小時，卻不純粹以視網膜上的映像大小為依據，而是把它知覺成大小恆定不變的，這就是知覺的大小恆常性。比如，我們看著面前的小孩子，同時看著遠處的一個大人，大人在我們視網膜上的映像要比小孩的小得多，但是在知覺中，我們仍然判斷大人高、小孩矮。

3. 形狀恆常性

知覺對象的角度有很大改變的時候，我們仍然把它知覺為其本身所具有的形狀，這就是知覺的形狀恆常性。比如，一扇門在我們面前打開，落在我們視網膜上的映像會隨著發生一系列的變化，但我們始終把這扇門知覺成長方形的。

使我們的知覺保持形狀恆常的重要線索是有關深度知覺的訊息，比如傾斜、結構等，如果這些深度知覺的線索消失了，我們對物體形狀的知覺也就不能保持恆定不變了。

4. 顏色恆常性

一只紅蘋果，在不同波長的光照射下，所反射出的光的光譜組成也一定是不同的，因而它的顏色必定是變化的，然而，我們仍然把它知覺成紅的。這種不因物體環境改變，而仍然保持對物體顏色知覺恆定的心理傾向，就是知覺的顏色恆常性。

知覺的恆常性對人類的生存和發展有著十分重要的意義。知識經驗對知覺的恆常性有著重要的作用。我們在知覺某事物時，總會利用以往的知識經驗去感知，反映事物固有的面目，從而保證了我們根據客觀事物的實際意義來適應環境。如果人類的知覺不具有恆常性的話，那麼人類適應環境的活動就會變得十分複雜和繁瑣。所以，知覺恆常性不僅使我們獲得了對客觀事物本身面貌的精確知覺，而且也是我們適應周圍環境的一種重要能力。

方向知覺與性格

從生理活動看，方向知覺是內耳中的前庭器官、半規管的功能與視網膜上的視覺映像相整合而產生的，但從心理活動看，人們運用視覺線索和前庭感覺資訊時存在著個體差異，尤其是當兩類資訊不一致時，有的人更多地依賴於內耳前庭感覺的資訊，而有的人則更多地依賴於外部環境的視覺線索。可以透過框棒測驗測定。測驗是在缺乏其他參照線索的情景下（裝置類似一個取景框，只呈現圖中的內容），被試面對一個傾斜的方框，方框內有一根傾斜的直棒（見下圖A），要求被試僅憑知覺把方框內的直棒調節垂直。結果發現，被試有兩類反應：一類反應是不受周圍方框的影響，把直棒調節成與地面相垂直（見下圖B）；另一類反應是以方框爲依據，把直棒調節成與方框邊沿相垂直（見下圖C）。分別被稱爲場獨立性和場依存性。進一步的研究發現，具有這兩種不同方向知覺特點的人，其性格特徵也不盡相同。場獨立性強的人，在性格上往往表現爲：喜歡獨來獨往，對社會交往不感興趣，生活上不太注意別人的意見，不輕易動感情，喜歡從事與人少有交往的職業。場依存性強的人，在性格上則常常表現爲：喜歡尋求社會支助，喜歡社會交往，重視他人的意見，容易接受團體的建議，好動感情，喜歡從事與人打交道的工作。

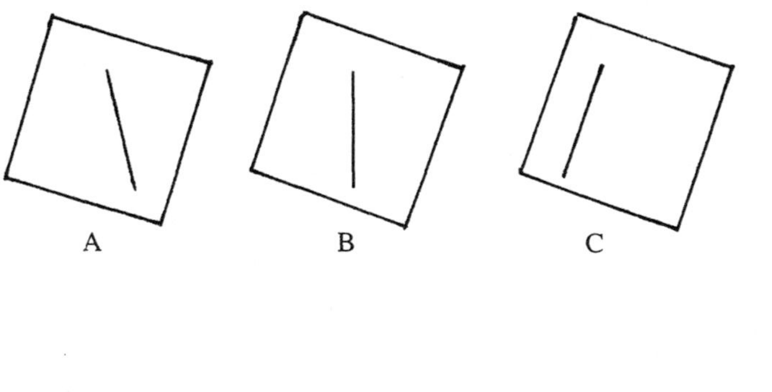

」

6.4 「兩小兒辯日」──錯覺及產生原因

《列子·湯問篇》中記載著一個「兩小兒辯日」的故事：一天，有兩個孩子熱烈地爭論著一個問題：「爲什麼同樣一個太陽，早晨看起來顯得大而中午看起來顯得小？」一個孩子說：「這是因爲早晨的太陽離我們近，中午的太陽離我們遠，根據近大遠小的道理，所以早晨的太陽看起來要大些，中午的太陽看起來要小些。」另一個孩子反駁說：「照你這樣說，早晨的太陽離我們近，那麼我們就應該感到早晨更熱些；中午的太陽離我們遠，我們就應該感到中午更涼些，但是事實卻正好相反，我們往往感到的是早晨涼中午熱。」兩個孩子誰也說服不了誰，於是就去請教孔子，但這位博學的大師竟也不明白這是怎麼回事，最後只好不了了之。

同一個太陽卻被我們知覺為不一樣大小，看來，我們也會被我們自己的感覺所欺騙。這種完全不符合客觀事物本身特徵的失真或扭曲的知覺反應，就叫做「錯覺」。

6.4.1 錯覺現象

在心理學研究中發現的錯覺現象，多為視錯覺。視錯覺是指人們憑藉眼睛對客觀事物產生的失真或扭曲的知覺反應。錯覺現象，表明了在人的知覺中主觀與客觀的不一致，這種不一致不能歸咎於個體觀察的疏忽，而是社會中的每一個個體在一定的環境條件下，都有可能發生的正常反應。

1. 線條橫豎錯覺

見圖中A、B兩條等長線段，由於A線段垂直於B線段的中點，結果我們知覺垂直的A線段似乎更長一些。

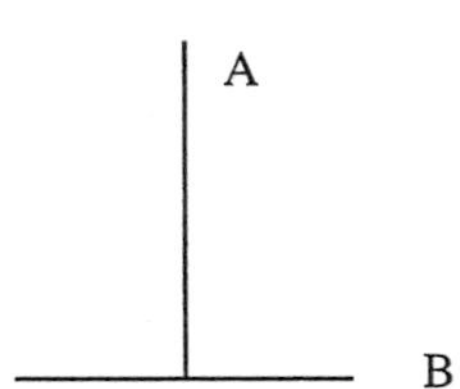

2. 繆勒－萊爾錯覺

見圖中兩條等長的線段，僅僅因爲線段兩頭畫有不同方向的箭頭，就使得箭頭朝向兩頭的看起來比箭頭相對的要短一些。

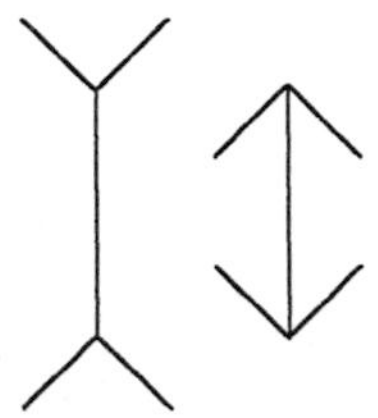

3. 奧伯遜錯覺

見圖中的方形和圓形，由於放射線的影響，看起來似乎不是正圓也不是正方，而事實上既是正圓也是正方。

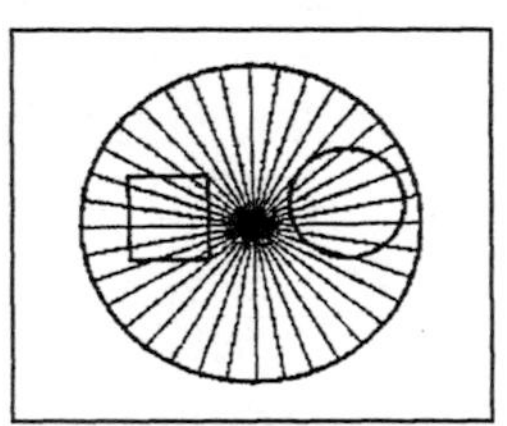

4. 戴勃福錯覺

見圖中左右兩個面積相等的圓，左邊的圓由於加了一個稍大一點的同心圓，就使得它看起來更大些。

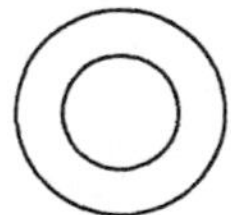
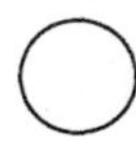

5. 赫爾岑錯覺

見圖中的兩條平行線，由於被多方向的直線所截，結果看起來就失去了原來平行線的特徵。

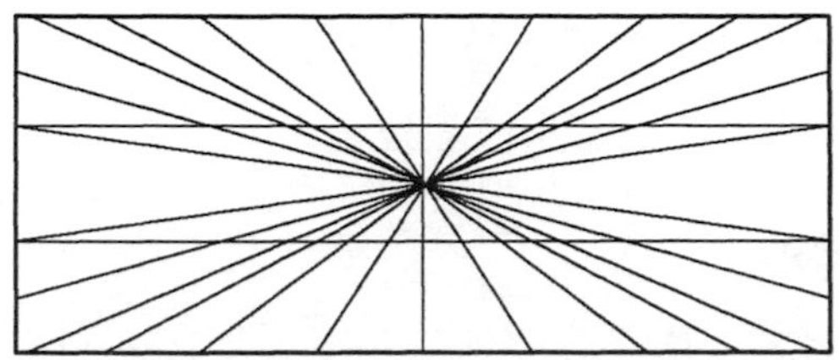

6. 編索錯覺

見下圖，好像是盤起來的編索，呈螺旋狀，而事實上是由一個個同心圓組成，你可以任選一點，然後循其線路進行檢驗。

6.4.2 錯覺產生的原因

儘管上述錯覺現象十分明顯，但是對錯覺現象產生的眞正原因，至今都沒有找到確切的答案。多年來，知覺心理學家們也一直在進行努力的探索，試圖從知覺的生理階段和心理階段中尋求解答，爲此形成了兩種理論。

1. 周圍抑制論

該理論認爲，錯覺的產生並非是因爲個人對外在物體特徵的失實解釋，而是由於物體各部分反光度不同，使視網膜上視覺細胞彼此受到抑制所導致。由於視網膜上的影像及顏色感覺，都是由於外界物體反光而構成的視覺刺激所形成，因此，物體各部分的亮度如果不同，該物體各部分所反射出來的光波，自然也就各不相同，那麼視網膜接受到的刺激就有差別：有些部分亮度較大，光波全部反射出來，視網膜接受此刺激時就形成白色感覺；有些部分亮度小，只有部分光波反射出來，視網膜接受該刺激後，就形成灰色感覺。在這種情形下，視網膜接受物體整體反射光波刺激時，如果亮度大的部分所占面積較大，在感覺上將占優勢，就使亮度小的部分受到抑制，結果導致對物體整體的感覺失眞，從而形成錯覺。

2. 恆常性誤用論

我們已經知道大小恆常性是對物體大小的知覺經驗，是指不因物體距離的遠近所構成的視網膜影像的大小而有所影響的知覺現象。大小恆常性是知覺的心理原則之一，雖然不符合生理原則，但卻是正常現象，但是如果這一原則在不知不覺中被誤用時，就會產生錯覺了。這就是該理論的基本觀點。比如

「月亮錯覺」，無論是接近地平線的月亮，還是皓月當空的月亮，任何時間的月亮在我們視網膜上的影像都是一樣大小，只是我們在看地平線的月亮時，我們和月亮之間隔了許多房屋、樹木等物體，從而使我們在不知不覺中就判斷地平線的月亮更大一些了。

考考你：

1.感覺和知覺有哪些區別和聯繫？

2.空間知覺的線索有哪些？

3.知覺有哪些基本特性？

4.知覺有哪些恆常性？

5.對錯覺現象的解釋有哪些？你是如何認爲的？

記憶與遺忘

記憶可能是天堂，我們不用擔心會被驅逐；記憶也有可能是地獄，我們想逃也逃不掉。

——斯帕爾丁

艾賓豪斯（記憶實驗研究第一人，德國人，1850-1909）

記憶的重要性是不言而喻的。我們能夠與他人順利地交流，不至於忘了別人對你說了什麼話、問了什麼問題。我們能夠暫時記住一個電話號碼，等到撥完電話又把它忘記。我們能夠順利地讀完一篇文章，寫下讀後感想。我們的很多能力都是建立在記憶的基礎之上，很少有一位天才不是建立在博聞強記的積累上，包括創造性的工作也缺乏不了記憶。

7.1 記憶有無規律？

記憶有無規律？時間一長，就容易忘事。如果這也算是一個規律的話，那麼我們早就知道記憶是有規律的。但是心理學家並不只是停留在我們所能觀察到的經驗層面來看問題，他們往往要把一個現象的細枝末節、來龍去脈弄清楚。下面我們先詳細介紹有關記憶的兩個重要發現。

7.1.1 艾賓豪斯的記憶遺忘規律

談到記憶總是要提到的一個人就是德國心理學家艾賓豪斯（Ebbinghaus），他在一百年前做的記憶研究到現在還有很大的影響。下頁圖示的「記憶曲線」就是他發現的。

從這個圖中你能得出什麼結論呢？艾賓豪斯自己總結了如下三條規律：(1)大多數遺忘出現在學習後一小時之內；(2)遺忘的速度不是恆定的，而是先快後慢，最後逐漸穩定下來；(3)重新學習要比第一次學習容易。我們還是先看看他的研究工作吧。

十九世紀末期，心理學剛剛從哲學中脫離出來成爲一門科

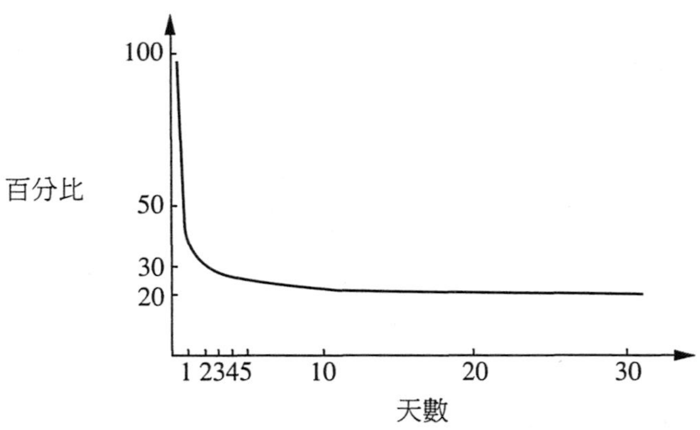

學，六年後，艾賓豪斯公布了他的研究成果。在那個年代，人們對記憶的了解僅僅是經驗，眞正用科學的方法來研究記憶，艾賓豪斯是第一人，也可以說是艾賓豪斯開闢了記憶的科學研究。既然是科學，就必須讓一切可能影響研究結果的因素處於掌控中。艾賓豪斯的努力也就是爲了實現這一目標。他當時面對的問題在於怎麼確保要記住的材料是研究對象以前從來沒有接觸過的。如果材料是他們以前見過的，那麼最後讓他們回憶出來的結果可能也反映了他們都知道些什麼，而不單純是眞實的記憶情況。而且材料不能是他們熟悉的內容，因爲熟悉的內容很容易與其他東西聯繫起來，回憶就不單純是回憶了，聯想也起了一定的作用。

爲了解決這個問題，艾賓豪斯創造了一些無意義音節，如zup、rif、bik等，使用這些音節作爲記憶材料，就避免了人在記憶過程中過去知識經驗的影響。而且，因爲沒有意義，也就避免了聯想記憶的作用。艾賓豪斯將幾個無意義音節排成一列，讓參加實驗的人反覆學習這樣一系列的無意義音節，直到能夠按音節的排列順序回憶出這一系列音節爲止，記下完全記住所用的學習次數。然後有計畫地讓他們在某段時間後回憶學習過的一系列音節（每次回憶都使用不同的音節系列），看看自己還記住多少。但艾賓豪斯不是簡單地統計還能回憶幾個音節，而是採用一種更巧妙而又準確的方法來計算還記得多少，他讓參加實驗者重新學習不能完全回憶的無意義音節系列直到能夠再次完全回憶爲止，記下重新學習的次數。將第一次學習的次數減去重新學習的次數再除以第一次學習的次數，最終結果就是還保留下來的百分比。用公式表示如下：

$$R=\frac{N-n}{N}\times 100\%$$

其中，R＝記住的百分比

N＝第一次學習的次數

n＝重新學習的次數

艾賓豪斯用這種方法對記憶做了系統的研究，得到不同時間間隔記憶所保持的百分比，從中我們可以了解到：遺忘的速度是非常快的，學習結束後不到一小時，50％的內容已經想不起來，一天過後，遺忘的速度逐漸慢下來，而到了第二天，能想起來的基本上就不太會忘記了。艾賓豪斯根據收集到的這些資料繪製出記憶曲線。

艾賓豪斯於一八八五年出版了《記憶》一書，詳盡介紹了他的這一發現，這在當時產生了極大的影響，這種影響即使是今天也仍然存在。你可能經常看到很多學習材料寫著「按照記憶規律……」的字樣，而不知道這一規律到底是什麼。其實大多數所指的就是艾賓豪斯在一百多年前的這一發現。這些學習材料大多就是按照不同的時間間隔安排復習，比如剛學習過的材料第一次復習放在一兩個小時後，第二次復習放在一天後，第三次復習放在三天後，依此類推，復習的時間間隔越來越長。其實這種安排並不是一定有最好的效果，畢竟每個人的記憶能力都存在差異，千篇一律的編排顯然不能針對個人特點達到最佳的效果。如果你知道了艾賓豪斯遺忘曲線的研究方法，你就能爲自己設計一個更爲靈活的學習時間計畫表。另外，艾賓豪斯使用的是無意義音節，而我們的學習內容都是有特定意義和特定結構的，只生搬硬套這一規律而沒有根據學習內容的特點來編排復習計畫，有時可能反而是一種不經濟的學習方式。這一點便成爲艾賓豪斯後來被其他研究者指摘的弱點。不過不管怎樣，艾賓豪斯在科學認識記憶的道路上邁出了第一步。

艾賓豪斯之後，許多人用不同的學習材料做過類似的實驗，具體的資料肯定有差異，不過基本的趨勢還是相差無幾。但隨著時間推移，科學家們越來越關注一些更細節的東西，他們發現除了剛開始學習外語可能像艾賓豪斯所說的那樣之外，學習其他有意義材料過後的回憶成績都比艾賓豪斯所說的要好。而像騎自行車這類動作技能的學習，一旦學會後根本就不太會忘記。這一點大家都有深刻體會。畢竟，艾賓豪斯的研究離現實還有點距離。

7.1.2 最先記憶的內容印象最深刻

前面我們介紹記憶材料在不同時間的保持情況，是在時間向度上看記憶規律。現在我們要談到的是不同部分的記憶材料的保持情況，考察材料內容在空間向度上的記憶規律。

實驗是這樣進行的：研究者先讓參加實驗者按一定順序學習一系列的詞彙，然後讓他們自由回憶，也就是說，不必按照他們學習的順序回憶出來，想到哪個詞彙就說出哪個詞彙。結果發現，最先學習的和最後學習的詞彙的回憶成績較好，而中間部分的詞彙回憶成績較差。根據實驗的結果，繪出的曲線如下：

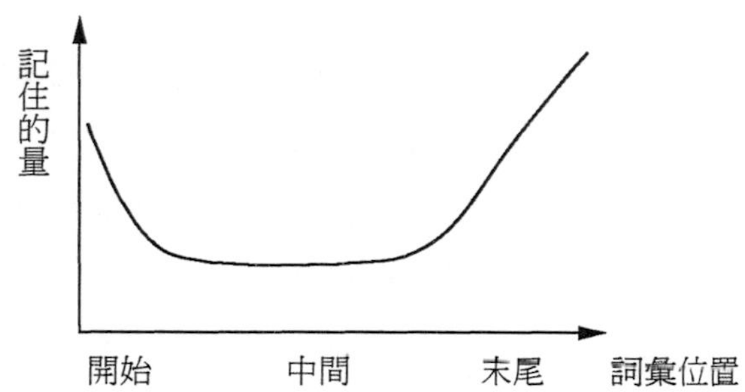

心理學家把這種現象稱爲「系列位置效應」。開始部分較好的記憶成績稱爲「首因效應」，結尾部分較優的記憶成績稱爲「近因效應」。

從圖中我們可以看到，結尾部分的回憶成績比開始部分的成績要好，這一點很好理解，因爲這是我們剛剛記憶的部分，還沒有經過時間的考驗，與開始部分的記憶效果在本質上是有區別的，畢竟開始部分記得最早，卻還沒有遺忘。顯然，結尾部分的記憶機制與開始部分的記憶機制不同。爲了考察這一點，研究者改進了上面的實驗，讓被試者在看完詞彙系列後馬上做三十秒的心算，然後再自由回憶，結果發現近因效應已經消失。見如下曲線圖：

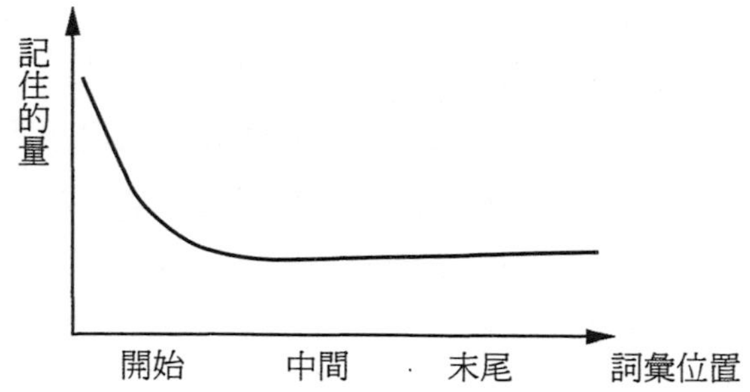

爲什麼做了一個心算作業，結尾部分的內容就記不住呢？其實如果我們將記詞彙與心算看做是同一個任務，那麼心算作業就是結尾部分，而原來詞彙的結尾部分就變成了中間部分了。不過讀者可能還是有疑問，爲什麼詞彙的結尾部分在三十秒內就被遺忘，而開始部分卻還一直記得？這種現象說明記憶內部是有差別的。這一點我們將在介紹記憶結構的時候說明。不過從這個實驗我們也不難看出記憶能力是有限的，我們需要時間來記住更多的內容。

我們如何在實際的學習和生活中應用這個規律呢？至少有兩點是讀者可以從中獲益的。第一，學習的時候，應該不斷變換學習的開始位置。比如在背誦一篇課文時，不要每次都是從起始讀到末尾，有時也應該從文章的中間部分開始讀起，這樣才不至於只記得開始部分和結尾部分，卻忘了中間部分。第二，學習的過程中留下一點時間間隔可以加強記憶的效果，特別是完成了某一部分學習內容後更應該留個五至十分鐘的時間來休息，這樣可以鞏固已經學習過的內容，同時也不至於太疲勞而影響下面的學習。

7.2 多重記憶系統模型

我們下面將要介紹的就是他們根據已有的種種記憶現象而構想的一個記憶模型。儘管是構想，但已經能夠解釋大部分的記憶現象，這一構想已經爲大部分學者所接受。其實讀者也不必就此懷疑它的科學性，我們的很多學科就是這樣一種情境。比如，地質學家就是根據沈積層來推斷過去的事件，天文學家根據來自遙遠星系的光來推測宇宙是如何形成和演變的，生物學家透過化石推測人類是如何進化而來的。科學中充滿了一個假設代替另一個假設的演化。心理學的研究面對的任務比這些學科更艱巨、更撲朔迷離，所以推測的存在也是可以接受的。

7.2.1 記憶的結構

我們已經知道，剛看過的內容有些能夠長時間地保存在我們的頭腦中，有些則很快在我們腦海中消逝。心理學家將能夠長時保持的記憶稱爲「長時記憶」，而在不到一分鐘就忘了的記憶叫做「短時記憶」。心理學家還發現有一種記憶的時間更短，不到半秒鐘就忘記，並把這種記憶叫做「瞬間記憶」。不到半秒鐘就忘記，這還能稱爲記憶嗎？對這種記憶我們幾乎是沒有感覺的，不過爲了完整地介紹記憶的過程，還是有必要介紹一下。再者，心理學家眼中的記憶是指所有曾在我們腦海中留下的痕跡，而不在乎長短，所以也少不了它。下面就是它們之間的關係圖，也就是我們記憶的過程。我們將分別詳細介紹這三種記憶的特點，然後再根據它們之間的關係介紹記憶過程中的各種現象。

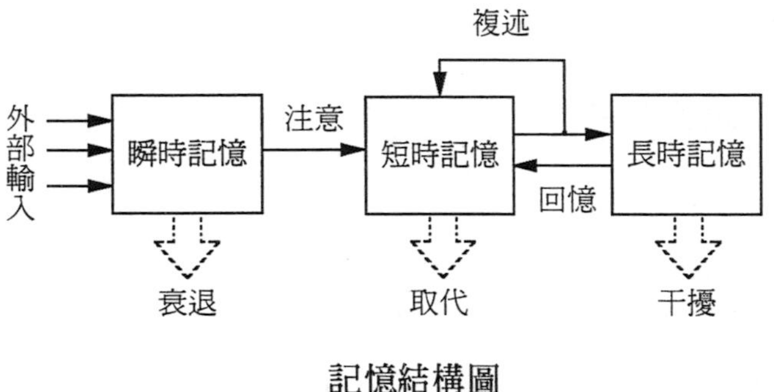

記憶結構圖

1. 短時記憶：你最多能一下子記住多少？

在日常生活中你可能有這樣的體會，和陌生人打電話，你先看一下電話號碼，然後再撥電話，等你打完電話後，你已經想不起所撥的電話號碼了。這種記憶持續的時間不會超過一分鐘，這段時間剛好可以撥完一個電話。你可能還會有這樣的體會，記電話號碼並不困難，經常打的電話號碼一般不會忘記，而手機號碼則不同，雖然只多了三、四位數字，卻比普通電話號碼難記得多。爲什麼呢？繼續往下看，你會明白其中的道理。

很早以前人們就注意到類似的現象。十九世紀，蘇格蘭的一位哲學家曾經說過，「如果你將一把小圓球向地上扔去，你就會發現你很難立即看清六個以上，最多也不會超過七個。」一八七一年英國經濟學家和邏輯學家威廉·傑沃斯說，往盆子裡擲豆子時，如果擲上三個或四個，他從來沒有數錯過，如果是五個，就可能出錯；如果是十個，判斷的準確率爲一半；如果豆子數達到十五個，他幾乎每次都數錯。

如果讀者有興趣的話可以找個人做下面這個簡單易行的實驗。一個人讀下面的數字，另一個人努力記住所聽到的數字，聽完後按聽到的順序將數字寫出來，看看最多能正確記住幾個數字。注意，讀數字時聲音不要變調，前後要一致，讀兩個數字的時間間隔控制在一秒鐘左右，如果不能準確控制時間的話，可以在讀完一個數字後默唸一下自己的名字，然後再讀下一個數字。比如，要唸469這一串數字，你先讀「4」，然後默唸自己的名字，再讀「6」，再默唸自己的名字，再讀「9」。唸的時候從個數少到個數多的數字，記的人要等唸完一串數字後才能動手將自己記住的按順序寫下來。每兩串長度一樣的數字都能記得正確無誤才能進行下一組實驗，直到這個人對某一長度數字不能完全記住爲止。這樣，我們就知道他（她）的短時記憶廣度。

（以下「-」表示間隔一秒）

3-7-6
9-2-4

6-4-8-3
7-5-6-9

6-3-1-2-8
7-8-5-6-2

4-5-6-3-8-1
8-6-3-7-5-2

6-8-9-2-5-2-3
3-9-4-3-5-8-6

7-3-2-7-5-8-9-4

1-4-2-8-6-3-8-5

6-8-9-4-2-4-7-5-6
5-7-4-2-3-7-9-6-4

3-2-6-8-5-9-6-3-1-7
6-1-5-3-8-9-5-6-3-4

4-6-9-7-8-5-2-1-3-5-7
8-6-1-3-6-8-3-5-6-8-2

3-7-6-2-4-3-5-7-9-1-2-5
4-2-6-8-3-5-1-9-6-7-5-3

4-6-2-4-3-8-9-6-5-7-4-3-1
1-7-4-7-9-7-3-2-5-7-6-4-6

試試看，你能記住多少！大部分人都能記住七個數字左右。美國心理學家約翰・米勒（Miller）經過七年反覆測定，在一篇題爲〈奇妙的數字：7±2〉的論文裡提出正常成年人記憶廣度的平均數是7±2，這個數值具有相對穩定性，得到了國際上的公認。大陸心理學家還發現如果用無意義的漢字組合，平均能記六個多一點，但是不同年齡有差異，見下表：

年齡（歲）	2.5	3	4.5	7	10
漢字個數	2	3	4	5	6

其實我們在記電話號碼的時候並不是像我們上面唸數字那樣每唸一個停一秒鐘，而是經常將電話號碼分成兩部分來記。

比如，要記住62354788這個號碼，我們在心理默唸的時候通常是唸了前四個數字後稍微停頓一下再唸下面四個數字（即6235-4788），也就是將它分爲兩組來記。這樣記住八個數字是不成問題的，這是不是說我們的短時記憶平均不只七個呢？米勒在後來的實驗中又發現，短時記憶的容量大小不是由記憶材料的數量決定，而是由材料的意義單位決定。下面幾個詞看一遍你能記住多少：

北京　上海　天津　重慶　電視機　電冰箱　答錄機　洗衣機　欣喜　憤怒　悲哀　快樂

總共十二個詞，一個一個地記肯定超出我們的短時記憶容量。但是不管怎樣，你應該可以記住七個以上。這是爲什麼呢？其實我們的短時記憶就像一個分成七格左右的櫃子，每一格只能放一件物品，如果你能把幾樣東西打包，你就可以放更多的物品。上面的十二詞很明顯可以分成三類，第一類是地名，第二類是家用電器，第三類是喜怒哀樂的情緒表現。而且地名中上海、北京、天津和重慶是中國的四個直轄市，那麼你相當於只要記住「直轄市」這個詞，僅占用櫃子的一格，如果你不知道這一點就可能要多占用幾格了。從這個極端的例子中我們可以看到記憶材料的許多特點，在瀏覽了本章後面的內容之後，相信你會明白許多。

如果這些詞是屬於不同類別，那就可能增加記憶的負擔。我們來看看下面這些詞，你看了一遍能想起多少：

沙漠　數學　燈泡　深刻　網路　天空　情感　成就　日記　電梯

你會發現要記住這十個詞比記前面的十二個詞來得吃力，這是因爲它們之間沒有多大的聯繫，你不能將它們打包存放。這就是米勒發現的短時記憶的特點：雖然容量只有七個項目左右，但是如果你善於組織存放，你可以放得更多。不過這種組織還是有一定的限制，經驗顯示，如果每一個記憶單元包含三至四個項目，我們一般只能記住四個左右這樣的單元，而不是七個。

重新回味一下上面的例子，你會有新的領悟。如果你是一個外國人，不知道北京、上海、天津、重慶是中國的直轄市，那麼你就不可能將它們都記住。這給我們一個啓示：如果我們知道得越多，知識越豐富，記憶就越輕鬆。事實就是這樣，心理學家做過這樣的實驗：讓象棋高手與新手觀看按某一棋譜擺設的一個棋局，然後打亂棋子，讓他們按原樣將棋子復原，結果高手能夠將棋子很準確地擺出來，而新手卻不能做到；但是，如果棋子的擺設是沒有規律的，高手和新手在回憶上就沒什麼差別。這是因爲高手能夠按照棋子與棋子的關係來記，也就是將幾個棋子作爲一個單位來記，而新手則是一個棋子一個棋子地記。如果棋子擺設沒有規律，棋子與棋子之間不存在明顯的關係，這時高手就不能利用他的知識和推理來記，所以回憶的成績和新手沒有差別。其實從上面的記憶結構圖中我們可以看到短時記憶與長時記憶是雙向溝通的，短時記憶能夠調用長時記憶的知識來幫助記憶。也就是說如果我們的長時記憶儲存豐富的話，將有助於短時記憶的打包保存。

我們所指的短時記憶容量是指對無意義關聯的項目而言。也就是說，對有意義的東西我們可以記得更多。如果本來沒有意義的內容，我們將它加工一下，變成有意義的內容，也有助於記憶。比如讓你背圓周率背到小數點後二十二位：3.1415926535897932384626，你可能覺得有點難度。如果你將它諧音化，變成幾句話：山頂一寺一壺酒，爾樂苦煞吾；把酒吃，酒殺爾，殺不死，樂爾樂。然後邊背邊想像自己是在這樣一個情景下學習：學校在山腳下，山上有一座廟，你們的老師每次上山與廟裡和尚喝酒前總要給你們一大堆作業，把你累得好慘。這樣就很容易記住了。在這裡，給無意義的記憶材料附上意義也相當於是將它打包存放。

實際上，我們上面講到的很多例子都與長時記憶有關。像上面背圓周率實際上就已經是將短時記憶的內容保存到長時記憶了。短時記憶自己是不會給材料附上意義的，所謂的意義都是來自以前的知識儲存。短時記憶就相當於人這個大工廠的一個重要車間，這個車間裡的工人從瞬間記憶中選取出材料，按照從長時記憶中拿來的圖紙對這些材料進行加工，加工完以後就分類堆放在長時記憶裡。

2. 長時記憶：是不是無限的？

前面我們講到短時記憶時已經提到長時記憶的一些作用。相比其他兩種記憶類型，長時記憶是最明顯、最容易察覺到的，當然也就成了我們關注最多的了。我們介紹的第一個記憶規律也是指長時記憶，心理學家在一開始的很長時間裡主要就是研究長時記憶。

我們知道短時記憶保持的時間是一分鐘以內，而長時記憶是指保持時間超過一分鐘，可能是一小時、一天、一個月甚至一生。有人甚至認爲進入長時記憶的內容除非出現特殊事故，如腦損傷，否則是永遠不會忘記的。這一點顯然與我們的經驗有點距離，在日常生活中我們發現，不管一個人的記憶力有多好，他總有忘事的時候。按照經驗，這些結論可能會被認爲是草率的。其實，臨床實驗的證據顯示，當我們在記憶某些事情時，我們的大腦皮層的某一部位或某些相關組織發生了永久性的變化。一個很著名的例子就是加拿大神經外科醫生潘菲爾德（Penfield）在一九三六年的發現。他給一位十幾歲患癲癇病的女孩打開腦殼，用微電極刺激大腦的不同皮層，當刺激到大腦某一部位時，女孩發出了恐怖的尖叫，手術激發她回想起童年時期發生的一件可怕的事情，而且彷彿又置身於當時的那種情景，女孩忍不住喊叫起來。關於刺激大腦某部位引發某種體驗的報導很多，其實，我們在現實生活中也常發生類似的事情。比如，你突然怎麼也想不起一件事情，於是你暫時把它擱在一邊不去費那份勁了，然而一次你到某個地方，參加了什麼活動，碰見了某人，只要這些場合中有某些東西與先前「忘記了」的事件有一定聯繫，你可能就會想起來。這些有聯繫的東西相當於是記憶的線索，忘了的事件就是隱蔽的秘密，你就像是偵探一樣，抓住這些線索，順藤摸瓜揭開秘密。其實，能夠回憶出來就表明我們還沒有徹底忘記。那麼，是不是一旦記住的東西就眞的永遠不會忘記呢？我們會在另外的分節中討論這個問題。

談了長時記憶的保存時間以後，可能讀者就會關注這樣一個問題：如果我們所記憶的內容都在大腦裡留下痕跡，那麼大腦的儲存空間是不是有一天會耗盡？眞到了那一天，我們如果不忘點東西，豈不就記不住新的內容了嗎？由此牽涉到一個問題：記憶能否長久保存跟我們的大腦容量有關。其實，很早就有人提出這樣的觀點，認爲我們只開發了人腦10％的資源。這種觀點值得推敲，因爲從神經生理的角度來看，我們的腦皮層就是損傷1％都會影響到我們的正常生活。大腦皮層部分損傷的人確實能夠逐漸恢復剛開始失去的功能，但這種恢復是有限的。也就是說，還有90％沒有利用的觀點是不能單純從句子的表面來理解的。不過有一點我們得承認，我們的記憶力還沒有開發殆盡，還沒有人說過「我再也記不下任何東西了」。

從微觀角度講，長時記憶是按照意義儲存的。這一點早在二十世紀初英國心理學家巴特雷特（Bartlett）就發現了。當時，他只是認爲艾賓豪斯使用無意義材料作研究跟我們日常生活中的記憶內容不相符合，沒有考慮到知識經驗、社會背景、個人動機對記憶的影響，因而不具有現實意義。他自己用故事和圖畫等有意義的材料來進行研究，發現人們能夠回憶得起來的內容與他們進行記憶的內容有一定的差異。比如，他做了這樣一個實驗：給幾個英國學生講一個北美印第安民間故事，十五至三十分鐘後讓他們寫下他們能記住的故事內容，結果發現學生寫下來的故事比原文短，有點像摘要。後來，有人也做了類似的實驗，他們讓一些人看完原文後將它儘量回憶出來，對另一些人則是讓他們寫出原文的摘要，然後將這兩部分人寫的材料混合在一起，讓第三批人來判斷哪些是回憶材料哪些是摘要，結果這些人往往分不清楚。由此可見，我們記住的不是原原本本的內容，而只是按照它的意義來記。

再回到巴特雷特的實驗，除了上面的發現之外，巴特雷特還發現回憶的結果比原文更合乎邏輯，而且在內容上也有許多變化，比如很多人將故事中印第安人常用的物品改換成與之相應的自己熟悉的物品名稱。請注意這一點與上面的發現是有區別的。上面說的是，回憶結果在形式上出現變化，但在意義上卻是相同的，而這裡所指的變化則是完全的改變了。巴特雷特認爲人在記住某些內容時是將要記住的材料與自己已經知道的內容重新整合起來。也就是說，要把新的材料與我們已經知道的內容聯繫起來，如果新的材料中有些很難與我們已有的知識經驗聯繫起來，就可能被改換成別的東西。從宏觀角度來看，我們會忘事可能就是因爲新的材料沒有放到它應該放的地方，或者一個新的知識結構還沒有完全建立。

上面我們已經提到知識是按照一定的結構保存在大腦裡的，那麼，這個結構是什麼樣子的呢？下頁圖示就是一些心理學家提出來的長時記憶的「知識網絡結構圖」，並且透過實驗證明有一定的正確性。比如讓一個人判斷以下兩句話的對錯，「金絲雀是一種鳥」和「金絲雀是一種動物」，一般來講，判斷前一句話會比後一句話反應快，爲什麼呢？從下面這個長時記憶知識結構示意圖我們可以看到，金絲雀是直接包含於鳥類中，而鳥類是屬於動物。金絲雀與鳥類的距離要比動物近，所以反應會快一點。實際上，這個實驗不是很完美，反應差異很小，只有嚴格控制實驗條件才能看出來，不是我們看著手錶可以區分出來的。不過，下面這個小實驗是你可以自己操作的：請你在一分鐘之內說出盡可能多的鳥的名字，並把它寫下來，數一下你一共說出了幾個；另外，請你在一分鐘內盡可能地說出什麼東西是紅色的，也把它寫下來，數一下你說出了幾個。比較一下，哪一次你回憶得最多。大多數人說出鳥的名字要比說出紅色的東西要多。這是爲什麼呢？從下面的結構圖我們可以看出來，我們的知識是按照類別而不是按照屬性組織的。按照這種原則，我們會把所有的鳥都歸在鳥這一分支下，而不會將所有紅色的東西歸爲一類存放，紅色只是用於描述物體的屬性，所以我們會覺得回憶紅色的東西比較困難。心理學家還發現即使是屬於同類的事物在記憶上也是有差異的，這一類的典型代表往往回憶得比較快。比如，有人問你「金絲雀是不是鳥」，你肯定能馬上作出判斷。但是，如果問你「雞是不是鳥」，你可能還要想一會兒。金絲雀是比雞更典型的鳥，離鳥的分類會近一點，回憶得快一點。

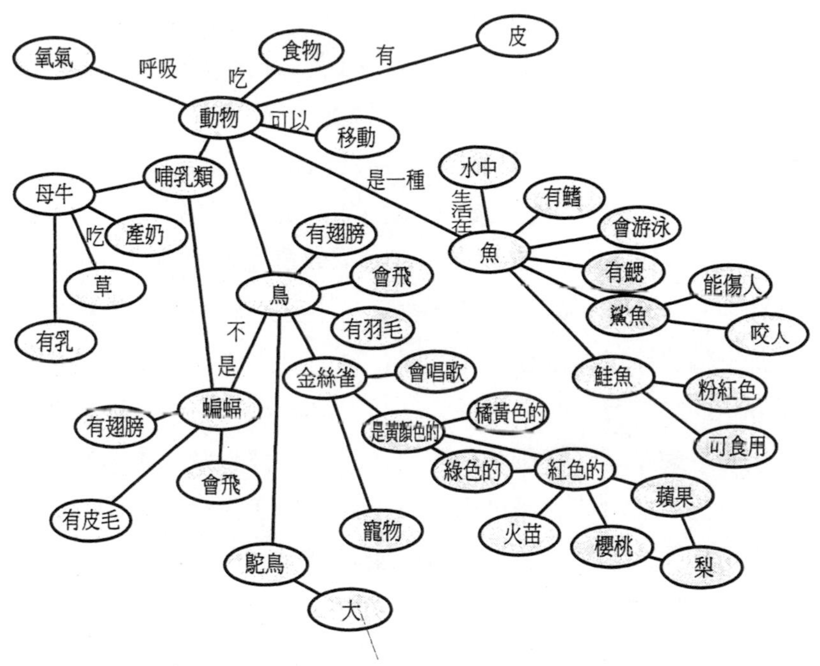

到現在為止，我們所討論的都是長時記憶對語言文字的記憶，其實，生活中我們還有很多與長時記憶有關的經驗。如看完一場電影後，隔個三、五天，故事情節依然印象深刻；參加過的生日宴會總是歷歷在目；一次奇異的旅行讓你終生難以忘懷等等。這些與我們上面講的語言文字的記憶有很大的不同，是知識結構圖不能解釋的。由此，我們可以得出這樣的結論：企圖用一種理論來解釋所有的記憶現象是不可能的。關於長時記憶，我想我們已經講了很多，也該換換口味了。

3. 瞬間記憶：處於意識邊緣的記憶

瞬間記憶，這個名詞本身就告訴我們這是一種時間很短的記憶，短到什麼程度呢？可以說我們幾乎沒有意識到它的存在。心理學家一開始只知道記憶可以分爲兩種相互獨立的記憶，也就是短時記憶和長時記憶，這是我們能夠從日常生活中觀察到的。相比而言，由於瞬間記憶的保持時間十分短暫，不是很容易就能察覺到，需要精心設計實驗才能發現。

一九六〇年，還在讀研究生的喬治·斯伯林（George Sperling）做了這樣一個著名的實驗：他事先告訴被試者，他們將看到三行字母，如下頁圖，並且在這些字母消失後將聽到高中低三種聲音，如果是高音就回答第一行字母，如果是中音就回答中間的字母，如果是低音就回答最後一行字母。斯伯林發現，如果聲音是在字母消失的同時出現，被試者基本上能夠完全回憶出每一行的四個字母，如果聲音是在字母消失〇·五秒之後給出的，那麼被試者大概只能回憶出一兩個字母，這是爲什麼呢？斯伯林認爲在看了字母以後的一段時間裡我們還記得所有的字母，只是這段時間非常短，在說出四至五個字母的時間裡就把其他的字母忘了。但是讓被試者看了之後馬上回憶任意四個字母，他（她）總能回憶出來，表明他（她）應該記得所有的字母。如果時間間隔超過〇·五秒，這些字母已經幾乎消失，被試者不知道要回憶哪一行，所以只能隨便選記幾個字母。這些經過選擇的字母實際上已經進入短時記憶，這時，回憶主要是從短時記憶中提取出來，反映的是短時記憶的容量。喬治·斯伯林的實驗說明，在短時記憶之前還有一種非常短暫的記憶，這種記憶的保持時間不超過○·五秒，這就是瞬間記憶。

Y	G	H	R
K	B	M	F
P	V	T	W

斯伯林告訴我們瞬間記憶保持的時間，但卻沒有告訴我們瞬間記憶的容量。他所做的實驗表明被試者能記住十二個字母，但這並不是極限。因爲瞬間記憶的保持時間很短，讓被試者回憶超過四行的字母，每增加一行字母，被試者都要在辨別、選擇上消耗一定的時間，這樣被試者就有可能在瞬間記憶消失之後才開始回憶，這時回憶反映的就不是瞬間記憶了。現在，心理學家普遍認爲瞬間記憶的容量很大，以視覺爲例，目之所及就是我們視覺的瞬間記憶容量。

讀者也許已經注意到，我們上面特別指出是視覺的瞬間記憶。瞬間記憶在儲存的時候是以原來的方式存放在我們的感覺器官上，最多在我們的感覺皮層上留下痕跡，還沒來得及加工，所以會受不同感官的性質所影響。比如，視覺的瞬間記憶時間不超過○·五秒，聽覺的瞬間記憶時間則是二秒左右。我們可以同時看到很多東西，但是我們是不能一次聽很多聲音的，所以，聽覺的瞬間記憶容量會比較小。

那麼，瞬間記憶到底有什麼用處呢？也就是說我們爲什麼需要瞬間記憶？你現在可能正坐在靠椅上，眼睛不自覺地掃描著每一行字。你知道我在向你講些什麼，同時你也能隱隱約約感覺到周圍的動靜。你聽得見翻書的聲音，你感覺得到靠椅的舒適，你還能估計今天的溫度跟昨天差不多，說不定你還聞到了早上刷牙後留下的清香……所有這些感覺在你看書時都是存在的，只是你在書上投入太多的注意而幾乎沒有意識到它們。但是如果有人突然推門進來，你可能會不自覺地抬起頭，或者你已經從腳步聲中聽出來者是何人，為何事而來，總之你是停下手中的書了。這說明你確實隨時都意識到周圍的變化的，瞬間記憶的作用就在於它暫時保持了你接受到的所有感官刺激以供你選擇。我們需要它，因為在判斷周圍環境的刺激哪些是重要的、哪些是次要的，並選擇對我們有意義的刺激的過程需要時間，而且這段時間不能太長，否則，我們就可能丟失下面更重要的資訊。

7.2.2 記憶的過程

前面我們分別介紹了三種記憶的特點，雖然這三種記憶看上去好像是相互獨立的，不過只有當我們僅僅考慮回憶時才是成立的，在記憶的過程中三者缺一不可，它們是這個過程中連續的三個階段，少了任何一個，記憶都不能成功。瞬間記憶是記憶的第一步，外界事物先在瞬間記憶上留下痕跡，那些比較特殊的、強烈的刺激受到我們的注意，就被選擇進入短時記憶，那些沒有被選擇的刺激在隨後很短暫的時間內就迅速消退了，其實大部分情況是它們還沒有自行消失就被後面進來的刺激所覆蓋了。進入短時記憶的刺激在此排隊等候召喚，準備進入長時記憶。因為短時記憶容量有限，如果要記住的內容比較多，就會有一些內容來不及進入長時記憶而被擠掉。而那些進入長時記憶的內容也要定時整理一下，如果隨便放置，一時需要也會找不到。

7.3 不同的觀點：認識越深記得越牢

上面我們介紹的只是一種流行的觀點，但這並不能說明它是完全正確的，只能說明它是能夠被大部分人所接受的。這裡我們要介紹的加工水準說也是一種比較著名的記憶觀點，這種觀點認爲如果你是比較深入地思考某些東西，你就能記得長久一些。我們可以先來做下面的一個小實驗：

請認真閱讀下面的問題，判斷右邊的詞彙是否滿足左邊的問題，並回答「對」還是「錯」。

1.這個詞能填在下面的句子中嗎？

「我看見池塘裡有一隻＿＿＿＿＿。」　鴨子

2.右邊這個詞是繁體字嗎？　祖國

3.這個詞與「智能」讀音一樣嗎？　技能

4.這個詞能填在下面的句子中嗎？

「火車肯定比＿＿＿＿＿快。」　飛機

5.這個詞與「實施」讀音一樣嗎？　逝世

6.這個詞是簡體字嗎？　筆記

7.個詞能填在下面的句子中嗎？

「這個週末一起去看＿＿＿＿＿吧！」　電影

8.這個詞是繁體字嗎？　書包

9.這個詞與「檢索」讀音一樣嗎？　簡單

10.這個詞能填在下面的句子中嗎？

「昨天我去了__________。」　　廣場

11.這個詞的讀音與「及時」一樣嗎？　　急事

12.這個詞是簡體字嗎？　　閱讀

13.這個詞能填在下面的句子中嗎？

「我的__________有兩公尺高。」　　課本

14.這個詞與「樟木」讀音一樣嗎？　　帳目

15.這個詞是繁體字嗎？　　茶杯

現在，不要回頭看，儘量回憶出你所能記得的右邊的詞彙，把它們寫下來。

上面的問題可以分爲三類，分別是判斷字型、判斷讀音和判斷詞義。做完以後計算一下你能回憶出來的詞彙都是屬於哪一類的。大部分人回憶得最多的都是那些涉及判斷詞義的詞彙，這就是對詞彙加工水準不同造成的。判斷字型、讀音只涉及對詞彙的表面的形狀和聲音的認識，而判斷詞義涉及到對詞彙的涵義，也就是對詞彙所代表的意義的理解，是詞彙最本質的內容。

對大部分事物，情況也就是這樣，如果我們對它了解得越深，探究得越透，知道得越多，就越不容易忘掉，這已經是常識了。比如，在學習外語的時候，不停地寫，不停地唸單字，不如比較一下這個單字與別的單字有什麼聯繫、了解一下這個單字都能用在什麼情景下或者看看這個單字的例句，雖然這樣挺花時間，但卻是很有效的一種方式。

上面的實驗說明抓住記憶內容的本質方面，記憶效果最好。也就是說加工的水準越高，記憶效果越好。其實，對記憶內容的說明，或者例子的多少也會影響我們的記憶效果。說明

的詳盡與否、例子的多少，也可歸爲加工程度的差異。心理學家做過這樣的實驗，讓學生學習一篇有三十二個段落的文章，其中每個段落由一個中心句和四個例子組成，心理學家從中隨機選出二十四個段落，減少這些段落中的例子，八個段落減少到三個例子，八個段落減少到二個例子，另外八個段落只有一個例子。學生學習完這三十二個段落後，對段落的中心句進行回憶，結果發現例子越多的段落回憶成績越好。這個發現可以應用到我們平時對課文的學習或者筆記的復習上，首先應該明確中心思想，然後盡可能舉出一些能夠說明中心思想的例子，這樣學習過的內容才不容易遺忘。

總結一點，要記得長久的東西就應該從理解的角度出發，而不能死記硬背。其實，這與我們前面介紹的記憶模型是不矛盾的。理解了的東西爲什麼容易記住？理解實際上也就是利用自己已有的知識經驗來解釋、接受它，也就是將它納入到原有的知識結構中。這與我們前面提到的將短時記憶的內容與長時記憶整合起來是一回事，本質是一樣的，表述不同而已。

7.4 遺忘是怎麼回事？

前面我們已經詳細介紹了記憶的過程，側重點是「記」的過程。不過，我們一開始介紹的卻是艾賓豪斯的遺忘規律，從某種程度上講，是先有遺忘的存在才會有記憶研究，記憶研究就是爲了理解遺忘、減少遺忘。

7.4.1 遺忘是記憶的痕跡慢慢消退的自然過程

在日常生活中，如果有人向你提及某件事情，而你卻什麼都想不起來，你可能會這樣說「那一定是老早以前的事情了吧？我早就忘了」，也就是說，我們在不知不覺中已經持有這樣的觀念：時間一長，就會忘事。這就是「記憶消退說」的觀點，而且這種觀點似乎也是合情合理。從適應的角度來看，這有點像是「用進廢退」，我們長時間不用的技能會退化。記憶也可能是這樣，剛記住的內容在我們的大腦裡留下了記憶痕跡，隨著時間的延長，這個痕跡會慢慢地衰退，如果長時間不再復習，就可能完全消失。其實，前面我們談到的艾賓豪斯的記憶規律，也叫遺忘規律，就是記憶消退說的一種證據。這種規律不只是記憶所有，其他東西也是這樣。比如我們講「遠親不如近鄰」也是同樣的道理，人的感情會因為長時間的不聯繫而淡化，而經常接觸的人，感情則是天天在加強。

7.4.2 遺忘是記憶內容的相互干擾所引起的

記憶消退說雖然合乎我們的常識，但卻未必完全正確。學習之後所經歷的時間不是唯一的決定因素。我們前面也提到了，有些技能，如騎自行車，一旦掌握了，即使幾年沒有練習也不會忘記。還有些跟我們自身有關的經歷，如童年時代發生了什麼事情，雖是經年累月，對我們而言仍然是歷歷在目。不過，如果我問你昨天中午或者前天中午吃了什麼，你可能想不起來，這與記憶的干擾有一點的關係。因為我們每天都要吃飯，雖然這些事件跟我們的關係是挺密切的，按道理我們應該記得住才是，但是在同樣的時間，同樣的地點，吃飯的次數實在太多，這些同樣的經歷相互干擾，我們就回憶不起來到底哪天吃了什麼。

不過，上面提到的吃飯的例子還不是很有說服力，因爲什麼時候吃什麼飯本身並不是一件值得我們大腦記憶的事情。這裡，我們就介紹心理學家做過的一個實驗，這個實驗足以證明干擾對我們記憶的影響。實驗是這樣做的：讓兩組人一組學習兩份材料，然後回憶其中的一份材料，另一組人只學習一份材料並回憶這一份材料。實驗分兩種情況進行，見下面圖示說明：

情況一

甲組：學習材料1→學習材料2→回憶材料1

乙組：學習材料1→休　　息→回憶材料1

情況二

甲組：學習材料1→學習材料2→回憶材料2

乙組：休　　息→學習材料2→回憶材料2

結果發現，在這兩種情況下，乙組的回憶成績都明顯好於甲組。用干擾說很容易解釋爲什麼會出現這種現象。在第一種情況下，甲組在學習材料2時干擾了已經學習的材料1，而乙組學習材料1以後沒有再學習其他內容，沒有受到干擾，所以回憶成績好於甲組。第二種情況下也是如此，不同的是，對甲組而言，先前學習過的材料影響剛剛學習的材料的記憶。心理學家把第一種干擾叫「後攝抑制」，第二種干擾叫「前攝抑制」。現在，我們再回頭看看前面談到的第二個記憶規律：最先記憶的部分和最後記憶的部分印象最深刻。這種現象很容易用干擾說來解釋。最先學習的部分只受到中間部分的後攝抑制，最後學習的部分只受到中間部分的前攝抑制，而中間部分則受到前面部分的前攝抑制和後面部分的後攝抑制，可以說是兩面夾擊，所以回憶成績最差。下圖表示干擾的方向：

這個實驗對我們的學習有什麼啓示呢？跟我們在前面提到的一樣，這裡再重複一下。首先，爲了全面記住所學習的內容，我們在復習的時候應該嘗試從中間部分開始復習。其次，注意休息，休息可以消除前後的干擾。

進一步研究還發現，前後干擾跟學習材料的相似程度有關。前後學習的材料越是相似，干擾越大，學習的效果越差。學習的材料差異越大，干擾越小，學習的效果越好。我們可以把這一點發現用於合理安排學習計畫或者課程表。最佳的學習計畫應該儘量避免相繼學習兩類相似的內容，如學習了語文後接著學習歷史，或者學習了數學後接著學習物理。理想的安排應該是在學習了語文後，接著學習一門與語文相似程度低的學科，如數學或者物理，然後再學習歷史。當然，兩門學科之間最好是留點時間來休息放鬆一下。談到學習，我們就順便提一下：先前學習的內容如果我們已經很熟悉了，那麼它對後面的干擾不會很大。不熟悉的材料和熟悉的材料間隔學習，除了減少干擾之外，也能減輕我們大腦的負擔，所以學習效果也會相對好一點。記憶規律對學習來說是很有幫助的，我們的學習過程中要善於應用這些記憶規律，把這些記憶規律轉化成學習的策略、方法。

7.4.3 遺忘是由於沒有可以依賴的線索造成的

我們曾經說過，長時記憶的容量很大，一旦記住可能就一輩子也不會忘記。不過現實生活中似乎不是這樣的，有些事情我們總是會想不起來。你可能會有這樣的體驗：遇見一個熟人，你想跟他（她）打個招呼，卻突然說不出他（她）的名字，好像就在嘴邊，卻怎麼也想不起來，你知道你沒有忘記他（她）的名字，你可以肯定地說，如果把他（她）的名字和其他人的名字擺在你面前，你能夠指出哪一個是他（她）的名字。生活中這種現象常常發生，心理學上稱之為「舌尖現象」，這種現象說明我們大腦裡確實可能存在某些東西，這些東西我們一時不能回憶出來。現實生活中還有這樣的例子，在你離開一個地方後，比如你以前待過的學校，你可能會逐漸淡忘了在這裡發生的種種事情，忘了曾經擁有的快樂童年，忘了曾經朝夕相伴的小夥伴，不過一旦你再次回到這個環境，往事說不定會像波濤洶湧般撞擊你的每一根神經，這裡的每一個角落在你的腦海裡都對應一個深藏著的故事，你感覺自己彷彿又回到了那消逝已久的快樂時光。這就是為什麼很多老人喜歡尋訪自己過去曾經生活過的地方的原因，對他們而言，不曾改變的環境記載了他們的歷史，每到一個地方就是在閱讀自己曾經寫下的一段人生，一段快樂。

一種廣為接受的觀點認為遺忘主要是因為我們找不到回憶的線索。對記憶的內容而言，記憶過程發生的時間、地點，包括你當時的心情，以及與這些內容有關聯的東西都構成了以後回憶這些內容的線索。你在回憶的時候，如果一時想不起來，你可以透過這些線索回憶出來。我們在日常生活中就是這樣引導他人回憶他已經忘記的事情。比如，你的一位同學向你借什麼東西忘了還，你向他要，他說沒有這回事呀，於是你得跟他講，哪一天、在什麼地方、還發生了什麼事情、他說了什麼、你說了什麼、誰還在場等。這些都是回憶的線索，我們就是這樣不自覺地利用線索來幫助回憶的。前面我們提到，你回到了以前生活學習過的地方就會不自覺地想起那時發生的許多事情，你來到的這個地方就構成了你回憶的線索，所有與它有關的內容在此時此地都變得呼之即來。

這樣想來，許多記憶現象也都是可以用記憶的線索來解釋的。比如，大家可能覺得做塡充題要比做選擇題難。其實，做塡充題就相當於讓我們回憶，做選擇題就相當於讓我們辨認。辨認比回憶要容易，因爲辨認本身提供的線索很明確，而且豐富，而回憶有時根本就沒有任何線索。這就是爲什麼當你想不起來時，給你點提示你就能想起來，或者乾脆把所有可能性擺在你面前，你能夠把它準確無誤地挑選出來。

讀者可以仔細回想一下，生活中就有很多這樣的例子。你想不起來某件事情，先放在一邊，不去想它，過一段時間你居然想了起來，你是怎麼想起來的呢？很多情況下都是因爲你先想到了別的事情，然後再聯想到這件事情。下一次，眞有什麼事情想不起來，別著急，也別埋怨自己，你可以試著採用尋找相關線索的方法回憶，看你是否能夠想起來。你應該爲自己有這樣一個機會來了解自己而感到高興，心理學就在生活中，我們心理過程的每一次失誤都爲我們了解自身打開了一扇窗戶。

7.4.4 遺忘的神經生理背景

記憶是基於我們的大腦，所以遺忘自然與我們大腦的神經生理變化有關，這是誰都不能否認的。但是要具體地談遺忘跟哪個大腦部位有關，這主要是神經生理學家的工作。不過，到目前為止，神經生理學家也只發現什麼物質能夠增強記憶以及哪些部位與我們的記憶有密切的聯繫，這些發現都是從整個記憶過程的角度來看，它能夠對一些病理的記憶缺陷作出解釋，還不能對我們個別的記憶現象作出解釋。當然，介紹這些發現也需要讀者有相關的知識才能理解。所以，我們也只能從一些與我們的日常有密切關係的方面入手來解釋遺忘與神經生理的關係。

我們在談到瞬間記憶的時候提到臨床上的一個發現：大腦某些部位受損，會讓人記不住最近發生的事情，而另一些部分受損會讓人記不住以前發生過的事情。這些影響可能要很長時間才能表現出來，比如，常聽一些老年人抱怨自己記憶力衰退。但是借助於藥物能夠延緩表現的時間。比如，長期酗酒、吸毒的人很容易健忘。喝酒尤其明顯，有人喝醉酒後，睡一覺，第二天醒來，前天發生的什麼事情都忘了。一些疾病也會導致記憶力衰退，如低血壓的人也很容易忘事。

關於遺忘的原因我們就談到這裡，有一點需要強調一下，以上的所有觀點不一定是自相矛盾的，它們反映的是不同的心理學家的不同角度，它們對我們理解發生在自己身上的神秘現象都有一定的幫助。為什麼要列舉這麼多不同的觀點呢？也是出於類似的考慮：既然我們不能幫助大家揭示心理最深層次的內部過程，我們就儘量提供給大家從各種角度看到的心理世界。

7.5 一些有趣的記憶現象

其實我們在前面已經談到了不少記憶的有趣現象，如艾賓豪斯的遺忘曲線、記憶的序列位置效應等，不過還有很多有趣的記憶現象我們沒有提及，如果不向大家介紹顯然會減少本章的趣味性。

7.5.1 回憶的最佳環境就是記憶時的地點

在解釋我們爲什麼會遺忘的時候，我們談到線索的重要性，其中我們就說過，如果你回到你曾經生活過的地方，你已經遺忘多年的許多往事會洶湧澎湃地湧現出來。環境是我們回憶的一個重要線索，很多情況下，你回憶不起來的事情，只要回到事件發生的情景，你又會想起來。比如，你走出家門，正想去做某件事情，沒想到卻碰上了熟人，打了招呼，聊了幾句，說再見後你忘了出來做什麼事情了，這時如果你怎麼想也想不起來，不如先回家。參加體育比賽的人都知道，訓練時成績再好，比賽時也不一定發揮得出來，因爲場合發生了變化，這也就是爲什麼在選手選拔的時候要考察到底有沒有大賽經驗。即使沒有機會參加比賽，教練也會在平時訓練的時候強調隊員要把訓練當成比賽，要想像自己就是眞的在萬眾矚目之下，心理學家證明這種想像也是有一定的作用的。其實，我們在日常生活中已經很好地利用了記憶的這一特點，只是我們沒有意識到。比如，你的朋友不開心了，有煩擾了，你可能會跟他（她）說：「出去走走吧，心情會好起來的。」換個環境，人的心境也會相應改變。可見，記憶的規律不僅是用於學習，在生活中對我們的身心健康也有很大的幫助。

環境變化對我們的學習也有影響。心理學家做過這樣的實驗：讓兩組人在兩個不同的房間裡學習同樣一份材料，學習完成以後，讓每一組人中的一半留在原來的房間做測驗，另一半到另一組人學習的房間去做測驗，結果發現留在原來房間參加測驗的人平均成績都好於去另一個房間做測驗的人。心理學上把這種現象叫做「記憶的場合依存性」。心理學家還發現，如果讓這些到另一個環境參加測驗的人想像他們就是在原來學習的環境下做測驗，通常他們都會做得好一點。這個實驗證明環境對我們的學習是有影響的，透過這個發現我們不難理解爲什麼有些同學平時學習成績雖然很好，每次參加比賽總是拿不到名次，或者參加大考，卻考不出好成績來。在學校學習期間，基本上是在什麼地方上課就在什麼地方考試，不能很好培養我們在環境中的應變能力。不過，反過來，對那些想提高成績的同學來講，如果事先知道會在什麼地方考試，不妨就到這個地方去學習，這也是利用心理學知識提高考試成績的一種方法。

7.5.2 學習到什麼程度效果最好？

我們在背誦或者記憶某些學習材料的時候，常常是背到剛剛能夠回憶出來爲止，以爲自己差不多已經記住了，其實，隔不了多長時間又會忘記許多內容。在知道了艾賓豪斯的遺忘曲線之後就能明白這是不可避免的，遺忘曲線告訴我們，學習過後還要不斷地復習。那麼復習到什麼程度才不會忘記呢？有沒有什麼方法可以讓我們記住以後不會再遺忘？心理學家發現如果你學習材料時，記住以後再繼續學習幾遍就不太會遺忘了。艾賓豪斯當時做實驗是學習到剛剛能記住爲止，所以他不知道這個道理。那麼，到底要多學習幾遍呢？一般來講，如果你在學習了十遍才記住材料的話，再學習五遍就可以了。也就是說，學習的程度達到150％時效果最佳。讀者如果不喜歡定期復習的話，可以試試這個方法。

7.5.3 記憶的自我參照效應

我們在學習新東西的時候，常常會將這些東西與自己聯繫起來。醫學院的學生常常碰到這種情況，每當老師介紹一種病症的時候，學生總免不了會先想到自己是否出現過類似的徵兆，如果不巧有兩三點看似符合，就開始驚慌，懷疑自己是否已經病入膏肓，其實自己一點事都沒有，有人把這種情況叫做「醫學院學生綜合症」。我們在學習新東西的時候也常常是這樣，如果學到的東西與我們自身有密切關係的話，學習的時候就有動力，而且不容易忘記。因爲我們在回憶有關自己的事情時，最不可能出現遺忘，我們把這種現象稱爲記憶的「自我參照效應」。在介紹加工水準說的時候我們做過小實驗，當時只做了讀音、字型和意義這三方面的記憶效果比較。有些心理學家認爲自我參照就是最高水準的加工。在上面的小實驗裡，如果我們問的問題是「這個詞與你有什麼聯繫沒有？」你就會發現回憶最多的就是問過這樣問題的詞彙。

這個記憶現象除了在我們的日常生活和學習中可以發揮作用之外，也可用在廣告中。有這樣一個研究，讓被試者看一則照相機的圖片廣告，然後分別問他們三個問題：這張圖片有沒有紅色、這是什麼、你用過這種產品嗎。過後，讓被試者回憶照相機的牌子，結果被問過第三個問題的人回憶得最好。很顯然，第三個問題與我們自身有直接的聯繫。

7.5.4 特殊事件——不隨時間消逝的記憶

我們講過，如果長時間不用，遺忘是不可避免的。我們也講過，如果提供一定的線索，我們可以提取出任何我們幾乎已經回想不起來的事情。但是，有些事情卻是我們一輩子都不會忘記的，這些事情發生時你在做什麼，你都能一清二楚，甚至當時的情感，現在回想起這件事情的時候都會一併引發，它就像是被永遠定格了的照片一樣，長久鮮明地保留在我們的腦海裡，心理學上稱之為「閃光燈記憶」。

美國心理學家做過很多這樣的調查研究。他們在甘迺迪遇刺、馬丁·路德·金恩被殺、挑戰者號失事後馬上對一部分人進行調查，問他們知道這個消息的時候正在做什麼，十年、二十年甚至三十年以後讓他們再次回憶時，他們仍然很清楚地記得當時的情景。我們沒有做過這樣的研究，但是我們的經歷或許也有助於我們理解這種現象。最近幾年來的幾件大事，如一九九七年香港回歸慶典、一九九九年台灣九二一大地震、二〇〇一年美國九一一事件，讀者或許還能夠回憶起知道這些消息前後自己正在做什麼。這些事情離我們還是比較近，不過隔上幾十年應該還是回想得起來。

7.5.5 前瞻性記憶

到現在為止，我們講的都是對已經過去的事情的記憶，我們研究得比較多的也就是這種記憶。然而在現實生活中，我們常常要記的是將來的事情。比如，什麼時候要給某人打個電話、幾點必須吃藥、幾點開會、哪一天要考試等。我們把這種在某個特定時間要做某事的記憶稱作「前瞻性記憶」，與之相對的是我們前面講的記憶，稱爲「回顧性記憶」。這兩種記憶有很大的不同，回顧性記憶好的人，前瞻性記憶不一定好，反過來也是一樣。我們前面已經講過，過去發生過的事情會隨著時間的流逝而逐漸消退。對前瞻性記憶來說，並不是離現在越遠的事情越容易忘記。心理學家發現，讓一個人記住一個月後要寄一封信與讓他兩天後去寄一封信的記憶效果是差不多的。有時我們感覺預定要做的事情離現在越遠好像越不容易忘記，反而是那些馬上就要做的事情容易被我們忘記。不過這也常常是發生在我們聚精會神、或者心不在焉、或者有時間壓力的時候。其中，心不在焉的情況更多一點，特別是在熟悉的環境，如家裡、學校、工作單位裡。有時，你要打電話給張三，因爲只想著要跟他講什麼，結果卻撥了李四的電話號碼。有時，你可能會因爲看一份報紙而在上床時忘了脫掉拖鞋。有時，你可能在家裡想一個問題而不知不覺從一個房間走到另一個房間，卻忘了自己要做什麼。其實你還可以發現，我們常常忘記的並不是什麼時間，而是要做什麼。在日常生活中我們常有這樣的體驗。你記得你要做一件事情，但就是想不起來要做什麼事情。另外，這種現象也往往出現在你經常做的事情上。有人做了這樣一個實驗：讓學生每星期寄一張賀卡，連續寄七週，一批學生每星期寄卡的時間都不同，另一批學生則是固定每個星期三寄卡。結果發現，要求每個星期三寄卡的學生更有可能忘了寄卡。

考考你：

1.你都知道哪些記憶規律？如何在學習生活中利用這些規律？

2.瞬間記憶、短時記憶和長時記憶都有什麼特點？

3.如何利用加工水準說來增加記憶效果？

4.如何在學習的過程中利用記憶的場合依存性？

5.如何利用記憶的自我參照效應來增進記憶效果？

6.看完本章後，你認爲哪些部分對於你在學習生活中克服遺忘是有幫助的呢？

思維

一個不想思考的人是頑固者，一個不能思考的人是傻瓜，一個不敢思考的人是奴隸。

——杜倫孟德

浴盆中的阿基米德

人類是萬物之靈，在達爾文之前，沒有人會對這個論斷產生懷疑，達爾文的論斷對人類的自尊心是一次沈重的打擊，我們不得不開始來衡量一下到底人與其他動物是不是能夠區分開來，希望能找到一點慰藉，於是就有了很多關於人與動物區別的觀點。有人認爲人類區別於動物的地方在於人是群居動物，可是也有一些動物是成群結隊的。有人認爲語言是人類特有的現象，可是我們又聽不懂其他動物發出的聲音，而且有些聲音還是我們聽不到的，我們又怎麼知道牠們沒有語言呢？倒是人比起其他動物來有許多的不足：跑不快、感官不靈敏、力氣不大、身體不夠靈活……儘管有這樣那樣的缺陷，但我們卻在自然界的殘酷生存競爭中脫穎而出，並締造了燦爛的文明。所憑藉的是什麼？我們靠的就是我們的頭腦，具體一點就是我們的理性、我們的思考能力、我們的創造能力。也就是說，我們就是靠著自己的頭腦搬出了原始森林，遠離了其他動物，將自己與其他動物區別開來的。我們要繼續前進就必須重視對自己頭腦的開發，這也是我們研究思維的意義。

我們對思維的了解還很膚淺，不過科學家現在至少已經懂得如何區分各種思維能力了，所以我們在下面就不講思維了，我們會講得更具體一點，把思維叫做推理、判斷、決策、問題解決等。在詳細探討這些部分之前，我們有必要先介紹我們思考的內容——概念。

8.1 概念與分類

什麼是概念？舉個例子，有人問你，什麼是人？你在腦海裡絕對不會浮現出一個具體的人。你想像的只是一個人的架構，宛如一個剪影，是從你所見到的人的樣子中抽象出來的一個形象，這就是「概念」。形成概念也就是「分類」，因爲我們用了同一個概念、同一個符號來表示一些事物，就是把這些事物視爲同一類。

那麼，我們是按照什麼原則來形成概念的呢？我們通常是將相似的東西歸爲一類，比如，我們將犛牛、水牛、黃牛都叫做牛。還有一些因素比外表的相似更重要，我們就是按照特徵的重要性來分類的。

形成概念或者分類有什麼意義呢？從功能看，有助於我們對事物的認識、預測。想想看，如果沒有分類，我們就不得不一個一個地認識事物，這樣即使我們窮盡一生也不可能做到認識所有事物。但是有了歸類就不一樣了，一個分類只要認識一個，就可以推測我們還沒有接觸過的另一個。比如，一種植物的果實放在你面前，你以前從來沒有見過，如果有人跟你說這是水果，你就馬上意識到這是可以吃的。

當然，我們的分類也不是一成不變的。不同的種族對事物會有不同的分類，有時這與生存環境有關，比如生活在北冰洋附近的愛斯基摩人，他們的語言裡關於雪的詞彙就有很多，用來描述不同的雪。

8.2 推理

8.2.1 哲學家的推理

推理，又稱邏輯推理，是指從已知條件推導出未知結論的過程。它常被區分爲歸納和演繹兩種推理。歸納，簡單地講就是從特殊到一般的推理，也就是從許多特例中總結出一般性的普遍規律。舉個例子，你發現你所認識的很多東北人酒量都很大，於是你就可能得出這樣的結論：凡是東北人都會喝酒。演繹則相反，是從一般到特殊的推理，先有一個普遍規律，然後從這個規律推導出特定的事例。比如，你知道凡是東北人一定會喝酒，張三是東北人，那麼他一定會喝酒。

但是，我們一般不能保證這些結論永遠是正確的。就前一個例子而言，我們不可能考察所有的東北人，只要發現一個東北人不喝酒，那麼我們的結論就得修正了。對後一個例子來講，如果我們不能保證前提，也就是東北人都會喝酒，是正確的，那麼，我們也不能肯定後面的結論是正確。科學研究以及我們的許多經驗都是透過歸納得到的，也就是透過觀察各種各樣的現象得出一個共同的結論，但是我們不可能考察所有的可能性，所以這些發現都只是可證僞，而不能證實的。而在解決問題時我們用到的就是演繹推理了，也就是利用以前總結的規律來幫助我們將未知轉化成已知。

8.2.2 心理學家的推理

以上我們簡單介紹了哲學家探討的推理，他們主要把重心放在推理上，研究推理都有哪些形式、推理的步驟以及如何進行推理。心理學家對推理的研究與哲學家不一樣，他們把重心放在人身上，探索人們在日常生活中是遵循什麼規則來進行推理的，以及我們在推理中爲什麼會犯錯誤。

什麼是我們日常生活常用的推理呢？每一天，我們都在不知不覺地運用推理，比如，「如果明天不下雨，我們就去踢球」、「如果不出現意外的話，我會在一小時內到達」、「想玩遊戲，必須先完成作業」…… 我們在日常生活中頻繁使用的就是諸如此類的推理，先滿足一定的條件才能實現後面的目標，我們把這種形式的推理叫做「條件推理」。

心理學家設計了一系列的條件推理實驗來研究人是如何進行推理的，Wason選擇作業是一種比較著名的實驗，讀者也可以在我們介紹了問題之後停下來想一想，試試自己會如何推理。實驗是這樣做的：給自願參加實驗的一組人看四張卡片，這四張卡片分別是A、K、4、7，如下圖，然後告訴他們這些卡片兩面都有字，一面是英文，一面是數字，它們按照這樣的規則製作：如果一面是母音，另一面一定是偶數。請問至少要翻哪幾張卡片才能檢驗這個規則是否被遵守了？

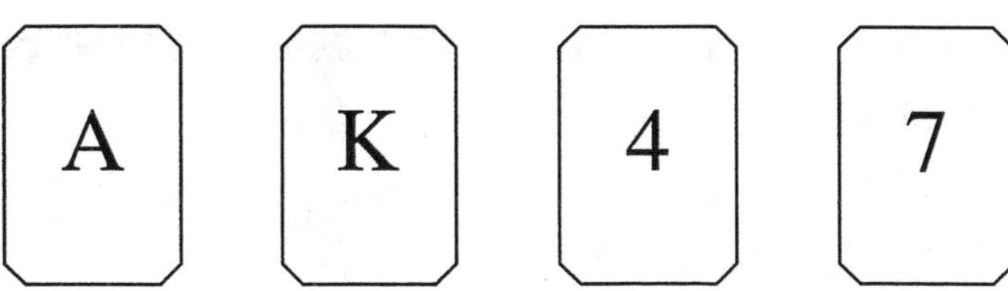

你會選擇翻看哪幾張卡片呢？大部分人翻看了A和4這兩張卡片，不過正確的答案是A和7，爲什麼呢？根據規則，如果卡片的一面是母音，那麼另一面肯定是偶數。但這並不等同於一面是偶數另一面肯定是母音。知道定律、否定律、逆定律和逆否定律之間關係的人能夠很快明白這一點，一個正確的規則只能告訴我們它的否定並且相反的規則也是正確的，但並不能保證否定的規則或者相反的規則也是正確的。這就是很多人犯錯誤的原因。現在A是母音，如果它背面不是偶數就違反了規則，所以應該檢驗；K本來就不是母音，即使它背面是偶數也不違反規則，所以不必檢驗；4是偶數，就算我們知道它的另一面不是母音，還是不算違背規則；7是奇數，如果它後面是母音，那麼就違背了規則，所以這是我們應該檢驗的。在實驗中只有10％左右的人選擇正確。你是否在這10％之中呢？

爲什麼會有那麼多人選錯呢？我們不是爲自己的理性、善於思考而自豪嗎？有人把這歸咎爲人傾向於選擇正面的例子有關。你可以試著跟你的同學或朋友做下面這樣一個遊戲，先給他們看三、四個數字，比如2、4、8，然後告訴他們這些數字是按照某一規則排列的（假設這一規則是：從小到大順序排列），讓他們把自己所認爲的規則寫下來，然後給他們三次機會提出一串數字排列來問你是不是符合這個規則，以檢驗和修正他們起先所認定的規則。你會發現，如果有人認爲這些數字遵循2的N次方規則，那麼他往往會問你諸如4、8、16或者1、2、4這些正面的例子是否符合規則，而不太會想到要問你1、2、3或者5、3、6等等這些會否定自己想法的數字排列。我們在日常生活中就是這樣，在眞相不明之前我們總是會去尋找一些能夠證明和支持自己想法的例子，而不太會去找否定的例子。

另一個可能的原因是我們的卡片實驗與現實脫節，不是我們所熟悉的，所以我們會出現推理錯誤。心理學家將上面的四張牌換成四張個人資料卡，一面寫的是年齡，另一面寫的是所喝的飲料，我們看到的是這四個面：喝酒、喝可樂、二十二歲、十六歲。現在問你，按照要喝酒必須滿十八歲的規則，你認爲至少應該檢查哪幾張資料卡？這個問題的形式和上面一個是一樣的，只是內容改了，結果大部分人都選對了。

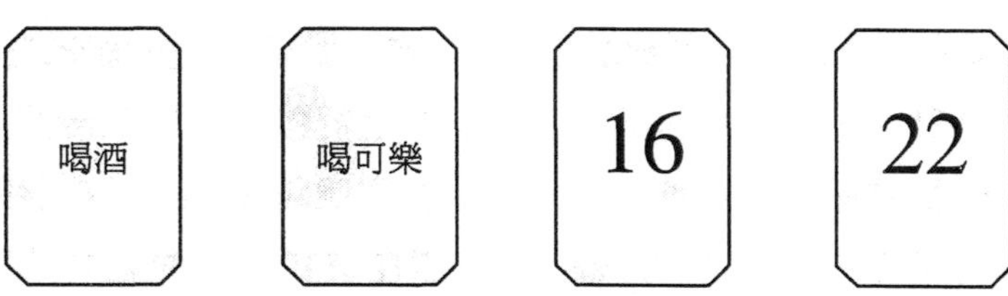

心理學家認爲人並不是按照哲學家提出的一些抽象的規則來推理，人的推理受到情景的影響，這些情景是否眞實、是否具體都會產生不同的結果。人的推理是如此依賴於環境，以至於有些心理學家懷疑人的推理行爲只是對經驗的回憶。顯然，如果我們能夠抽象推理的話就不會犯上面的錯誤。但是，如果我們眞的是依靠經驗的回憶，那麼學習對我們來說就可能是很耗時間的一件事情。有些人認爲人是依據規則來推理的，只是這些規則不是抽象的，而是我們在經驗中慢慢歸納出與某個目標有關的、局限在某些事情上的規則。比如，我們從小就在父母長輩的諸如「要做什麼、要得到什麼、必須怎麼樣」的要求下慢慢歸納出這一類與「允許」有關的規則，我們的推理能力就是這樣慢慢培養起來的。這種觀點也不一定正確，推理本身就是一個爭論不休的議題，所以我們也不打算在這裡談太多。我們會在問題解決部分再次涉及到推理，因爲推理是我們在問題情景中披荊斬棘時必不可少的一把利劍。

8.3 判斷與決策

決策就是決定，它也是思維的一個重要方面。我們在日常生活中就常需要做各種各樣的決定，例如，買東西時你經常得決定要買哪一個牌子的產品、吃飯時你也得決定要吃什麼、天氣不好時你得決定要不要帶傘、同學要去旅遊時你得決定要不要一起去等等。我們的一生也是面臨著許多大大小小的決定，我們得決定上哪一所學校、從事什麼樣的工作、跟誰結婚、買什麼房子等等。

8.3.1 人的決策是不是理性的？

早期的經濟學家假設人會在充分考慮得失之後選擇對自己有最大利益的決定，也就是說人在作決定時是非常理性的。但是，這並不符合我們的常識，生活中莫名其妙的選擇還是經常發生，要不我們就不會有所謂的「衝動」、「緣分」、「昏了頭」之類的詞彙了。心理學家發現我們在作判斷和決策時會因爲考慮的角度不同而做出不同的選擇。下面是心理學家做的一個有趣的決策問題的研究，讀者也可以試著做出判斷，我們會在後面提供可以對照的結果。

假設某個地區出現了一種罕見的疾病，估計會造成六百人喪生。有人提出兩種方案來對付這種疾病，並且對採取這些方案的後果分別進行了評估：

方案一：可以拯救二百人。

方案二：六百人全部獲救的可能性有三分之一，一個也救不了的可能性有三分之二。

如果讓你決定，你會選擇哪一個方案？

同樣的情況，如果這兩個方案分別是：

方案一：四百個人會喪生。

方案二：一個都沒死的可能性有三分之一，全部死亡的可能性有三分之二。

你會選擇哪一個方案？

兩種選擇情景實際上是一樣的，只是表述不同。一個從生還的角度來描述方案，一個從死亡的角度來描述方案。結果發現對這兩種情景，參與實驗的人反應差異很大。在第一種情景下，72％的人選擇方案一。而在第二種情景下，78％的人選擇方案二。你是怎樣選擇的呢？

上面的實驗，方案一都是比較明確的選擇，而方案二則是比較冒險的選擇。在兩種不同的描述下，大部分人都做出了不同的選擇，這是爲什麼呢？心理學家認爲，這是所站立的得失角度不同所造成的判斷扭曲。當我們考慮到我們能得到什麼時，我們傾向於選擇肯定得到的。當我們考慮的是會失去什麼時，我們可能願意冒一定的風險。

上面的實驗中兩個方案基本上是相同的，所以還不是很明顯能夠看出人在面對得失時的差異。下面這個例子或許會讓我們看得更清楚一點。當你面臨兩種選擇：一是肯定拿到八十元，二是有85％的機會拿到一百元，你會選擇哪一個？大部分人選擇拿八十元，儘管冒一點點風險就能拿到更多，還是沒有多少人願意冒這個風險。如果面臨的是這樣兩個選擇：一是你肯定會失去八十元；二是你有85％的可能性失去一百元，但也有15％的可能性一分錢都不會賠掉，你選擇什麼？很多人會選擇搏一下，儘管可能會失去更多。

得失的角度差異，這不僅僅是造成我們決策失誤的可能原因，實際上也是我們每一人都會有的賭博心理。當你什麼東西都沒有時，你可能會選擇搏一搏，當你已經確定有了什麼之後，你就會小心翼翼地行事。所以這不是我們的決策錯誤，把它看成是一種生存策略或許更合適一些。

8.3.2 人是依照什麼法則來決策的？

不管是否合理，我們在作決策時總是會依照一定的準則和經驗的。研究顯示，這些經驗法則可以歸爲三類，分別是代表性法則、可利用性法則和錨定和調整法則，下面我們詳細介紹。

1. 代表性法則

在我們的經驗中總有一些特徵你認爲是與某些事物有比較緊密的聯繫。舉個例子，在你的印象中，你可能會認爲藝術家應該是什麼樣子的，商人又會是什麼樣子，所以如果我告訴你某人不修邊幅、熱情但不善與人交往，讓你判斷他到底是藝術家還是商人，你可能會毫不猶豫地選擇藝術家，即使我告訴你，他生活在一個商業高度發達的城市，你最初的判斷也不太會更改。因爲我們的經驗或者說是我們的刻板印象告訴我們，不修邊幅是很多藝術家的一個特徵。我們這類代表性經驗很多，比如一說到護士，你就會想到是女的，一說到法官，你就想到是男的。

2. 可利用性法則

在很多時候，我們判斷一件事情或一類事件發生的可能性，往往是以我們能夠回想到的這類事件的多寡來決定的。例如，你認識的很多人都感冒了，你會覺得現在感冒在流行。你發現最近電視經常報導地震，就會懷疑今年地殼是不是活動頻繁。不過，有時我們會因爲事件的熟悉度和影響力而做出錯誤的判斷。比如，我們在「記憶與遺忘」一章講到的，我們會因爲認識的幾個老年人的記憶力不好，就認爲所有人一上年紀就會健忘。我們在做出判斷時常常會想到我們身邊熟悉的人和物，因爲這些比較容易想到。我們常常覺得飛機不安全，實際上飛機比其他交通工具要安全得多。只不過飛機失事時死傷比較慘重，影響較大，給我們的印象較深刻，所以我們很容易就想起來，這就造成了判斷錯誤。

3. 定錨和調整法則

你可能碰到這樣的情況：你到商店去買一個皮包，你告訴售貨員你在找什麼，售貨員會先推薦給你一種產品，然後再根據你的需要和喜好慢慢選出你滿意的產品。很多時候，我們在對情況不是很明確的時候，我們往往會先作一個評估，然後再根據我們對情況的逐漸了解不斷做出調整。其實中醫在看病時經常就是這樣，先會診一下，判斷可能是什麼病，然後開一些藥讓病人吃，如果病情有所好轉，說明判斷沒錯，可以用大劑量了，如果病人還是老樣子，或者反而惡化了，說明判斷失誤，應該採用別的方法治療。應該說這種法則最後通常還是能夠給我們一個合理的答案。但是，有時我們也會受第一次判斷的影響，而出現調整不足。比如前面那個例子，售貨員先給你看一件最貴的商品，相當於給你定了一個錨定，你再看其他商品時總難免會跟它比較，這樣你先前覺得貴的東西現在就不覺得了，這樣就出現了調整不足，買了偏貴的東西。下面就是一個關於定錨調整法則的小實驗，讀者可以試試：

> 將下面兩個乘法題分別抄在不同的紙條上，然後找五位同學讓他們在五秒鐘內估計第一道題目的結果大概會是多大，另外找五位同學估計第二道題目。分別去掉最高和最低的一個數，比較一下哪一組作出的估計大。
>
> A. 8×7×6×5×4×3×2×1
>
> B. 1×2×3×4×5×6×7×8

以上的種種判斷錯誤告訴我們，即使以最大利益爲判斷標準，我們也不一定能夠做出正確的選擇。諾貝爾經濟學獎得主、也是著名心理學家的西蒙（Herbert Simon），提出人的「有限理性」的觀點，認爲人們的認識是有限的，因此往往會以更簡單、更節省腦力的「滿意原則」取代「最佳原則」。這有一定的道理，我們在日常生活中的種種判斷與決策往往是有時間限制的，很多時候容不得我們想清楚了再作決定，所以也只能追求讓自己滿意就行了。

8.3.3 影響決策的因素

前面已經提到，參與決策的人數多少以及刻板印象（在這裡也可以說是偏見）會影響決策的結果。前一種情況是因爲人多了，每個人所承擔的責任小，可能就會認爲自己的決策影響不是很大，而選擇冒險的決定，這正所謂天塌下來大家頂著。如果大家都這麼想，那麼整個決策結果就有可能比一個人單獨作出決策更有風險。後一種情況是因爲我們在日常生活中總會形成某一類人是什麼樣子、或者某一類事物應該是什麼樣子的固定模式，這對我們迅速把握一個人、一件事情確實是有幫助，但是特例總是存在，或者說我們的認識總難免有局限性，這時就會出現判斷失誤。除此之外，影響決策的還有其他一些因素，比如年齡、性格、觀念等。

8.4 問題解決

我們已經介紹了推理和決策，現在可以來談談問題解決了。每一天，我們都會碰到各種各樣的問題，你是如何解決這些問題的呢？可以說，能否解決問題是我們最關心的。我們在前面提到的兩種思維能力，包括前兩章談到的感知覺和記憶都是爲了解決問題這個最終目標服務的。我們在學校接受教育的目的也可以說是爲了培養我們解決問題的能力，科學家的科研工作也是爲了解決問題。

8.4.1 問題的三個特徵

那麼，什麼是問題？我們在這裡所講的問題不是學校裡老師提的問題，而是科學家眼中的問題，說白了，就是光靠回憶不能找到答案的問題。我們所指的問題有這樣三個特徵：(1)有一個開始狀態，也就是我們已經知道什麼；(2)有一個目標狀態，也就是我們要達到什麼；(3)開始狀態到目標狀態之間存在障礙。存在障礙是我們所說的問題的重要特徵，沒有障礙就不能算是問題，比如讀一段文章、算幾道算術題不是什麼問題，那些你已經解決過、看到後能夠馬上想起怎麼做的，也不算問題。

8.4.2 理解問題的重要性

清楚了什麼是問題以後，我們可以開始問題解決的歷程了。在解決問題之前，首先要做的就是理解問題。雖然在理解的過程中我們沒有使問題出現過什麼轉變，但這卻是問題解決中非常關鍵的一步。心理學家發現，那些擅長解決問題的人，或者某些領域的專家在解決相關的問題時總是要花比其他人更多的時間在對問題的理解上。充分了解問題的已有條件，找出與目標條件之間的距離是理解問題的要務。

8.4.3 表示問題的方法

在解決問題時，我們常常要借助一些方法來重新組合問題情景，以幫助我們解決問題，有時適當的表示方法能夠發揮事半功倍的效果。下面是常見的一些表示方法：

1. 符號

我們所用的文字、數字就是一些符號。在思考問題時，我們可以將問題轉化成符號，這樣可以使問題變得更方便加工和操作。請看下面的例子：

★雞兔同籠問題

將雞和兔關在同一個籠子裡面，已知籠子裡共有二十三個頭，七十六隻腳，請問雞和兔子分別是幾隻？

★年齡問題

劉偉比王明大八歲，五年前劉偉的年齡是王明的兩倍，請問兩人現在分別是幾歲？

看了上面的題目，小學生或者是只學過算術的人還得費一番腦筋，轉幾個彎才能找到答案。但是，對於一個學過代數的人來講，只要列一兩個等式就能很快解決問題。對第一問題，我們可以先把問題用字母符號表示，假設雞有X隻，兔子有Y隻，根據已知條件可以列出如下兩個等式：

$$X + Y = 23$$

$$2X + 4Y = 76$$

透過解這個二元一次聯立方程式，就能很快得出$X = 8$、$Y = 15$。解出來以後，再把符號轉化成文字：雞有八隻，兔子有十五隻。如果你不用符號，你也可以解決這個問題，試試看，然後比較一下用符號表示有什麼好處。符號表示的優點就是有時你可以在對問題還不了解的情況下，將每一個已知條件用符號表示出來，從而可以更清楚地看清它們之間的關係，尋找答案。有關問題的答案請查看本章最後附錄。

2. 圖示

圖示也是常用的方法，我們在解決問題或者做計畫時常常喜歡拿筆在紙上畫畫，因爲圖示除了跟符號一樣可以減輕我們記憶的負擔之外，它還有使問題清楚明瞭的作用。圖示的方法有很多種，下面我們有選擇地介紹幾種，讀者在學習生活中也不一定就局限在這幾種作圖法上，可以根據自己的熟悉程度和所面臨的問題的需要畫圖。

層級圖　假設你跟兩個小朋友——明明和冬冬，玩投幣遊戲。你每次投三個硬幣，如果硬幣的正面朝上，這枚硬幣就歸明明所有，如果硬幣的背面朝上就歸冬冬所有。請你估計一下一位小朋友一次拿到三枚硬幣的可能性有多大。面對這個問題，沒有學過機率的人就可能會犯愁了。但是，如果你用像下面這樣作圖分析也能很快得出答案。

	第1枚硬幣	第2枚硬幣	第3枚硬幣	可能的結果 明明	可能的結果 冬冬
開始	明明	明明	明明	3	0
			冬冬	2	1
		冬冬	明明	2	1
			冬冬	1	2
	冬冬	明明	明明	2	1
			冬冬	1	2
		冬冬	明明	1	2
			冬冬	0	3

運用層級圖解決問題

從上面的層級圖可以很快看出，硬幣有八種可能的分配方式，在這八種分配方式中，明明和冬冬全拿到三枚硬幣的可能性各一次，因此問題的答案應該是25％。

圖表法　先看下面的推理問題：

★小孫得了什麼病？

五個人同住在一家醫院裡，每個人都患一種與其他人不同的病，而且每一人都單獨占用一個房間，房間號碼從101到105，請根據下面的表述找出小孫到底得什麼病，住哪個房間。

1.住在101的人得的是哮喘。

2.老李得的是心臟病。

3.小王住在105。

4.老吳得的是肺結核。

5.住在104的人得的是骨質增生症。

6.小張住在101。

7.小趙住在102。

8.還有一個病人得的是膽囊炎，這個人不是小孫。

不要說回答問題了，就是讓你記住這些病症都是一件不輕鬆的事。這時，我們肯定是需要動筆記下人、病症與房間之間的對應關係了。用圖表是再恰當不過了，下表是我們用圖表顯示的已知條件。

101	哮喘	小張
	心臟病	老李
	肺結核	老吳
104	骨質增生	
	膽囊炎	

從圖表我們可以馬上看出小孫得的是骨質增生症，住在104房間。從圖表與已知條件的對照我們還可以看出，上面八個條件還有二個沒有用到，這些多餘的條件有時反而會增加我們記憶的負擔，讓我們在尋找答案時多花時間。

座標圖　有些題目不是用上面介紹的表示法所能表示的，但若用了座標圖卻能夠很快解決問題。下面是這樣一個題目：

> 一寺廟坐落在山頂上，從山頂到山腳下只有一條小路，廟裡的和尚每隔幾天就要下山一次。有一天早上，太陽剛剛升起，一個和尚從山頂出發，沿著這條小路走下山，他雖然是走走停停，停停走走，還是在中午時分到達山腳下。到了山腳下，他走村串户地化了幾天緣。然後，也是在一天早晨太陽剛剛升起的時候，他開始沿著原來的小路回去，因為上山不比下山輕鬆，所以他時而快、時而慢，肚子餓了就停下來吃點乾糧，直到太陽快落山時才趕到了山頂。請問，在這條路上找得到這個和尚兩次經過的時間相同的地點嗎？

這個題目沒有任何可用的資料，不過只要求你證明是否存在一個符合條件的地點。很顯然，用上面介紹過的方法是沒辦法表示的。用了座標圖就能很快看出答案，請看下圖：從圖中我們可以知道和尚肯定會在某一點上經過的時間相同，而且只有一點。

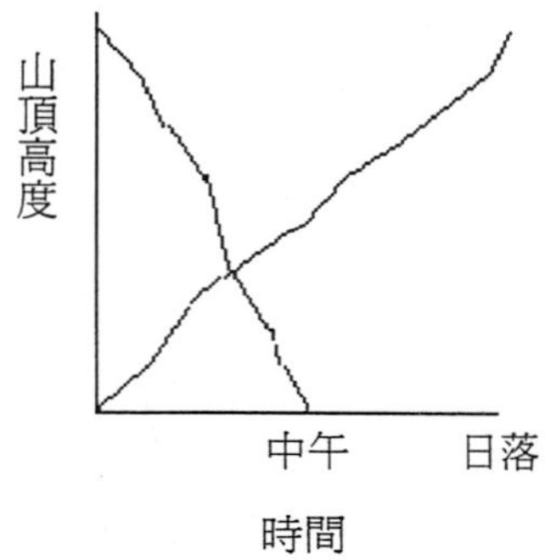

8.4.4 一般問題解決方法

一旦我們理解了問題，而且用合適的方法將它表示出來，那麼接下來就是怎麼解決問題了。很多時候，我們不能像上面所介紹的那樣，用了一種表示法就馬上能夠發現答案。這時候，我們應該怎麼辦呢？比如，上面的雞兔同籠問題，如果你沒有學過代數，不懂得怎樣用符號來表示問題以及如何操作這些符號，那麼你能採取什麼方法呢？有一種辦法絕對可以幫助你得到正確的答案，你可以將雞和兔的各種組合列出來：一隻雞和二十二隻兔有多少隻腳，二隻雞和二十一隻兔有多少隻腳，三隻雞……這樣一個一個核對，肯定能夠找到答案。這種方法叫做窮舉法，就是把所有的可能性都列出來，看看哪一個符合要求。不過這種方法只有用在可能的組合不是很多的情況下，否則太費時間而且繁瑣，只有電腦才這樣解決問題，我們不到萬不得已是不會採用這種方法的。那麼，我們還有什麼方法可以使用呢？下面是心理學家總結出來的一些常見的問題解決方法，這些方法若是應用得當，能夠幫你省去不少時間和精力。

1. 目標分級法

我們也稱它爲手段一目標分析，就是在理解問題的基礎上，確認要解決問題必須先達到哪些條件，然後將這些條件作爲我們解決問題的子目標，逐步解決這些子目標，從而達到解決整個問題的總目標。我們在日常生活中經常採用這種方法，舉個簡單的例子，你要寫一篇介紹雨是怎樣形成的科普文章，你首先得確定你知道多少，如果你自己還不是很清楚，你可能會想到去圖書館查找相關資料，那麼圖書館怎麼走又是一個問題了，到了圖書館，你開始找資料……在整個問題的解決過程中，你要先達到某些目標然後才能解決問題。這種方法不僅僅用於處理日常事務，也適用於很多問題，如科學研究、遊戲、邏輯推理題等等。下面就是一道有趣的邏輯推理題，請你分析一下，如何逐步解決問題。注意，有時你可能要先遠離最終的目標才能完成任務。

★渡河問題

三名傳教士和三個野蠻人同時來到一條河邊，他們都想過河到對岸去，可是河邊只有一艘最多只能同時載兩個人的小船。在過河的過程中，必須保證河兩邊的傳教士人數不少於野蠻人，否則野蠻人會把傳教士吃掉。他們應該怎樣才能安全過河呢？

2. 後退法

這種方法就是在已經知道問題目標的情況下，從目標反推到開始點。你如果玩過走迷宮就知道，如果從開始點出發，你會碰到很多分叉點，很容易走入死胡同，如果你是從終點開始走到起點，你能夠很快找到正確的路徑。

3. 腦力激盪法

這是一種發散性思維方式，指的是在問題解決的過程中，先儘量想出各種各樣的問題解決方法，然後再比較一下這些方法哪些用來解決問題比較合適。所謂激盪，就是要求在搜索問題的解決方法時先不管這個方法是不是合理，頭腦完全採取一種開放的狀態，想到什麼就記下來。這種方法往往能夠產生一些具有創造性的解決方案。在寫作、設定計畫和方案時比較有效。

4. 排除法

這種方法就是透過排除其他肯定不能達到要求的方案，逐步縮小我們搜索問題正確答案的範圍，從而解決問題。這種方法用於選擇題非常有效，特別是當選項中有幾個我們不能確定是否正確時，採用排除法可以提高我們選擇的命中率。舉個例子：

> 下面哪個城市不在美國？A：紐約；B：芝加哥；C：坎培拉；D：西雅圖。

如果你不知道坎培拉在哪個國家也不要緊，你只要把已經知道肯定是美國城市的選項排除掉也可以找到答案。

5. 嘗試錯誤法

當問題的答案只有幾種可能性，但你卻不知道怎麼解決問題時，你可以一個一個地嘗試每一種可能性，先假設答案是什麼，然後檢驗一下是不是符合條件，不會產生前後矛盾。實際上，這也與我們前面講到的窮舉法是一樣的，是窮舉法在特殊情況下的應用。下面是一道密碼問題，讀者的目標就是算出每一個字母代表哪一個數字，剛開始需要你運用推理的方法確定幾個字母，如果到最後剩下幾個字母不能確定可以採用試誤的方法。

$$\begin{array}{r} \text{S E N D} \\ +\ \text{M O R E} \\ \hline \text{M O N E Y} \end{array}$$

6. 特殊化法

有些問題我們如果按照一般的推理過程慢慢推算要花很長時間，而且很費精力，如果你將問題特殊化，或者極端化，你就能很快發現要解決問題該如何著手。下面也是一道著名的河內塔問題：

> 三根立柱，三個中間有洞的圓盤，你的目標就是把三個圓盤從柱1搬到柱3，要求一次只能移動一個盤，而且在搬動圓盤的過程中必須保證小盤可以放在比它大的盤上，但大盤不能放在比它小的盤上。請你用最少的步驟完成這個任務。

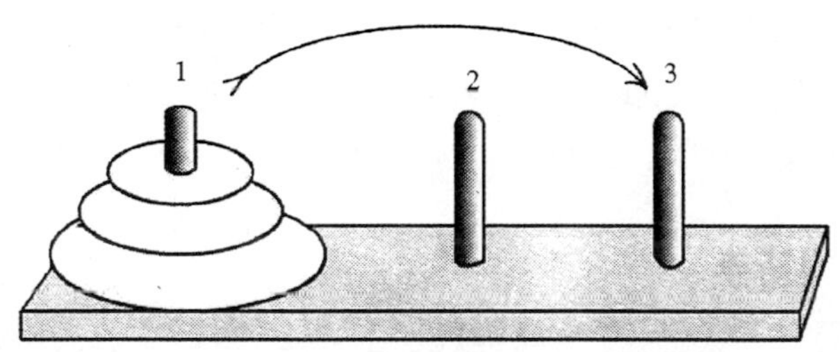

上面是三個盤的情況，最少是七步。你試試看，如果同樣是三根立柱，不過卻有四個盤時，最少需要幾步？如果是五個盤呢？六個盤或者更多呢？你會發現要達到最少步驟，必須首先確定第一個盤應該放在柱2還是柱3上，如果你第一步是隨便放的，你可能到最後才發現還要倒退到最初的狀態才能完成任務。那麼怎樣確定第一個盤應該放在什麼地方呢？你可以假設只有一個盤的情況，這時可以直接移到柱3，也就是第一個盤應該放在柱3上，兩個盤時第一個盤應該放在柱2上。這樣你很容易就可以推測奇數盤時，第一個盤應該放在柱3上。

其他解決問題的方法還有很多，比如簡化法、一般化法、運用規則法、類比法等。這些方法讀者在學習和解答各類知識的時候都會了解到，我們的目的是介紹與問題解決有關的心理學因素，所以在這裡就不多說了，讀者可以閱讀其他書籍了解到更多的問題解決策略、竅門。

8.4.5 影響問題解決的因素

影響問題解決的因素是心理學家非常關注的一個方面。心理學家對我們人類所犯的錯誤非常感興趣，在他們眼裡所有錯誤都是有原因的。在當前腦科學還不能告訴我們太多我們迫切想了解的知識的情況下，研究錯誤是我們透視大腦的一扇窗戶。我們的很多發現都是透過分析出現的錯誤得到的。下面是心理學家發現的一些影響問題解決的因素：

1. 專家與新手

我們在介紹記憶一章裡就談到專家與新手在記憶上的差異，這種差異存在於對專業領域知識的記憶。解決問題也是一樣，我們也知道碰到什麼問題應該找某一方面的專家來解決才比較放心。實際情況也是這樣，某一方面的專家比普通人更擅長解決這一方面的問題，否則我們也就不需要專家了。但是，我們也應該看到專家只是在某一方面精通，在其他方面可能並不怎麼樣。美國心理學家做過研究發現專家的智商並不一定比普通人高。也就是說，他們比普通人更能夠解決專業問題不是因爲智商高的原因。

那麼，爲什麼他們比普通人更擅長解決專業問題呢？我們在前面已經講過，專家的專業知識比普通人高出許多，而且他們的專業知識都是有組織的，這對於他們理解問題情景有很大幫助，在碰到問題時，他們能夠很快從頭腦裡提取出相關的知識來把握問題。而且，我們在記憶一章裡也談到了，專家在記憶專業方面的材料比一般人快且多，這樣他們就能夠留出更多的精力用來解決問題。另外，我們還知道解決問題的方法或者訣竅是有特殊性的，一種方法只能適用於某些問題，專家用於解決問題的方法有些也是我們不知道的。不管怎樣，歸結到一點，知識的豐富與否影響著我們解決問題的能力。

2. 思維定勢

在開始介紹影響問題解決的這一因素之前，我們先來做下面這個小實驗：

★水壺問題

三個沒有刻度的水壺A、B、C，我們只知道它們的最大容量，要求用這三個水壺倒出我們需要的量。下面的列表中，A、B、C下面的數字表示三個水壺的最大容量，目標表示我們需要的量。請你分別記下每一個問題情景下你是怎麼達到這個目標的。

問題	A	B	C	目標
1	24	130	3	100
2	9	44	7	21
3	21	58	4	29
4	12	160	25	98
5	19	75	5	46

6	23	49	3	20
7	18	48	4	22

讀者很容易就發現只要將水壺B盛滿，然後倒滿水壺A一次，倒滿水壺C兩次，就可以解決第一個問題了，接下來的第二個問題也一樣，第三個也是如此……這樣讀者可能想都不想就依樣畫葫蘆完成了第六題和第七題，而沒有發現這兩個問題實際上是可以透過A－C或A＋C馬上得到的。這就是思維定勢，心理學家發現，如果讓學生從第一題按順序做下來，大部分人都不會發現還有捷徑可以完成第六和第七題，但是如果讓學生先做第六和第七題，他們一般不會走彎路。

爲什麼會造成這種結果呢？這跟我們在解決問題時利用以前的知識有關，有時這些知識是能夠幫助我們很快解決問題的，有時卻阻礙了我們對問題的解決。我們經常玩的腦筋急轉彎實際上也跟思維定勢有關，有些問題我們想不起來是因爲我們受已經知道的知識所束縛的緣故。要解決這些問題就必須擺脫原來知識和習慣的影響。

3. 功能固著

就像思維定勢一樣，功能固著也是因爲我們的知識經驗阻礙了我們對問題的解決。思維定勢主要指我們在運用問題解決策略和方法時出現的思維束縛，而功能固著則是指我們在運用工具和其他東西時受它原來功能的影響，不能想到還可以用它來做其他事情。心理學家做了這樣一個實驗：給被試一根蠟燭、一盒火柴和一盒圖釘，讓他們想辦法把蠟燭固定在牆上。很多人想用圖釘直接把蠟燭釘在牆上，也有些人用已經融化的蠟塗在牆上想把蠟燭固定在牆上，都沒有成功。只有少部分人想到可以把裝圖釘的盒子釘在牆上，再把蠟燭放在盒子上。這裡問題解決的關鍵就是要發現盒子的新功能，由於盒子放著圖釘，所以很少有人會想到利用盒子來完成任務。心理學家在另外的實驗裡，將盒子裡的圖釘倒出來，留下一個空盒子和一堆圖釘，結果發現能夠解決問題的人比前面的實驗多。

大部分人在日常生活中都會碰到這樣的情況。我們使用不同的工具來做不同的事情，在我們的經驗中便逐漸形成一樣工具只能做某件事情或者做某件事情只能用某樣工具的觀念。當然，我們的工具就是爲了做某些事情專門設計的，問題是我們用得好了，就覺得非用它不可。思維定勢也是這樣的心理在作怪，一種方法能夠解決問題，就一直使用這種方法。

4. 頓悟問題

我們前面談到的都是些我們自身的原因引起的問題解決的困難，不過也有些問題本身就不是我們按照常規的分析就能夠逐步解決的。這些問題往往需要我們從整體上把握，問題的解決要求我們能夠跳出原來的模式，換一個角度來看問題。所以在解決問題時，你感覺不到你在逐漸逼近問題的答案，你往往會苦思冥想都想不出來。問題答案往往就像閃電一樣，是突然在你眼前一閃而過，有時你根本就不知道自己爲什麼能夠想到。這種現象歷史上早有記載：

> 故事發生在西元前三世紀，有一次希臘國王交給工匠一些黃金，讓他做一頂皇冠。皇冠做好後，國王看了感覺有點不對勁，懷疑工匠可能偷工減料，不過稱一下發現重量沒有減少，就是給他的黃金的重量。但是國王還是不放心，他猜想可能這個工匠在皇冠裡攙雜了白銀，於是就請

當時的大科學家阿基米德幫他檢查一下皇冠裡是不是攙雜了其他東西。阿基米德為難了。他知道每一單位體積的黃金和白銀各是多重，而且他也知道皇冠的重量，現在他如果知道了皇冠的體積，跟黃金和白銀對比一下就馬上能夠判斷皇冠是不是攙雜了白銀，問題是他不知道該怎麼測量皇冠的體積。就這樣想了幾天還是沒有想出辦法來，有一天，他去洗澡，當他看到自己浸入浴盆時水溢了出來，馬上就想到該如何測量皇冠的體積了。他興奮得連衣服都忘了穿就跑到街上，大喊：我發現了，我發現了。

心理學家發現在解決這類需要頓悟的問題時，如果你認爲你已經快發現答案了，結果往往是你可能想錯了。另外，思考這種問題還有一個特點是不能出聲，出聲反而會影響你對問題的解決。下面就是這樣一些需要頓悟的問題，讀者可以試試。

★火柴問題

用六根火柴組成四個等邊三角形，不能折斷火柴。

用四根火柴組成一個「田」字。

★連線問題

將下面九個點用四條直線連起來，而且要求這四條直線是用一筆畫成的。

●　●　●

●　●　●

●　●　●

★棋盤問題

下面是一塊棋盤，已經去掉兩個角的方塊，還剩下六十二塊正方形，你現在有如下三十一塊長方形，每塊剛好可以蓋住棋盤的兩塊正方形，你能不能用這三十一塊長方形將下面的整個棋盤蓋住？

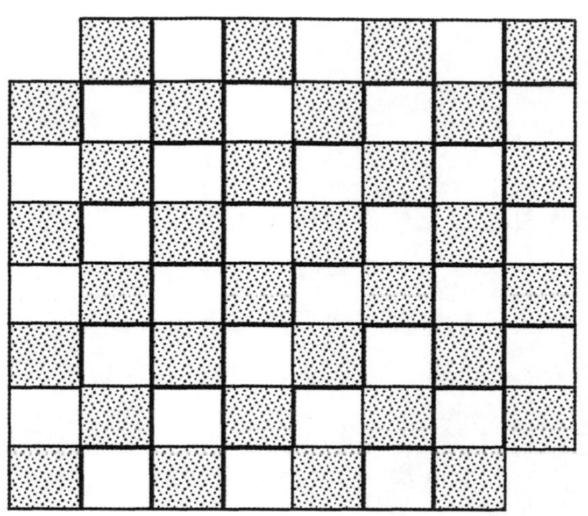

與前面的問題相比，讀者可能已經發現，這類問題是我們沒辦法一步一步解決的。你必須保持冷靜的頭腦，不要鑽牛角尖，要跳出常規的思路，不時變換角度才能發現問題的答案。我們這裡描述了這麼多，但是眞正面對這類問題的時候，有時就是這樣：你想得到，它就近在咫尺；你想不到，它就遙不可及。這種方法是很難透過訓練而得到提高的。

考考你：

1.事物的分類有何意義？

2.人們在作出判斷時經常會依據什麼法則？

3.可能影響我們決策的因素都有哪些？

4.如何做到有計畫地解決問題？

5.在解決問題時如何避免不利因素的影響？

附錄

★雞兔同籠問題的算術解法：假設二十三隻全是雞，那麼總共應該是四十六隻腳，現在卻有七十六隻腳，那麼多出來的三十隻腳就是因為每隻兔子比雞多兩隻腳而造成的，這樣需要十五隻兔子才會多三十隻腳。

★年齡問題：五年前劉偉的年齡是王明的兩倍，而劉偉一直比王明多八歲，五年前也是這樣，這樣我們就可以知道五年前兩人分別是十六歲和八歲，現在則是二十一歲和十三歲。

★渡河問題關鍵：三個野蠻人先到對岸，然後讓一個野蠻人回來，兩個傳教士過去，一個野蠻人和一個傳教士再回來，最後兩個傳教士再過去，這樣就基本實現安全渡河了。

★密碼問題：9567＋1085＝10652

★火柴問題：

★連線問題：

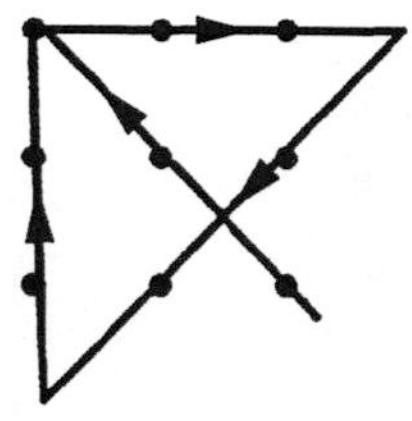

★棋盤問題：注意棋盤的方塊排列規律，長方形每次都必須蓋住一塊白的和一塊灰色的正方形，而棋盤中白色和灰色的正方形數量不相等，所以，答案是不能。

9. 人類的社會性

喜歡孤獨的人不是神靈就是野獸。

——培根

沙赫特（社會心理學家，美國人）

人類是群集的動物。幾乎所有的人類個體都是在與其他人的密切交往中度過其一生的，這種交往不只局限在其狹窄的家庭成員中間，人生命的大部分時間都是生活在各種各樣的群體之中的。許多事實和研究已經證明，之所以只有我們人類成爲這個世界的主宰，並且在有了人類後就使地球文明日新月異地發展，很大程度上就是因爲我們人類是群集的，我們在群體中和其他人彼此相處，並相互產生著深刻的影響。

9.1 我們害怕孤獨

居住在擁擠而嘈雜的人群中的人們，常常會希望自己能擁有一方安靜的、屬於他個人的獨有空間，不要受任何人的打擾。爲此，人們設計了可以隨時開關的門窗、可以上鎖的抽屜或箱子。甚至有許多人還幻想著有一天能退隱到深山幽谷中，過與世無爭的「隱士」生活。問題是，這樣的生活眞的能給我們帶來快樂嗎？

> 十八世紀末葉歐洲探險家史金克（Alexander Selkirk）在一個荒島上獨居了四年，在這四年中，他可以自如地應付自然界的殘酷，滿足自己生存所需要的一切，但卻無法忍受孤獨的感覺。為此，史金克學著《魯濱遜漂流記》中的魯濱遜養了一條狗、一隻鸚鵡，以及幾頭野獸為伴，每天和這些動物們進行長談。但是，他仍然常常陷入精神恍惚的狀態，不能自拔。四年後，他雖然重新回到了家人的身邊，但卻無法完全恢復以前與人交往的能力。

伯爾海軍上將在《孤獨》一書中講述了他在北極探險期間一個人獨居六個月時的生活感受。這六個月，他是在被冰雪掩埋下的小木屋中孤獨地度過的。伯爾是主動地要過與世隔絕的生活的，他想真切地體驗一下孤獨生活的和平與寧靜，但不曾料到，他僅僅在冰雪下的小木屋裡孤獨地生活了三個月，就陷入了極度憂鬱的狀態，不得不在六個月後，悵然返回人間社會。

所以說，人是社會性的，對於人來說，任何一個個體都必須或多或少的和其他個體發生關係，形成各種各樣的人類群體，並由此組成了一個複雜的人類社會。面對這樣一些事實，心理學家不免要問，人爲什麼是社會性的？即人類個體爲什麼非要和其他人類個體生活在一起並進行相互交往呢？大多數的人類個體爲什麼無法忍受遠離塵世的孤獨生活呢？

9.1.1 心理學對人類社會性的解釋

人類的「社會性」，就是指人類的群集性，是指任何人類個體都願意與其他人類個體進行交往，並且結成團體的傾向。心理學家透過觀察和研究，發現社會性是人類社會一個極其普遍和重要的現象。最早對於人類的社會性加以研究的心理學家是麥獨孤（William McDougall），他認爲社會性是人類的本能之一。

1. 社會性是人的本能

心理學家麥獨孤認爲，人類天生帶有許多先天固有的特性，其中有一種就是要尋求夥伴、與他人結合在一起的傾向。這就好像螞蟻由於本能集合在蟻群中，狒狒由於本能建立起複雜的群體結構，人也生活在自己的人類群體中。人們這樣做，並不是由於這樣做是好的或正確的，也不是因爲是有用的，而是一種人們不用想就有的行爲，這就好像一個嬰兒天生就會吸吮奶頭、人天生就害怕站在懸崖上一樣。

本能的觀點是無法進行檢驗的，因爲從事這種檢驗的唯一方法是要在孤立的狀態下撫養起一個人類的孩子，再研究他以後的行爲，而這顯然是違背了人類的倫理道德。但是心理學家們還是從自然選擇的角度給予本能觀可能的解釋。我們知道，原始的祖先們要從殘酷的自然界中直接掠取食物，要把猛虎烈豹等一切自然界的生物盡可能變成果腹的大餐。祖先們沒有武器，全憑一雙赤手空拳。正是這殘酷的現實，使祖先們認識到，只有和大家在一起，人多力量大，集體狩獵才更有可能戰勝猛獸，得到食物，從而增加每一個個體生存的機會。那些單獨行動的原始祖先們，在單獨面對強大的野獸時，很有可能就因爲寡不敵強而成爲了猛獸的大餐。而且，群體可以爲個體，尤其是爲那些弱小的個體提供很好的保護，這種保護在原始社會的惡劣環境下，常常是單個婦女或者是家庭難以做到的，那些生活在群體中的個體不僅自己活了下來，也使遺傳有自己基因的後代在群體的保護下，一代代活了下來。我們還知道，一個種群要繁衍，要一代一代地把遺傳訊息傳遞下去，種群就需要有一定的個體數，使異性個體有機會相遇，否則，個體即使活了下來，其基因也無法傳遞下去。所以，在自然選擇中，群集的人比單獨生存的人，有更好的、更多的機會生存並繁衍後代。

進化論的自然選擇理論告訴我們，任何可以增加生物體生存機會的特性歷經演變成爲生物體的顯性基因。也就是說，具有這些特性的生物個體在自然界中生存了下來，並得以大量繁殖，在漫長的進化中，慢慢地，他們的後代就具有了這些特性，並被先天確定了下來。和其他個體生活在一起的人類祖先，不僅使自己活了下來，還使自己比單獨生存的祖先有了更多的後代。雖然，人類經過了漫長的進化，但這種要和其他人生活在一起的社會性傾向，因爲和人類個體以及人類群體的生存息息相關，因而有可能早已經沈澱在我們人的原始本能中了，使我們生來就有了要融入社會、要和其他人在一起的本能及行爲。

2. 社會性源於人的內在決定因素

持這一觀點的心理學家認爲，是人類的內在決定因素，特別是人類在其生命早期孤弱不能自助的特性，引起了人類個體要和其他人生活在一起的社會性。我們知道，和其他的大多數動物不同，人類的嬰幼兒在其出生後的很長一段時間是不能自主的，他們必須依靠父母或其他的成年人得到生存所必需的食物，以及安全、溫暖等的保護，才能活下來，並得以成長。這就使得人類的嬰幼兒在其生命的最初幾年是群聚的，要和其他人生活在一起的，如果沒有爸爸、媽媽等成年人的照料和養育，人類的嬰幼兒就會死去。比如，那些剛出生就被父母拋棄在馬路邊的嬰幼兒，如果一直都無人問津，那些孩子就不可能生存下來。

當然，當生命發展到一定階段，人們就不再絕對地依靠他人才能生存了，我們可以根據內在的需要變成獨立自主的人。在現代社會，一個人可以悠閒地生活在一間小屋裡，過著孤獨的生活，餓了打個電話就會有人送上食物，悶了就一個人看看電視、讀讀報紙雜誌，不和任何人打交道，這樣，他也可以過上好幾年安全、舒適、悠閒的獨居生活。現實社會中也眞的有人這樣生活著或生活過，而且他們還生活得很好。這其實就是我們平時所說的「隱士」式的生活。但是，這樣生活著的人，在我們大多數人看來是古怪的、不可理喻的，而且，他們往往成爲人們好奇的對象。這些「隱士」們所要反抗的也許正是人類的最一般的特性——人類的社會性。「單獨禁閉」一直被認爲是一種很嚴酷的刑罰，之所以嚴酷、之所以使人害怕，也許正是這一刑罰違背了人類最一般的要和其他人在一起的社會特性，使人體驗到孤獨的煎熬，以及由此而帶來的陣陣恐怖的感覺。

社會性是源於人的本能以及內在決定因素，可以解釋人在生命早期爲了生存必須要和其他人生活在一起的社會性行爲，但是，當長大後的人類個體，甚至是成年人了，完全不必要一定要和其他人生活在一起了，比如前面所介紹的歐洲探險家史金克和伯爾海軍上將，一個人孤獨地生活著，也完全可以生存下去，可爲什麼大多數人類個體還是繼續保持著與其他人的交往，繼續和其他人生活在一起呢？

3. 人類的社會性源於學習

也就是說，人們學習和其他人在一起生活就像人們學習其他任何東西一樣。人類的孩子們在生命的早期，爲了食物、爲了安全和溫暖這些基本的生存需要，孩子們必須要依靠其他成年人，而且，這些需要中的每一項的每一次的滿足，孩子們都能透過其他成年人得到。在這樣的和其他人互動的過程中，人類的孩子們學到了，只要和其他人在一起，就可以得到報答，也就是說，當個體需要什麼時，只要和其他人在一起，求助於他人，就可以得到滿足。一次次，孩子們要和其他人生活在一起的聯繫就被強化了，強化的結果，使要和他人生活在一起的社會性成為其日常生活的一種習慣、一種特性。而且，這種學習影響了一個人一生的行為，當個體長大了，成長為一個成年人了，可以不再為了維持生存而必然地有求於他人、依靠他人，但是因為個體已經學習到了，所以個體還是與其他人保持密切的聯繫，並且，在人類社會的各種文化中，所有人類的孩子在某種程度上，都必須學習和其他人在一起互動的社會性行為。由此，學習使社會性成為人類的一種特性。

4. 社會性源於人的需要

生存可以說僅僅是人類的第一需要，隨著成長，人類個體將有越來越多的需要強烈地想得到滿足，比如對於愛情的需要、對於成就的需要、對於尊重的需要、對於權利的需要等等，而這些需要中的每一項都必須依靠其他人的提供才能得到滿足，比如愛情的需要，如果沒有與其他某個個體的相互愛戀，個體如何獲得愛情需要的滿足呢？雖然，這樣一些需要不一定是人類內在的需要，但是，它們仍為我們人類的大多數所追求，並且，個體在孤立的狀態下的確是很難使這樣的一些需要得到滿足的。因此，為了生命中不斷湧現的需要的滿足，長大的我們還是保持著與其他人在一起生活的習慣，並使之成為我們人類的一種特性。

9.1.2 社會性的實驗研究

我們知道了，幾乎所有的人都有要和其他人在一起生活的社會性特徵，但是我們也知道，在生活中，人的這種社會性欲望有時特別強烈，而有時又特別微弱，甚至有時人們更希望能單獨一個人靜靜地待著。比如，住在學校宿舍裡的大學生，在某些時候，他們會盼望寢室中的人都趕快地離開，就留他一個人，他躺在自己的小床上，聽著輕鬆的音樂，此時，他覺得這一刻是他人生的最大享受。那麼，是什麼因素在加強或減少著人們要和其他人在一起的社會性欲望呢？

對人類的社會性實驗研究最有發言權的要算心理學家斯坦利·沙赫特（Stanley Schachter）了，他在一九五九年時發表了被認爲是心理學歷史上經典性實驗研究的報告。爲了研究人類社會性欲求的影響因素，沙赫特觀察和走訪了那些因某種意外的原因而不幸被孤獨地拋在荒島上一個人孤零零生活了一段時間的人們，以及那些曾經孤獨地一個人修行過的異教徒們，發現這些曾經孤獨地一個人生活過的人們，都報告說在孤獨的時候，他們時時體驗到陣陣襲上心頭的恐懼感。針對這樣的觀察，沙赫特產生了一個大膽的假設：孤獨會使人體驗到恐懼，那麼人在恐懼的狀況下是不是就會產生要和他人生活在一起的社會性傾向呢？而且，是否恐懼感越大，要和其他人待在一起的欲望就越強烈呢？爲了檢驗自己的假設，沙赫特請了一些女大學生做實驗的被試進行了其經典性的研究。女大學生們被引進實驗室時，看到沙赫特穿著一身白色的實驗服裝，周圍布滿了各種電器設備，沙赫特對女大學生自我介紹說，自己是神經病學和精神病學的博士，本次實驗是有關電擊作用問題的。爲了使一些女大學生比另一些女大學生更恐懼，沙赫特把女大學生分爲兩組，兩組被試被一一帶進實驗室時接受了不同的實驗指導語。

對第一組女大學生，沙赫特想喚起她們很大的恐懼感，因此，每個女大學生依約來到實驗現場時，沙赫特便用可怕的詞語描述電擊後果，他告訴女大學生說：「這種電擊會使妳遭受傷害，使妳感受到痛苦，但我向妳保證不會是永久的傷害。在這種研究中，如果我們要了解所有內容眞能有助於人生，電擊強烈些是必要的。」透過使用指導語，使這組女大學生感到自己將要接受的是一次很嚇人的和痛苦的體驗。

而對第二組女大學生，沙赫特只想喚起她們較小的恐懼，因此在女大學生一個個來到實驗室時，沙赫特就把電擊的嚴重性說得很小，盡可能地使女大學生感覺輕鬆和安逸。沙赫特是這樣告訴這組女大學生的：「我向妳保證，妳將受到的電擊無論如何也不會使妳覺得不舒服。它不過是有些像發癢或震顫那樣有一點點不舒服感。」這樣，儘管兩組女大學生都被告知在實驗中自己將要遭受電擊，但第一組女大學生等待的是一種痛苦而恐懼的體驗，第二組女大學生則期待著一種溫和、無威脅的體驗。沙赫特透過測量發現，不同的指導語的確引發了女大學生不同程度的恐懼感：第一組被喚起了高恐懼感，第二組被喚起了低恐懼感。

在測量了恐懼喚起的程度後，沙赫特假裝著調整設備，並告訴女大學生說，由於儀器還沒有調好，實驗要延遲十分鐘，請參加實驗的女大學生在實驗室外面等一會兒。同時。沙赫特很自然地問女大學生，她是要一個人在外面等一會兒，還是想到隔壁的房間和先到的其他女大學生一起等待，或者無所謂。女大學生選擇後，沙赫特又問她們的選擇是否強烈。實驗的結果見下表。

恐懼對社會性欲望的影響

條件	選擇的百分比			
	集中	不關心	單獨	社會性欲望的強度
高度恐懼	62.5	28.1	9.4	0.88
低度恐懼	33.0	60.0	7.0	0.35

可見，果然如沙赫特所預料的那樣，被喚起了高度恐懼的女大學生比有低度恐懼感的女大學生有更多的人、也更強烈地希望和其他人在一起等待實驗的開始。由此證明，恐懼是引起並影響人們的社會性欲望的一個重要因素。

沙赫特在研究中還發現，出生排行是影響一個人社會性欲望強烈與否的重要因素，具體表現在長子、長女和獨生子女在害怕時比非長子長女有著更強烈的要和其他人待在一起的願望。

長子、長女或獨生子女是父母的第一個孩子，年輕的爸爸媽媽初爲人父母，由於缺乏養育兒女的經驗，因而對第一個孩子傾注的關注和愛心就特別多，時時圍在他們的身邊。孩子們也從這種特別關切的養育中知道了，害怕時可以找爸爸媽媽，傷心時可以找爸爸媽媽，餓了時可以找爸爸媽媽。漸漸地，他了解到，當他不舒服時，他人是使自己舒服的不可思議的源泉。等第二個孩子出生了，父母沒有了初爲人父母的那份新鮮感，在養育第一個孩子的過程中，父母發現孩子的痛苦是十分短暫的，孩子有著驚人的恢復能力，而且父母有兩個孩子要照顧，沒有更多的時間專門關注第二個孩子的痛苦和需要了，因此，第二個孩子從父母那兒學到的要和其他人在一起的傾向就比第一個孩子少得多，這就使第二個孩子需要他人關懷的動機沒有第一個孩子強烈，社會性欲望也就較低。等第三個孩子出生了，父母更沒有專門的時間照顧他了，父母對養育兒女也更爲鎮定和有經驗了，因此，第三個孩子學到的社會性欲望和行爲就更少了。

因此，孩子們在家庭中的排行越往前，就越知道在有不安全感時依賴其他人作爲舒適的源泉。

有沒有天生就喜歡孤獨的人呢？

二十世紀四〇年代卡勒博士最早提出「自閉症」，認爲自閉症產生在人生的早期階段，即兩歲以前發生。表現爲對他人和環境的冷漠，自我封閉在自己的世界中，不與他人接觸，沒有目光語言的交流。早期人們認爲自閉症是由於父母的冷落、養育不當造成的。這使得相當多的年輕父母心中充滿自責，但隨著生物學、心理學的發展，人們看到自閉症的根本原因是先天生物學因素。但究竟自閉症病人爲什麼不喜歡與人接觸，而只願獨處，現在仍是個謎，而他們生活在自己的世界中是否會覺得快樂，我們也無法知道。

儘管存在著自閉症兒童，但這畢竟是極少數，大多數人都渴望融於社會，不願孤獨！

9.2 不可超越的個人空間

不願孤獨的人是否在身體上和心理上不需要個人的空間呢？讓我們先來體驗一下下面的經歷。

有一天，你感到特別地疲倦，下班後你在公車站等車時，特別盼望上車後能有個位子坐一坐。車來了，幸運的你一上車就看到有空位子，只是是在公車的最後一排，而且，在第一和第五個位子上已經有兩個你不認識的人坐好了，那麼，通常情況下，你會坐在哪個位子上呢？生活的經歷和觀察也許告訴你，你通常會坐在第三個位子上。那麼，為什麼你會坐在這個而不是其他的位子上呢？這種選擇就人類社會來說，是否具有普遍意義呢？為此，有心理學家設計了實驗研究工作來論證和解釋這一人類行為。

9.2.1 個人空間的實驗研究

實驗是這樣做的，研究人員事先在實驗室隔壁房間依次排列好十個座位，並在第六和第十號位子上安排兩個被試不認識的合作者先坐好。被試來到了實驗室，研究人員對他說：「對不起，我還沒有準備好，已經有被試先到了，坐在隔壁房間，你也先到隔壁房間等一下吧。」其實，實驗已經開始了，但被試不知道。結果發現，在這種情況下，第一個被試進入實驗場地時，通常選擇的是第八號位子，第二個被試進入實驗場地後，一般會坐在第三或第四號位子上。不同的心理學家做了大量的研究工作，但得到了同樣的上述結果。為此，心理學家們堅信，陌生人之間在自由選擇位子時通常會遵循這樣的法則，一方面既不會緊緊地挨著一個陌生人坐下，而任由其他許多空位子空著；但同時，也不會坐得離那個陌生人太遠。如果你眞的任憑許多位子空著，而緊緊地挨著陌生人坐下，人家就會變得十分不安，有可能把身子移向另一邊，甚至很有可能索性換一個位子坐；而你也極有可能會覺得很不自在。反過來，如果你選擇了離那個陌生人很遠的位子坐下來，你又有可能會無聲地傷害了人家，給人以「是否我什麼地方不對，遭到了嫌棄」的感覺。所以，在社會生活中，人們通常選擇既能給人留有一定空間，又不會對人家造成無聲傷害的位子。心理學把這一現象稱為「尊重個人空間的適當疏遠原則」。

9.2.2 個人空間的心理機制

在心理學上，所謂的「個人空間」是指個體身體周圍存在著的既不可見又不可分的空間範圍，他人對這一範圍的侵犯和干擾，會引起融於社會中的個體的焦慮和不安。而且，個人空間會隨著個體身體的移動而移動。個人空間不是人們的共用空間，而是個體心理上所需要的最小空間，也叫身體緩衝區。

生活中也許你曾經有過這樣的遭遇。一天，你正在圖書館裡看書，周圍沒有什麼人，這時突然有一個陌生人坐在了緊靠你身邊的位子，你會覺得這個人有點奇怪，「明明有那麼多的空位子，幹麼非要坐在我的身邊呢？」你一下子覺得彆扭起來，不能再像剛才那樣專心地看書了，甚至你乾脆換了一個位子。

社會生活中的每個人都需要一個個人空間，心理學家認為這個個人空間在一般情況下是不容侵犯的，因為這一空間的侵犯，會使人感到心理空間的侵入危機。生活中，每個人的心裡都有一片天，藏著一些秘密，有些是雞毛蒜皮，但有些也許眞的不可告人。除了一兩個朋友外，人們常常不希望太多的人了解自己的隱私，就是最要好的朋友，人們也會注意不要把一個赤裸裸的「我」給對方。留有一定的個人空間是一種自我保護，因爲當別人把你看得清清楚楚、明明白白時，倘若你自信是個十分有人格魅力的人，可以由此來增加自己的吸引力，但生活中的大多數人都只是個普通的人，會有各種各樣的缺點和不如人意的地方，就很容易讓人覺得失望，甚至由於他人看得太清楚，發現了太多的缺點而不喜歡甚至產生厭惡。換句話說，當別人太了解我們時，也許正是我們對他人失去魅力的時候。所以人們通常的情況下是不希望被別人過度了解的，因爲每個人在潛意識裡都渴望被別人喜歡，而又知道自己不是完美的，有缺點，有不足。同時，也不希望那個對自己不友好的人來利用自己的弱點，這樣人與人之間的空間距離就產生了。

還有心理學家認爲，人類對個人空間的需要是一種本能。在身體上，個體不希望別人離自己太近，因爲如果這樣，個體會覺得不安全。比如，在過馬路時，有個人緊跟在你身後，你就會感到奇怪，甚至開始加快腳步，並且心裡還在埋怨「放著那麼大的地方不走，非得跟著我」。如果他仍緊跟著你走，你就會覺得不安，甚至躲起來或尋求其他人的幫助，並會覺得緊張害怕。

個人空間不是一個無限大的空間，也就是說，個體對個人空間的需要沒有絕對的意義，需要的量和我們對被侵犯的反應取決於特殊的環境。同樣是馬路，如果行人很多，空間很小，你就不會在乎別人是否離你太近，覺得這是合情合理的事。如果在一個盛大的宴會上，別人都給你留有很大的空間像是在躲著你，你就會覺得不安，你希望能夠與人親密地交談，友好地接觸。

9.2.3 個人空間距離的個別差異

心理學家研究發現，不同文化背景的人，對站得遠近有不同的偏好，英國人和瑞典人，相互間站得較遠；希臘、義大利等南歐人，相互間站得較近；南美洲人、巴基斯坦人和阿拉伯人相互間站得最近。巴基斯坦人說遠距離會使他們感到不舒服，而美國人則說近距離使他們感到彆扭。

心理學家的研究還發現，女人比男人相互間站得更近些。在馬路上我們經常看到兩個女性手牽著手走路，不論是兩位女性自己，還是作爲旁觀者的我們，都覺得很正常，也很自然，她們甚至可以在等公車時相擁在一起，抵禦風寒，行人也不覺得奇怪。但如果是這樣的兩個男人在勾肩搭背，就會引起行人的注意和嘲笑。

除了種族和性別在個人空間使用上的區別之外，還有一些本質上的區別，這取決於參與者之間的關係。一般情況，人們越親密，越友好，他們就站得越近；陌生人則有可能站得較遠一些。但如果一個人想和你交朋友，他也會在談話時與你站得近一些。而如果你討厭他的話，你很有可能會潛意識地向後動一動。雖然很少有人會注意個人空間問題，但你可以透過站得近還是遠來判斷兩個人的親密關係或彼此是否感興趣。心理學家赫爾（E. Hall）最早對人際溝通中的個人空間距離進行了研究，透過研究，他把人際溝通與個人空間距離劃分爲四種常見的關係：(1)親密距離：指有親密接觸的人在交往時的空間距離，如戀人間的情愛與撫摸等，雙方一般的空間距離是零至五十公分；(2)個人距離：指有親密友誼關係的人或日常生活中同事間在交往時的空間距離，彼此之間的一般距離爲五十至一百三十公分；(3)社交距離：指非個人化的或公務性的社會交往時的空間距離，相互間的距離一般是一．三至四公尺；(4)公共距離：指政治家、演藝人員等公眾性人物與公眾的正規交往時的空間距離，一般爲四公尺以上。看來個人空間對我們來說是很重要的，我們在生活中，無論是身體還是心理都需要一定量的空間範圍。當可用空間低於我們的要求，或者最少空間量受到他人侵犯的時候，我們就會覺得不安，就要反抗，來保衛自己的個人空間。甚至，有的時候，我們希望獨處一會兒，就是用房子來把自己與他人稍稍隔開，來舒展一下筋骨，放鬆一下心情，並把自己的財產也放在一定的空間內免受他人的侵犯。

環境心理學

二十世紀六〇年代，美國學者希爾．卡森（H. Carson）寫作的一本著名的書《寂靜的春天》出版了，卡森在這本書中指出，環境是一種有機整體，人對環境施加的影響，又會轉移給人類自身；因此，人類如果不珍惜環境，那麼，人類「將聽不到鳥鳴的音浪，將見不到池塘裡的魚蝦。地球將不再有動物的聲息，地球將成爲寂靜的、失去生命的星球」。卡森在書中的這一論述，立刻在世界各地引起了人們普遍的重視，環境科學的研究也由此得以迅速發展，其中，環境心理學就是在這一期間應運而生的一門環境科學。

環境心理學主要是以人和環境的關係爲研究對象，從心理學、生態學、社會學以及人文地理學等跨學科的立場來研究環境對人的心理與行爲的影響。環境心理學的術語，最早是於一九六四年在美國醫院聯合會議上正式提出的，當時的許多精神病醫生發現，醫院牆壁的色彩、家具的陳設，以及病人的個人空間狀況等，都明顯地影響著對患者的治療效果。一九七〇年，美國學者普羅尚斯基（H. M. Proshansky）等人，主編了人類歷史上第一本環境心理學的著作《環境心理學——人及其物理位置》。四年後，這些學者再次合作，寫作並出版了《環境心理學諸論》一書。一九七三年，美國《心理學年鑑》第一次出現了「環境心理學」的專門領域介紹。

環境心理學的研究包括環境知覺、環境要素對人的影響、人對環境的心理適應、以人爲本的環境設計規劃等。」

考考你：

1.人的社會性指什麼？
2.最早對人的社會性加以研究的學者是誰？他提出了怎樣的觀點？
3.對人的社會性有哪些解釋？你的看法是什麼？
4.赫爾對個人空間是如何劃分的？
5.個人空間主要會受哪些因素的影響？

10. 社會教化

我們所謂的道德僅僅是對命令的盲從。

——藹理士

勞倫茲（動物行爲學家，奧地利人，1903-1989，諾貝爾獎得主）

人是自由的嗎？人可以從他的願望出發完全爲自己而活著嗎？生活中我們的許多思想行爲實際上並不是出自於對自己的考慮，有時我們是爲了取悅父母、愛人，有時我們是爲了讓朋友、同學、同事更加滿意，我們其實很少從自己內心深處去考慮，來決定自己的想法和做法。那麼，我們爲什麼會願意「爲別人而活著」？我們爲什麼會把別人的滿意看得比自己的滿足還要重要？因爲我們看重我們的親人、朋友，因爲我們需要他們的「關懷」，因爲我們需要周圍的人給予自己溫暖、熱愛、同情、關心、尊敬、認可，因爲我們渴望得到對我們來說「重要的人」的讚揚。得到他人或者說社會的接納，使自己也容身於這個社會，對我們來說是如此的重要，以至於我們在很多時候以爲「爲別人活著」也是一件自然的、可以接受的事情。

10.1 人生物性的潛能在社會環境中被激發——人的社會化

我們每個人進入這個世界的時候都是以同樣微不足道的方式：一個柔弱的小小的嬰兒，是那樣地自顧不暇、無從適應。我們不會，也不可能自由地長大。從出生的那天開始，社會就一直干預著我們成長的歷程，在我們尚未成熟的漫長歲月裡，社會想方設法把我們廣泛而不確定的衝動和能力引導到較爲狹窄的行爲、動機、信念和態度的社會模式裡。這種干預或引導，如果從個體來看，就是個體的社會化。可以說，「社會化」是我們對所生存的社會一生適應的過程，透過社會化，我們使自己的需要變成適應社會規範的方式，甚至像饑餓這樣的最爲基本的需要，我們也在社會化的過程中從社會文化模式裡學會了吃什麼、什麼時候吃、怎麼吃等，即學會了以社會讚許的方式去滿足。正是由於社會化，才使一個社會或一種制度得到生存和發展，才使人類社會保持著安定團結的局面，也才使個體的身心在社會中得以健康發展。

10.1.1 社會化及重要意義

社會化是指人類個體在社會環境下，從自然人發展成爲社會人的過程。所謂「自然人」，又稱生物人，一般指剛剛出生的新生兒，他們對社會一無所知，不具備人的社會屬性，只有自然的生理性動機和需要。這一階段的嬰兒，只能對身體內部的變化發生反應，如餓了就哭，吃飽了就感到愉快，完全憑生理性的需要活動，從心理上看，尙未形成個性心理品質，但先天成分占很大比重的氣質特點發揮一定的作用，如有的新生兒安靜，不太哭鬧，有的新生兒則表現得非常急躁，動輒哭鬧。可以說，此時任何社會的法律、道德、規範等，對他們沒有任何的約束力量。

所謂的「社會人」，是指透過社會化，個體掌握了該社會的道德和文化，學會了該社會的道德規範和道德行爲，形成了獨立的人格，產生自我意識，最終成長爲社會化的人。社會人的形成，依賴人與人之間的社會交往，產生社會互動，在社會情境中學會社會的基本知識和基本技能。

個體從自然人發展成爲社會人，必須要經過社會化的過程，否則，個體將無法適應人類社會。

二十世紀六〇年代，在美國，有個孩子名叫安娜，因為她是個私生子，所以她的外祖父堅持把她藏在頂樓的一個房間裡，不許她見人。安娜在頂樓上只能得到最起碼的身體上的照顧。實際上失去了與他人接觸的機會，人們發現她時，她已經六歲了，但她不會講話，不會走路，不會保持整潔，也不會自己吃東西。她感情麻木，表情呆滯，對人毫無興趣。安娜的狀況顯示，如果只靠純粹生物學上的能力，這種能力在使她成為一個完全的社會人的方面所起的作用是微乎其微的。為使安娜能夠適應社會，研究者付出的努力只取得了有限的成功。四年半以後，安娜死去了。不過，她在死前已經知道並學會了一些單字和短語，但從未能講出一個完整的句子。她還學著擺積木、串珠子、刷牙、洗手、聽從指令，並愛玩洋娃娃；她還學習走路，但走起路來卻很笨拙。當她將近十一歲離開人世時，只達到兩三歲孩子的水準。

剛出生的新生兒，只有從父母那裡遺傳而來的自然屬性。他們會哭、會笑，但不會掩飾自己，對社會一無所知。他們生活在父母的懷抱中，只對自己的身體內部變化起本能的反應。他們不知道什麼是善什麼是惡，如果在他們幾個月時就把他們從母親的懷抱中抱走，起初他們會哭泣，但後來就不會再有強烈的反應，甚至會安睡在一個強盜的懷中。最初的他們，可以說是最自由的，他們赤裸裸地來到這個世界上，是一個純粹的自然人。

新生兒在成長的漫長歲月中，首先受到父母的愛撫，開始與社會接觸，並在社會環境的影響和制約下，逐漸掌握社會的道德、文化，學會使自己的行爲符合社會的道德規範，並具有自己獨立的人格，產生自我意識，最終成爲一個社會人。

10.1.2 社會化發展的關鍵期

1. 與豬共眠的嬰兒和唐泰斯

二十世紀八〇年代初在遼寧省一個偏僻的山村，人們發現了一個「豬孩」，由於她的許多生活習性與豬很相似，因此被人們稱為「豬孩」。當人們發現她時，她已經十一歲了，其發育狀況和面貌都與正常兒童一樣。「豬孩」喜歡趴在豬身上玩耍，給豬搔癢，等豬吃飽後，她就躺在豬的身邊，大口大口地吸豬奶。而且，在平常她會像豬一樣輪流用雙腿互相蹭拱，睡覺時也和豬一樣「呼嚕」「呼嚕」地打著呼睡。心理學家們對十一歲的「豬孩」進行了智力檢測，結果發現，她的智力水準只相當於三歲半的兒童。

這個有父母的孩子怎麼會成為「豬孩」的呢？原來，小女孩出生後，她的母親就因病臥床不起，而且幾近癡呆，不能也不懂照顧孩子；她的父親整日在田間忙於農活，也沒有好好擔起撫養孩子的責任。由於貧窮，女孩家的一間泥屋又是人豬共住的。在與豬的廝混中，饑餓的孩子在生存本能的驅使下，依賴豬奶活了下來，也把豬當成了生活中的好朋友，整日與豬玩耍嬉戲。就這樣，一個好好的孩子成長為一個「豬孩」了。「豬孩」被發現後，引起了學術界的關注，女孩被接到了福利院生活，期間，很多心理學家和教育學家們付出了艱辛的努力，試圖讓「豬孩」回歸社會，並在她成年後設法使她建立了家庭生活。但學者們的付出收效甚微，她的婆家最終無法忍受她「頑固不改」的「豬」式的生活方式、她的對人類社會的「遲鈍」和「麻木」，提出了離婚，請福利院把她領回去。「豬孩」自己也感到無法適應人類社會，整日和成年人打交道，她感到十分不安，很焦慮，對於重新回到福利院過安靜的生活，她感到很開心，說以後再也不嫁人了。

但是在大仲馬《基督山恩仇記》中的唐泰斯從十九歲起因爲被誣陷送進了伊夫堡監獄，一直長達十幾年沒有與人接觸、說話，但他卻沒有癡呆，這是爲什麼呢？

第一個成功地回答了這一問題的是奧地利生態學家、諾貝爾醫學獎得主勞倫茲（K. Lorenz），他對動物行爲的研究啓示後人，動物包括人類的某些行爲的形成有一個關鍵期，即要趕在生命的一個特定階段形成，超過這一關鍵時期，後天的彌補就難以見效。有心理學家以動物爲實驗研究對象進行了研究，並獲得了有力的證據。

2. 印記與關鍵期的研究

勞倫茲在一九三七年發表的〈鳥類的感情世界〉一文中，第一次提出了「印記」一詞，用以解釋動物的社會行爲現象及其形成的關鍵期。「印記」指個體出生後不久的一種本能性的特殊學習方式。印記式的學習，通常在出生後極短的時間完成，學得後持久保存，不易消失。勞倫茲在研究中發現，剛孵化出的雛鴨對初次見到的活動對象，如母雞、人、自動玩具等，很快就學會與之親近，就像雛鴨跟隨母鴨一樣的關係。但是如果孵化後，超過一定時間才接觸到外界活動對象，雛鴨就不會出現印記現象，這一時間就是動物印記行爲形成的關鍵期。

英國動物心理學家斯堡丁（Spalding）一九五四年以雛鵝爲實驗對象進行了研究。結果發現，如果實驗者在雛鵝出生四天後才出現，雛鵝非但不與之親近，反而掉頭就跑，因而出生後頭四天就是雛鵝與活動物體親近的關鍵期。另有學者用蝌蚪為實驗對象。蝌蚪出生後就會游泳，研究人員在蝌蚪一出生時就把牠放在麻醉液中，如果在八天之內把蝌蚪取出放到水中，蝌蚪仍然會游泳，但如果十天後才把蝌蚪放回到水中，蝌蚪將喪失游泳能力，八天就是蝌蚪不忘卻游泳行為的關鍵期。還有心理學家發現，狗與人的親密關係，也有形成的關鍵期。如果狗自出生時與人隔離十週以上，以後就很難與人建立親密的關係。

實驗研究印記現象以及印記行為發展的關鍵期的研究，最為著名的是心理學家海斯（Hess）一九七二年的實驗研究。海斯觀察發現，野鴨孵卵時，在雛鴨破殼出生前一週內，在殼內發出聲音時，母鴨隨即以嘎嘎聲回應。海斯認為那是印記的開始。海斯以機器孵化法取代母鴨的工作，並在聽到卵殼內有聲音時，以「come, come, come」之聲回應。結果發現，雛鴨破殼後，就會隨「come, come, come」之聲與人親近。

在動物身上出現的印記現象和形成印記行為的關鍵期，是否在人類行為中也同樣存在呢？就像前面我們談到的那些孤兒，由於在生命成長的早期，失去了與人類社會的正常交往，結果雖經後期耐心教育，但都再難以使他們成為一個正常的社會人了，連人類交往的最基本的手段——語言都不能恢復到正常發展水準。也許這說明人類的一些行為發展也有其形成和發展的關鍵期。只有唐泰斯不同，他從十九歲開始住進監獄，在他生命的早期，已經體驗到並學習到與人交往，已經學到了愛與被愛，學會了人類的語言，學會了善良與等待。在孤獨的日子裡，他時時都渴望著有個人能和他說說話，哪怕是個瘋子和他聊一聊他都感激不盡。人類精神上的幸福在關鍵期內，只要飽飽地享受過一回，就再也無法忘記。

10.1.3 社會化的特點

1. 社會化要以人的遺傳素質為基礎

社會化是把自然人轉變成爲社會人的過程，因此，它首先要求這個自然人要具備人所具有的生物特性，也就是從生物學角度來說，他是一個完整的人，有著人腦這一高度發達的器官。只有具備了這樣的遺傳物質基礎，或者說這樣的遺傳素質，個體的社會化才能順利進行。比如，一頭豬，從小把牠放到人類社會中加以撫養，用人類的習慣、人類的生活方式等對牠的生物潛能加以引導和激發，這頭豬會變成社會化的「豬人」或者「人豬」嗎？

上海電視一台曾經介紹過一個以豬爲寵物的美國婦女和她的寵物豬，這頭豬與其女主人同桌吃飯、同床共枕，但在電視上我們看到，這頭在人類社會長大的豬，在飯桌上仍然是用嘴拱著吃，一副狼狽像，根本不會像牠的女主人那樣，用刀叉文明地解決饑餓的問題。由於這頭豬食量太大，吃得過胖，其女主人被動物保護協會控告虐待動物，爲此，法院責令她要在一個月內限期給這頭豬減肥，若到期未達到法院所要求的標準，法院將罰她交罰金五千美元，並要把她關進監獄。

這頭被人作爲寵物的豬，不僅連人類社會的最起碼的生活習慣都沒有學會，甚至都不知道，由於牠的貪吃，牠自己的女主人將要受到懲罰！爲什麼生活在人類社會的動物，無論如何都無法完成人類的社會化呢？甚至連人類社會最起碼的生活習慣都學不會呢？這就是因為，不管是這頭豬，還是其他動物，牠們都不具備人類的遺傳素質。但問題的另一個方面是，人類的一些嬰兒由於某種原因，被狼、熊等動物叼走並撫養長大，成為了所謂的「狼孩」、「熊孩」，具有了狼、熊的生活習性，可以說，他們完全地融入了動物世界，這又是為什麼呢？

這是因為人類的大腦是所有動物中最發達的，它所具有的生物潛能是任何其他動物所無法比的，它具有很強的學習、模仿和適應能力，因此，當人類的嬰兒和狼、熊等動物生活在一起時，就很快學會了這些動物的生活習性。同時，其他動物無法適應人類社會生活，還在於人類在漫長的社會實踐中，已把自己的自然變成了人化的自然，這個自然儘管也有生老病死，但與其他動物的自然界是不同的，即已深深地打上了社會的烙印，與動物或人類早期僅靠本能生活的狀態有了太大的變化，而這是靠本能生存的動物所無法、也不可能學到的。

2. 社會化是持續一生的發展

心理學家們一致認為，生命是全程發展的，即發展貫穿著一個人的一生。一旦我們人的生命過程展開，我們的需要、我們的欲望、我們對世界的關注焦點等，就會隨著我們生命發展的進程，在不同階段表現出不同的形式以及不同的內容。也許我們還沒有忘記，在孩提時代我們對於那些五顏六色的玩具和甜得膩人的糖果的喜愛，但是，它們對於今天已經長大的我們不再具有吸引力了。我們在成長的過程中逐漸意識到那些我們十八歲時看來是舉足輕重的東西，到了我們二十八歲時也許就變得不再重要了；而在我們二十八歲時所珍視的東西，到了我們三十五歲步入中年後，也只是我們記憶中的珍品了。大量的心理學研究顯示，在人的一生發展中，每一個年齡階段都有其獨特的、不同於前一個階段、也不同於後一個階段的對世界的認知、理解和情感體驗，因而也就有著不盡相同的社會化的發展內容。

心理學的這種生命全程觀預示了在我們的一生中，我們將會體驗現實生活中的多種刺激和各種各樣的可能性。作爲年齡階段的特徵而產生的社會化的發展結果，將會改變我們已有的認知、思維方式、理解力、情感體驗以及社會興趣、社會態度和價值觀。因而，生命本身就是一種自我表達的過程，是一個持續變化和持續發展的社會化進程。

心理學的生命全程發展的觀點也說明，社會化與我們的情感發展、我們的個性發展，以及我們的認知和道德發展等是相互聯繫著的，因此也表明社會化還是個體的一種整體發展過程。

3. 社會化是共同性和個別性的統一

所謂的「共同性」是指同一個國家、同一個民族的不同的個體有著相同的人格特徵，一般稱爲「國民性」或「民族性」。比如，中華民族，一個突出的國民性就是家庭觀念比較重，人民勤儉、勤勞；而美國民族的突出特點則是家庭觀念比較淡漠，但人民比較具有進取心和成就動機。可以說，世界上這麼多國家，每一個國家、每一個民族都有著他們自己的特點。

關於國民性，很多心理學家都做過研究工作，其中最爲經典的也許是心理學家麥葛拉奈（D. V. Mranan, 1948）和華民英（I. Wayne）所做的研究。他調查了一九二九年一年間在美國和德國上演的受群衆歡迎的四十五部戲劇，分析了這些戲劇的內容，由此作出了兩國國民性的比較。他認為，這些戲劇既然受群眾歡迎，就意味著它們反映了當時人們的客觀需要，反映了人們的思想觀念以及價值觀等。

四十五部戲劇內容分析

項目	德國	美國
戲劇主題	觀念的、哲學的、歷史的、指向社會的	個人問題，比如戀愛婚姻、日常生活問題等
戲劇主角	傑出的人（女性比較少）	普通人
以大團圓結尾	40％	67％
以悲劇結尾	27％	9％
其他形式結尾	33％	24％

麥葛拉奈認為，以上戲劇內容的不同正反映了兩國的國民性存在以下差別：德國人表現出個性頑固、不肯妥協、眼光狹小。要想改變德國人的態度或觀念，必須要用外力，花大力氣才有可能；而美國人肯定教育的可能性，個性比較隨和，透過說服、討論、擺事實講道理是有可能改變美國人的態度或觀念的。

國民性體現在社會生活的各個方面，所以，社會化雖然說是個體的社會化，但對於生活在同一個社會環境中的個體來說，社會化又會使他們具有許多相同的特性，這就是社會化的共同性。但是，個體的社會化畢竟又是個體自身成長的過程，因而社會化也必定會因個體的不同而具有其社會化的獨特性或說個別性，即每一個社會化的個體，又不完全相同，即使是同處於同一個社會中，由於個體的年齡、智力、性格，甚至體質的差異，個體社會化的結果也不盡相同。比如，生長在同一個家庭中的雙胞胎，即使他們是遺傳素質相同的同卵雙生子，但根據眾多心理學家的研究和生活的實踐提供的資料顯示，由於他們出生的次序決定了他們有不同的社會角色，出生早幾分鐘，甚至早幾秒鐘的就成爲姐姐或哥哥，晚那麼一點點的就成爲妹妹或弟弟，由此社會對他們的要求與期望也就有了差別，從而使他們在社會化的進程中有了不盡相同的發展結果。此外，每一個個體在社會化的發展道路上，一方面要根據自己的年齡、性別，依照社會規範而行爲，另一方面，還必須解決自己面臨的各種各樣的任務和事件，因此，每一個個體的社會化又必定是與他人不同的，有自己獨特的特點。

個體透過社會化，一方面使自己具備了與所處的群體中的其他人相同或相似的個性心理特徵，另一方面也使自己具有了不同於其他人的獨特風格。這就是社會化的共同性和個別性的統一。

10.2 「胡蘿蔔加大棒」——社會教化下的服從

對於我們大多數人來說，服從權威與領導，是一件簡單又自然的事情。這是因爲從兒童時代起，我們就接受著家庭與社會的服從訓練，聽話的被譽爲好孩子，不聽話的就要受到懲罰。這種服從的意識，在我們成長的過程中不斷地從父母處、從學校、從工作職場上得到強化，最終使服從成爲了我們的一種習慣。雖然，不同的人服從的程度有強有弱，但可以肯定地說，沒有一個人敢宣稱：「我從來就不理會服從！」因此，服從命令、接受要求，似乎是我們經過條件反射建立起來的「第二天性」。事實上，從某種意義上，我們可以把服從理解爲是爲了維護社會團體所訂立的標準，個人自覺自願地服從普遍通行的行爲方式。因爲只有這樣，個人才能與社會相適應，成功地占據社會階層的特殊位置，並扮演與之相應的社會角色。

10.2.1 心理學對服從的實驗研究

關於社會服從的最爲經典的實驗也許是美國心理學家米爾格拉姆（Milgram）一九六三年在美國耶魯大學的一系列實驗研究了。米爾格拉姆先在報紙上登載了徵求心理學被試者的廣告，前來應徵的有四十人，都是男性，年齡從二十歲到五十歲，他們都是一些從沒有學過心理學，也從沒有過心理學實驗經歷的人。被試者一來到實驗室，就被介紹給另一個被試者，而事實上這個先到的被試者是一個假被試者，是實驗者的合作者，但眞正的被試者並不知道這一切。實驗者把他們一起帶到了實驗室，並對他們說：「我們要做一次學習的實驗，第一要看作爲教師和學生，這種不同的地位，對學習有什麼影響作用；第二是想研究懲罰對學習的影響效果。要請你們當中的一個人作教師，一個人做學生，而誰做教師，誰做學生，請你們以抽籤的方式決定。」事實上，抽籤只是形式上的，實驗者以一定的方式讓自己的合作者，即假被試者抽到作學習者，而讓眞被試者抽到作教師。接著，實驗者請「教師」幫助自己一起在「學習者」的手腕上綁上電極，然後就帶「教師」回到原來的實驗室。

在實驗室裡，有一個巨大的電擊器，電擊器上有三十個操縱桿，透過按動電擊器上不同的操縱桿，「教師」可以對隔壁房間的「學習者」實施不同強度的電擊刺激。操縱桿上都相應地表明了所能發出的電擊強度，從十五伏特，依次增強，直到四百五十伏特。而且，爲使被試者更清楚電擊的強度，每個操縱桿用文字註明：弱電擊、中等電擊、強電擊、特強電擊、劇烈電擊、極劇烈電擊、危險劇烈電擊等。

實驗者告訴被試者，他的任務是：讓學習者學習一組有聯繫的一對詞。被試者先對學習者大聲朗讀這些成對的詞，學習者要盡可能地記住每對詞的搭配，然後眞被試者依次只讀出每一對詞中的第一個詞，同時呈現給學習者四個可能的答案，學習者要從中選擇出那個唯一正確的對應詞。如果學習者選擇錯誤，被試者就要透過操縱桿對學習者實施不斷增強的電擊。爲使被試者相信電擊刺激是眞實的，並使被試者也體驗一下遭受電擊是不舒服的，學習開始前，實驗者先請被試者接受了一次四十五伏特的電擊刺激。

在實驗過程中，學習者有意地多次出錯，被試者指出其錯誤後，隨即給予一次電擊，而且實驗還規定，學習者每錯一次，教師就必須增強一級電擊強度。按事先的安排，學習者的錯誤反應使他很容易地要接受三百伏特以上的電擊刺激。每次電擊後，學習者都會發出呻吟聲，隨著電擊強度的增加，學習者的反應也越來越強烈，他叫喊著，請求教師停止電擊，隨即猛擊桌子，踢打牆壁，後來學習者乾脆停止回答教師的任何問題，根本不做反應。當然，學習者的表現都是事先排練好的，因爲在實驗過程中他根本沒有遭受到任何電擊。

米爾格拉姆實驗的眞正目的是：確定有多少被試者繼續發出電擊，直到最後一級爲止。米爾格拉姆曾要求一些四年級大學生和精神病醫生對可能繼續實施電擊直至最高水準的「教師」的百分數作一個預估，他們一致認爲只有少數人才會狠心地這樣做。但是，實驗的結果卻出乎意料，在實驗過程中幾乎有三分之二的眞被試者在上述情況中表現出對實驗者指令的完全服從，他們對不斷出錯的學習者一級級提高電擊水準，直至對學習者實施了最高強度的電擊。

在這一實驗中，實施電擊的命令是很明顯的，實驗者要求被試者要與其合作，而不管做教師的眞被試者喜歡還是不喜歡這樣做，因此，在心理學上，就把即使人們不願意去做，但不得不做的行爲稱爲服從。服從是個體按照社會要求、團體規範或別人的願望而作出的行爲，這種行爲是在外界壓力或誘惑下而發生的。

10.2.2 影響服從的因素

從米爾格拉姆的實驗中可以看到，大多數人都是懼怕權威的，在法律和權威面前都會不自覺地表現出服從的行爲。在這一實驗中，米爾格拉姆還繼續研究了影響服從的一些因素。

1. 個體的道德水準

米爾格拉姆用經典的道德判斷測試被試者，發現被試者的道德判斷水準越高，服從權威人物的可能性越小。被試者的道德判斷水準越低，越容易服從權威的要求。這點我們很容易理解，因爲和我們在日常生活中的觀察和體驗相一致：命令一個道德水準高的人去做不道德的事，通常殺了他也行不通，但如果是有益於社會的要求，那麼有高道德水準的人不僅願意服從，甚至還會爲了維護這樣的社會要求獻出自己的生命。

2. 個體的個性特徵

在實驗中，米爾格拉姆還發現，被試者的個性特徵也是影響被試者服從的另一個重要的因素。米爾格拉姆對參加實驗的所有被試者進行了個性測驗，發現那些服從實驗者的命令、不斷增強對「學習者」施加電擊的被試者，其個性有如下特徵：世俗主義、十分重視社會壓力以及個人行爲的社會價值。這些人毫不懷疑地接受權威的命令，並且他們對那些違反社會習俗和社會價值的人不屑一顧。他們多數不敢流露出眞實的感受，思想個性並不明顯。喜歡跟著權威行事，害怕偏離社會準則。

3. 「胡蘿蔔加大棒」

在現實生活中我們經常會聽到媽媽們對孩子們又賄賂又威脅地說：「你要努力學習，成績提高了，媽媽就給你買你前不久看中的那個玩具；但是，如果你不好好學習，成績繼續退步，那就要取消你看你最喜歡的卡通節目的權利了。」對一個正在學著吸煙的孩子，母親們也會採取同樣的賄賂加威脅的手段，以盡可能地阻止孩子繼續抽煙，母親們可能會說：「如果你從此不再吸煙，我將增加你的零用錢；如果你仍然繼續吸煙的話，我將取消你的零用錢。」生活中，很多母親們正是透過「胡蘿蔔加大棒」的獎賞、懲罰和威脅等一系列手段，使得孩子們感受到難以抵抗的壓力，最終不得不服從母親的願望、要求或命令的。

4. 社會讚許和環境氣氛

源於環境中的社會讚許和環境氣氛也都會使人感受到壓力。比如一個學生，對學習沒有多大興趣，特別想玩，在家時不肯學習，父母很是頭疼，把他送到了寄宿學校，他發現在這個環境中，只有好好學習的學生，才會贏得社會的愛和尊敬，即周圍的老師會喜歡他，會和他友好交談，同學們也特別願意和他交往做朋友。同時在寄宿學校，他看到周圍的同學都很認眞地在學習，他自然而然地也會感受到這種學習氛圍的壓力，也努力學習起來了。這種源於社會環境的讚許和氣氛的壓力，更容易給人潛移默化的影響，從而使他人發生服從行爲。

看來獎賞、懲罰和威脅，以及源於社會環境的壓力，都會使人發生服從行爲。但是在這裡我們必須指出，企圖運用這些手段使他人對我們發生服從行爲時，要特別注意掌握「度」的問題，如果懲罰或威脅過分，社會環境給人帶來的壓力感過強，很有可能不僅不會使他人對我們發生服從行爲，反而容易引發他人的抵抗心理，甚至還有可能使某些人把過強的壓力轉化成過度的緊張、焦慮，從而引發心理疾病。

其實每一個社會，在很大程度上都需要社會公民對社會的服從，比如遵守社會的道德規範、法律條文和團體的紀律等，如果沒有公民對社會的服從，那這個社會就沒有了秩序，而公民對社會的服從也正是一個社會維護和增強自己的團體實力的一個重要保障。

如果一個社會眞的沒有了公民對其的服從，那麼這個社會將變得很可怕。人們不遵守交通規則，亂闖紅燈，那麼車禍必然增多。人們不遵守法律，隨性打架鬥毆，任意搶奪他人財物，隨意屠殺生靈，那麼社會就變得一片混亂，生靈塗炭。如果社會眞的沒有了公民對社會的服從，人們將會任自己的本性去生活，社會將失去穩定。所以，即使在人類最初的原始社會，那時沒有權威，沒有法律，也沒有宗教，但史學研究發現，原始人們也知道每個人的任性行事是不可以的，所以一定要有個東西約束住個人的行爲，於是原始人也有了自己的社會約束，比如孩子也要聽父母的話，部落的衆人要聽從酋長的指揮，並形成了人類社會的最初的社會規範。隨著人類種群個數的漸漸增多，僅僅靠最初的社會規範來管理人類社會，已遠遠不夠了，人類社會逐漸顯得無序，這時的人們更是意識到，用更完善的社會規範、社會制度來約束人們，是十分重要的。儘管人的潛意識不想聽從什麼，但有個理性告訴人類，為了人類的共同生存，每一個個體需要放棄一部分自由。於是，人類社會的法律條文就逐漸地形成了。其實，最早的法律制裁都是很嚴酷的。當人們漸漸習慣於服從了，法律的懲治也變得人道了許多。

「相倚契約」下的服從

人性的一個弱點，就是我們往往容易受一些微小、但是直接而確定的東西誘惑，忘記了那些雖然重大，但是遙遠而不確定的目標。學生明明曉得作業還沒完成，卻依然放不下手中的電玩遊戲；人們明明知道吸煙有害健康，卻繼續吸煙。

我們面臨的人性弱點的問題是可以解決的嗎？史基納堅定地回答：可以解決！他的方法簡單地來說，就是把未來的目標化為近期目標，其次是實行所謂的「相倚契約」，來實現這個近期目標。比如說，你想戒煙，但又似乎不能獨自做到；再比如說，一百元對你來說很誘人。於是你可以與另一個人簽訂一份協定，規定你要把一百元交給他，如果一週內你都沒有吸煙，你就可以拿回十元，但即使你在一週裡只吸了一支煙，也同樣會失去十元。這種協定就叫做「相倚契約」。契約裡規定了兩樣東西之間的關係。當然，它可以有多種的形式，比如付款可以是以日計，或者用其他吸引人的東西代替現金。關鍵是要利用這種契約激發你所期望的行爲，禁止所不期望的行爲，從而使服從行爲發生了。以吸煙爲例，你不用等到年老的時候才察覺不吸煙的好處，你只要待上一天或是一週就必有所知。這樣，你的行爲就會受到更直接的而不是遙遠的事物控制了。

史基納堅決地認爲，透過「相倚契約」和適當的強化，可以改變人的行爲，塑造人的性格。事實上，源於這一論點的「行爲治療」的臨床方法已經被成功地應用到治療形形色色的行爲問題，諸如酒精中毒、吸毒成癮、吃拇指癖及病態恐懼等，從而使人消除不良行爲，並透過對治療者的服從建立起新的行爲。儘管有人批評史基納是把在動物實驗中得到的結論過分簡單地照搬到人類社會裡，然而這與在他的理論指導下獲得的成就相比，就顯得微不足道了。

10.3 社會期望下的自我實現的預言

當我們邀請一位好朋友參加自己的生日宴會，而他卻不予理睬，我們與他的友誼關係也許在這一瞬間破裂了。並不是因爲這次宴會有多麼重要，而是由此引發的一系列特定期望而導致的。在這一互動過程中，我們期望著友誼的表示，沒有這種表示，我們就會對明顯的態度改變感到驚奇，感到失望。這種彼此參與對方行爲的雙向預期就稱爲「社會期望」。社會期望包括兩個方面，一是關於什麼是合適的行爲這樣一種簡單的期望或預期；二是需要另一個人作出行爲的要求。社會期望的作用常常是深刻而重大的。

期望的神奇作用是透過什麼心理機理發生的呢？心理學家經過研究認爲是透過對對方的暗示作用實現的。暗示是指在無對抗條件下，用某種間接的方法對人們的心理和行爲產生影響，從而使人們按照一定的方式去行爲或接受一定的意見、思想。暗示的結果會使一個人發生改變，甚至是很巨大的改變。

10.3.1 社會期望下暗示機理的實驗研究

美國心理學家羅森塔爾（Rosenthal）以及雅可布森（Jacobsonl）在一九六八年爲了研究社會期望下發生的暗示機理作用，做了一個非常有名的實驗。他們在加利福尼亞一所小學裡對一至六年級的十八個班的學生進行了一次標準化的非文字測驗，他們很認眞地告訴老師說，這是一次最佳的智力測驗。測驗結束後，他們給每個班級的教師發了一份學生名單，並告知教師說，根據本次科學的測試結果，這份名單上的所有學生是在班級中名列前20％的，是一些會有更優異的發展可能的學生。教師們看了看名單，發現有些學生的成績是很優異的，而有些學生則不然，甚至成績很差。兩位心理學家便解釋道：「請你們注意，我們講的是他們的發展，而非現在的情況。」老師們最終解除了疑惑。心理學家們反覆叮囑老師們不要將這份名單外傳，只准老師自己知道。測試結束八個月以後，心理學家們又來到了這所學校，對十八個班的學生的學習成績進行了追蹤檢測，結果發現他們先前提供給老師的名單上的那20％的學生們的學業成績都有了顯著的進步，而且這些學生的情緒穩定、好奇心強、敢於在課堂上發言、學習努力，與老師和同學的關係也特別融洽，老師們連連點頭說兩位心理學家的測驗可眞準，有很多學生是他們原先根本不知道竟會有這麼大的發展潛力的。

難道兩位心理學家眞的能預測學生的發展潛力嗎？其實，心理學家只是想透過這個實驗研究證明教師對學生的期望的作用！事實上，各個班級的這20％的所謂更有發展可能的學生，是心理學家們從全班同學中隨機抽取出來的，根本沒有參考學生的知識水準與智力水準。但是心理學家們透過「權威」的暗示，堅定了老師對這些學生發展的信心，也激發了教師對這些學生的感情，老師們「知道了」教室中坐著一些與眾不同的孩子，他們將來必然要成爲棟樑之材。於是無論是在課堂上，還是在課堂外，教師對這些孩子都會充滿熱切的期待，而老師們的熱切期待又時時地會體現在老師們對待這些學生的眼神、話語、動作等的交往中，而這些學生也會時時感受到老師的熱切期待，並在不知不覺中接受了老師的暗示，最終眞的像老師們想像的那樣去發展了。因而，後來人們就把教師對學生的期待被學生接受而轉化爲自我暗示，最終發生的自我實現的預言作用稱爲「羅森塔爾效應」。

10.3.2 暗示的作用

1. 暗示影響著人們的心理和行為

心理學家謝里夫（Sherif）曾經做了一個很有名的實驗，在實驗中他要求大學生被試者對兩段文學作品作出評價，他事先告訴學生們說：第一段作品是英國大文豪狄更斯寫的，第二段作品則是一個普通作家寫的。而事實上，這兩段文學作品都是出自大文豪狄更斯之手，但受了暗示的大學生被試者們卻對兩段作品作出了極其懸殊的評價：大學生們給予了第一段作品極其寬厚而又崇敬的讚揚，而對第二段作品則進行了十分苛刻又嚴厲的挑剔。這一實驗論證了，暗示會極大地影響人們的心理和行爲。

2. 暗示會引起人們的生理變化

暗示的作用是很奇妙的，它除了能使人們的心理和行爲發生變化外，還能使人的生理狀況發生變化。曾經有心理學家在實驗室中做過這樣一個實驗，心理學家反覆地請被試者喝大量糖水，然後對被試者進行檢驗，結果可以發現被試者的血糖增高了，還出現了糖尿和尿量增多等生理變化。然後，停止給被試者喝糖水，並等待其生理狀況恢復正常，但對被試者保密這一結果。這時，實驗者不再給被試者喝糖水，但用語言來暗示被試者，對被試者說：「儘管現在沒有讓你喝糖水了，但是積在你體內的糖分依然很高，過一段時間，血糖仍會增高，你還會出現糖尿，尿量也會繼續增多。」接著對被試者再次進行檢驗，發現被試者又出現了飲用大量糖水後才能引起的生理變化。這一實驗顯示，語言暗示可以代替實物，給人腦興奮的刺激，雖然被試者沒有再喝糖水，但人腦仍參與了體內糖的代謝活動。這就是我們常能看到的某些人服用了假的安眠藥仍然能安然入睡，因爲他相信這藥是可以使他入睡的，這就是我們平常所說的「安慰劑效應」。

在心理諮詢中，諮詢師也常常利用暗示來幫助人們擺脫失眠。有些人整夜不能睡好，心理諮詢師就告訴他們「睡不好沒什麼，不要覺得這會使你非常疲倦，不要把失眠放在心上。正常人每天睡四、五個小時就可以了」。這樣失眠者因爲相信權威的話，便不會把失眠看得很重要，而爲睡不著覺得焦慮，反倒眞的安然入睡了。

心理學家還曾經做過這樣的實驗。實驗的主角是個長相一般的女大學生。心理學家請她周圍的同學配合，在以後的日子裡，說她長得很漂亮，很有氣質。結果，奇蹟出現了，三個月後醜小鴨眞的變成了白天鵝，女孩的眼睛充滿活力，嘴角掛著笑容，眉宇之間充滿著自信與快樂！是的，日常生活中，我們會發現有些女孩子當有一個人說她長得很美時，她便眞的慢慢長得漂亮起來。當我們受到他人期望時，我們就會對自我進行肯定，覺得自己還不錯，爲了使他人不失望就要做得更好！這就是成爲白天鵝的秘密，只要說一句話：「別人認爲我是漂亮的，是的，我很美。」

10.3.3 暗示的種類

大陸心理學家孫本文在其著的《社會心理學》一書中，把暗示分爲四類：直接暗示、間接暗示、自我暗示和反暗示。

1. 直接暗示

「直接暗示」就是把事物的意義直接提供給受暗示的人，使之迅速地、不假思索地接受。直接暗示的特點是直截了當，不僅可使受暗示者迅速接受，而且還可保證受暗示者不會對所提供的資訊產生誤解。「望梅止渴」就是直接暗示的一個典型的例子。曹操所指的前面根本就沒有什麼梅林，但是僅靠語言的提示，曹操就使將士的心理和生理發生了反應，從而達到了鼓舞士氣、緩解將士口渴的目的。有一個著名的實驗大家也許聽說過，有一個教授向學生展示了一只不透明的玻璃瓶，隨後教授告訴大家，瓶中裝有一種有惡臭氣味的液體，請聞到惡臭的同學舉起手來。僅僅十五秒後，坐在前排的大多數同學就都舉起了手。教授請聞到的人繼續舉手，一分鐘後，全班有四分之三的學生舉起了手。其實，這個瓶內什麼也沒有裝，只是一個空瓶而已，但由於教授把「瓶內裝有惡臭氣味的液體」這一資訊直接提供給了學生，學生沒有產生懷疑，信以為眞了，從而產生了錯覺。這就是直接暗示的結果。

2. 間接暗示

「間接暗示」是指把事物的意義間接地提供給受暗示者，使之迅速地、不加懷疑地接受。這種暗示的特點是，暗示者往往不講清楚事物的本義，不說明自己的動機，而是把事物的意義間接地提供給受暗示者，從而使受暗示者的心理和行為受到影響。曾經有一位化工廠的年輕經理，想引進一條先進的生產流水線，以減輕工人的勞動強度，提高生產效率。但他知道，廠裡的那些老幹部們很可能會對這一變革推三阻四，怎麼辦？於是，他在一個風和日麗的日子裡，組織這些老幹部和工人們一起去旅遊，在途中似乎是「順路」參觀了幾家採用了現代化生產設備的化工廠。在看到乾淨、整潔的工廠環境，體驗到高品質、高效率的先進生產流程時，他也裝成和大家一樣的驚奇，說到：「沒想到現代化設備眞的就是不一樣呢！我們也該引進一套了。」大家都跟著稱是，而且還提醒他，要及早引進，刻不容緩。這位經理沒有一意孤行，沒有採取會引起大家不滿情緒或牴觸情緒的命令方式，而是巧妙地用間接暗示的方法，傳達了同樣的資訊，因而更有說服力、更有影響力，更易為大家接受。這就是間接暗示，這種暗示一般不會引起受暗示者的牴觸情緒，往往比直接暗示更有效。

3. 自我暗示

「自我暗示」是指受暗示者依靠自己的思想、自己的語言，向自己發出刺激，從而影響自己的認知、情緒、意志或行爲的過程。自我暗示有積極的也有消極的，消極的自我暗示可以出現「杯弓蛇影」的不良後果，而積極的自我暗示則可以堅定個體的意志、振奮精神，有利於個體的身心健康。台灣作家三毛曾說過：「每天對著鏡子笑三次，並說我會很快樂的。」這就是在教人們用積極的自我暗示保持良好的愉快心情。如果你很憂愁，你不妨這樣試一試，大聲地對自己說：「我會是個快樂的人！」奇妙的事情也許眞的就會發生，過不了多久你會眞的變得快樂。如果你要登台表演，可沒上台前，你緊張得不得了，很是擔心，這時你不妨也試一試積極的自我暗示，對自己說：「我不緊張，我會演好的。」這些都是很有效的緩和緊張的方法，都是個體透過自己給自己的暗示而實現的。

4. 反暗示

「反暗示」是指暗示者發出的刺激引起受暗示者性質相反的反應。反暗示又分爲有意反暗示和無意反暗示兩種。有意反暗示是指暗示者故意說反話以達到正面的效果，比如，有的香煙公司有意在廣告中印上不要吸某某牌的香煙，從而引起吸煙者偏要嘗試這一牌子香煙的欲望，這就是用反暗示來達到宣傳推銷的目的。無意反暗示是指有意進行正面的說明卻出現適得其反的效果，比如，爲了推銷商品，商人們常常會把自己的商品說得天花亂墜，而往往是商人們說得越好，顧客越是會懷疑他的商品品質和功能，也越是沒有人買了。

心理學的研究還指出，不同的個體，接受暗示的程度不盡相同，而且暗示的因素對不同的個體所發生的效果也不盡相同，一般來說，年幼的兒童和女性比較容易接受暗示影響；人在疲倦的時候或在面對自己不擅長的領域時，也比較容易受到暗示的影響。

考考你：

1.社會化發展的關鍵期是什麼？與「印記」有什麼關係？
2.什麼是社會化的共同性和個別性的統一？
3.什麼是社會服從？它的經典實驗是如何進行的？
4.社會服從受哪些因素的影響？能用你的生活舉例說明嗎？
5.暗示分為哪幾類？能舉例說明嗎？

11. 人真能做到我行我素嗎？

我們是膽小怕事的綿羊，總是要先看看畜群正在朝什麼方向移動，然後才跟過去。

——馬克・吐溫

阿希（社會心理學家，美國人，1920-1996）

不知你是否注意到，教室裡只有你一個人自習時，你的學習動機可能並不是很強烈，儘管此時教室很明亮、很寬敞也很安靜，但你卻常常會分心，想想這個，做做那個，而如果此時，有兩三個同學（還可能是你不認識的同學），來到了你所在的教室，並隨便找了個位置和你一起自習時，你立刻就會聚精會神起來，有了強烈的學習動機，開始積極地演算起數學題或認眞學習起英文單字了。他人儘管沒有和我們、也沒有必要和我們發生競爭，但是我們卻似乎在不知不覺中感受到了競爭，加快了自己的行爲。

11.1 不知覺中的社會促進行爲

《聖經》上說：有一日那人（亞當）和妻子同房，夏娃就懷孕了，生了該隱（就是「得」的意思），便說：「耶和華使我得了一個男子。」又生了該隱的兄弟亞伯。兩個兒子漸漸長大，老大種地，老二放羊。他們都想討神的喜歡，亞伯就拿他羊群中頭生的羊和羊的脂油獻給神，而該隱則拿出地裡出產的作物為供物獻上。神看中了亞伯和他的供物，卻不喜歡該隱和他的供物。該隱知道後，就非常忿怒，甚至臉色都變了，神就對該隱說：「你為什麼要發怒呢？又為什麼要變臉呢？你要是做得好，我不是同樣也喜歡你嗎？」

該隱無話可說，他知道自己比不過亞伯的真心和能力，便暗暗地動了邪念。有一日，亞伯來天中看該隱，兩個人就聊了起來，該隱心裡在想：這真是個好機會。於是便趁亞伯不注意，拿起身邊的石頭向他打去，結果把他打死了，然後又把他埋了起來。過了幾天，神問該隱說：「你的弟弟亞伯在哪裡？」該隱竟說：「我不知道，我又不是看守亞伯的。」神當然知道該隱在說謊，便給了他極大的詛咒。

這就是《聖經》中所記載的人類歷史上第一宗殺人案，它竟是發生在兄弟之間！沒有誰去教該隱與亞伯競爭，只是由於弟弟的存在，該隱想討神的喜歡的動機變得異常強烈，但結果卻沒討上，只有把討神喜歡的弟弟殺掉才覺得解心頭之恨。也許，與我們共處的人，不管和我們有沒有明顯的競爭，都一樣使我們有要超越對方的強烈欲望。

11.1.1 社會促進的實驗研究

心理學家對他人在場可使個體在不知覺中感受到競爭壓力，並由此增強了與之爭強、爭勝的動機現象產生了濃厚的研究興趣，爲此設計了大量的實驗加以論證，其中最爲有趣的是心理學家在清華大學所做的一次動物實驗。

1. 勤奮的螞蟻

清華大學的學者陳（S. C. Chen）曾用三十六隻螞蟻做被試者，進行了有趣的實驗研究。心理學家們觀察了三十六隻螞蟻在以下三種情況下挖土、築巢的工作效率：第一種情況是三十六隻螞蟻分別在三十六只瓶子中單獨工作；第二種情況是三十六隻螞蟻兩兩一組，分別在十八只瓶子裡工作；第三種情況是三十六隻螞蟻三個一組分別在十二只瓶子裡工作。對螞蟻們的工作效率的考察是以以下兩個變數爲指標：第一個指標是考察每隻螞蟻在進入瓶子到開始挖土、築巢所需要的時間，這是對螞蟻工作積極性的考察；第二個指標是考察螞蟻開始挖土、築巢後的六個小時內，所挖出的沙土量，這是對螞蟻工作成績的考察。每三天進行一次實驗，爲了防止螞蟻第一次單獨進入瓶子中工作，由於對工作環境的第一次適應會影響螞蟻在瓶子中的第一次工作，爲此，在實驗的最後一次又考察了一次螞蟻單獨工作的情況。整個實驗的結果如下面的表格所示：

	螞蟻首次單獨工作	螞蟻兩兩工作	螞蟻三個一組工作	螞蟻第二次單獨工作
平均每隻螞蟻開始工作所需消耗的時間（分）	192	28	33	160
每隻螞蟻連續6小時所挖出的沙土量（克）	232	765	728	182

由這一結果可看出，兩隻螞蟻或三隻螞蟻在一起工作時，不但開始工作所需要的時間短，而且，每隻螞蟻的工作量即挖土量也遠比一隻螞蟻單獨工作時的工作量高。由此我們可以得到這樣的結論：幾隻螞蟻在一起從事同樣性質的工作時，確實能增強螞蟻的工作動機，從而提高了工作效率。有人還發現，在籠子裡，單獨一對老鼠比起三對同在時交配要少一些。

2. 卡車遊戲中的爭強

弗里德曼（Friedman）與克勞斯（Krauss）在一九六〇年做過一個有趣的實驗。他們以成對的被試者來從事卡車遊戲，即要求每個被試者都設想他們正經營一家卡車公司，並且要求每一輛卡車由一個地點儘快地到達另一個地點。這兩輛卡車並不競爭，他們有不同的起點和終點。但是，有一個障礙物——兩者最快的直接路線都會合在一條狹小的道路上，而他們行駛的方向是相反的。兩輛卡車使用同一條直接路線的唯一辦法就是其中一輛卡車等待片刻，讓另一輛卡車先通過，不論哪一輛卡車進入這一條道路，另一輛卡車就不能使用這條路線。如果兩輛卡車同時進入就都不能向前行駛，除非叫一輛卡車倒退出去。另外每個參加者都有一個欄門橫跨在直接的路線上，透過按鈕可以將欄門提升起來，使道路不再暢通。兩輛卡車又各有一條備用路線，互不衝突，但是走備用路線要遠些，會使參加者減少得分。實驗設計者在實驗開始前就告訴參加者，遊戲的目的是盡可能地爲自己贏得更多的分數，從一開始就沒有要求參加者要比另一位多贏分數。

根據典型的實驗記載，雙方都試圖利用這條直接道路，結果迎面相遇於中途。他們都堅持停留一會兒，每個人都拒絕倒

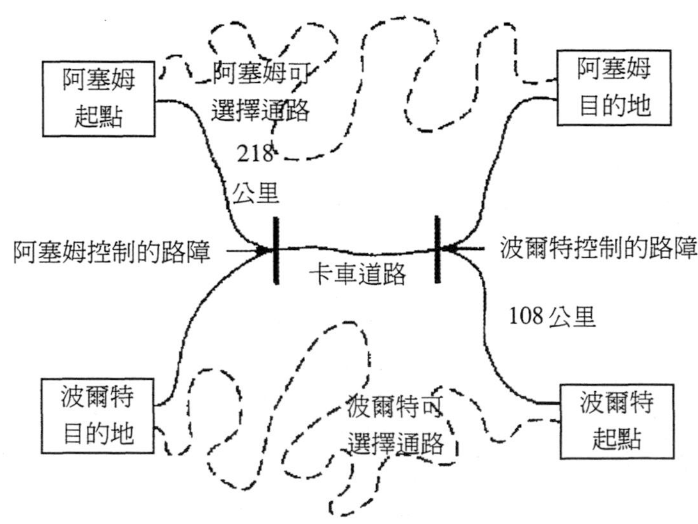

退。參加遊戲的雙方會神經質地笑一笑，或說些難聽的話。最後其中一個人會先倒車，準備走備用路線，但在過了其所控制的欄門後，迅即就又把它關上，以阻止對方使用直接路線。結果雙方都不得不走自己的備用道路，大家都減少了分數。再一次實驗，他們還會這樣做。偶然的合作情況有時出現，但大多數都是競爭性的。

這一實驗結果令實驗者大吃一驚。在實驗中，實驗者唯一的要求就是要他們以最快的速度到達終點，並沒有要求他們競爭。很顯然，最好的辦法應該是合作，即交替地使用這條狹窄的道路，一輛卡車等幾秒鐘，讓另一輛卡車先行駛過去。這樣，兩個人就都能使用這段直接的路線，也就可以獲得最多的分數。但結果卻是，幾乎所有的參賽者還是會不由自主地懷著競爭的心態，盡可能地超越對方，而忘記合作。

透過這些經典的實驗研究工作，心理學家們相信，他人的在場，的確會使個體在不知覺中感受到競爭的壓力，從而增強了行爲的動機。增強的動機會帶來怎樣的行爲呢？

11.1.2 社會促進的兩種行爲結果

由於他人在場，增強了個體的競爭動機，但動機的增強，不一定帶來的都是行爲效率的提高。心理學家皮森（J. Pessin）研究發現，有一個旁觀者在場，將會減低個體有關記憶性工作的效率。隨後，有很多心理學家都以實驗研究論證了，他人在場激發出的強烈動機，也會妨礙個體的工作進度。

可見，他人在場所產生的社會促進作用將導致個體兩種不同的行爲結果。至此，心理學家才對社會促進作用有了完整的解釋：他人在場引起行爲者的是一種普遍而未特定化了的驅力，由這種驅力激發的動機，將對個體的行爲產生兩種相反的影響作用，即對於簡單的或個體已經熟練的行爲，這種增強的動機將產生助長影響；但是，對於過於複雜的、個體還很生疏的行爲，這種增強的動機只會產生妨礙作用。就像螞蟻和老鼠，掘沙和交配對牠們是比較簡單的工作，同時也是極爲重要的行爲，所以當有同類在場時，牠們感受到了競爭的壓力，行爲也因此被大大地助長了。而背課文和記英語單字等，對我們來說是較爲枯燥和需要腦力的，所以當有人在場時，就增強了我們沒有把握的感覺，由此引發了我們的緊張和焦慮，從而使我們更記不住。對於前者，心理學家又稱之爲共事效應；對於後者，心理學家又稱之爲聽眾效應。

11.1.3 社會促進作用的機理——自我覺知和他人評價與競爭

當心理學家發現了社會促進的兩種作用結果後，心理學家們接著就提出了這樣的問題：是觀眾的什麼特徵增強了個體的動機呢？僅僅是觀眾的身體嗎？還是其他什麼特徵呢？考特雷爾（L. S. Cottrell）首先在這方面進行了開創性的研究工作。他請學生們來實驗室學習一些無意義音節，請學生們盡可能記住，然後在螢幕上打一些迅速閃動的詞，學生要在詞閃動的剎那間把剛學習的無意義音節辨別出來。學生們被分成三組，分別在三種不同的條件下完成學習任務。在第一種條件下，學生一個人在實驗室單獨進行；在第二種條件下，有學習者的兩個同學在場，而且這兩個同學對該實驗表現出濃厚的興趣；第三種條件下，雖然也有兩個觀眾在場，但是這兩個觀眾的雙眼被蒙了起來，因而無法知道學習者完成任務的情況。結果發現，在第一種和第三種條件下，學生們的成績是一樣的，只有在第二種條件下，學生們的成績才有提高，發生了社會促進的影響。

可見，僅有觀眾的身體在場是不足以產生社會促進的。那麼，是什麼在起作用呢？蘭德斯（Landers）等人的研究指出，是觀眾的評價和對競爭的自我覺知產生了社會助長或社會妨礙作用。在他們的實驗中，要求男大學生們去完成一件靈活性的任務，即用兩根鐵棒把一個鐵球沿著一個斜面向上趕。這個遊戲相當困難，要求有一定的技巧。實驗也分三種條件進行。第一種被稱爲「直接評價」條件，學生們能看到自己的分數和其他人的分數及表演。第二種被稱爲「間接評價」條件，學生們無法看到其他人的表演，但可以看到分數。第三種稱爲「無評價」條件，學生們既看不到他人的表演，也看不到他人的分數。結果，研究人員發現，與「無評價」條件和「間接評價」條件下的成績相比，「直接評價」條件下，學生的成績要差得多。由此，心理學家們認爲一個在高度覺知和高度評價條件下完成任務的人，不如一個不知道或意識不到自己正在被人評價的人完成的好。這就是社會促進產生的機理：自我覺知和他人評價使個體在不知覺中感受到競爭壓力，從而激發了個體強烈的動機水準，最終使個體從事的簡單工作得以加強，而從事的複雜工作受到妨礙。

的確，在生活中人們往往把身處的每一種社會情境都解釋成競爭性的，而單獨一個人時，就覺得無所謂輸贏好壞，怎樣都可以。人沒有比較，又沒有即刻目標，便很容易產生惰性。而人一旦進入社會中，身邊有了同類，就或多或少要感受到競爭的壓力，就像卡車遊戲，儘管參加者都知道彼此合作可以取得更大的利益，但是人們還是選擇了彼此競爭，甚至在無意間就產生了這種感覺。這其中還常常暗含著評價作用，個體會情不自禁地想：「他們可能正在注意我做得怎麼樣呢？我一定要好好做，讓他們瞧瞧。」況且，在社會情境中，人們還害怕被拋棄，總想要社會中的同類喜歡和接受自己，而當個體確實知覺到自己與他人在一起將有可能發生互動時，這些動機更爲強烈。也許，個體根本就不認識身邊的人，但卻仍然認爲他們在某種程度上在對自己進行評價，而社會中的我們又是很關心別人對我們的看法的，我們自然也就想做得更好一些。因此，他人在場就給個體提供了某種內在的競爭，這一點與別人在做什麼是毫無關係的。

社會助長的時狂現象

時尚又稱時髦，指一時崇尚的方式，是社會成員透過對所崇尚事物的追求，獲得一種心理上的滿足。時尚充分地體現了社會促進中相互助長的心理作用。社會的一致，把大多數人捲入到時尚的潮流中，彼此相逐、相互助長，有時還達到一種情緒化的強度，似乎成了一股「群眾運動」，這便是所謂的「時狂」。

十六世紀古荷蘭出現的「鬱金香熱」就是一個典型的例子。十六世紀中葉鬱金香傳入荷蘭。起初，只有貴族階級喜歡它，後來蔓延到收入僅足糊口的百姓也競相以占有奇種和高價的鬱金香爲榮。鬱金香熱在荷蘭狂熱到最高程度，成爲全國性的以收存、保養鬱金香爲榮的時狂。一時之間，鬱金香供不應求，大家都不惜以重金高價收買。於是，許許多多的荷蘭人不事生產，而專門買賣鬱金香。人們深信鬱金香的魅力不可抵擋，經久不衰。

11.2 跟著大多數人走——社會遵從

在孩子的成長道路上，他們學著用特定的方式說話、行事，接受一定的價值觀，產生一定的動機、願望。一個小孩在六、七歲時，跟其他小朋友在院子裡玩打仗的遊戲，嘴裡還說著大人們常說的侮辱的話，但當他七、八歲時又和另一群斯文的孩子在一起時，慢慢地他會改掉不良的習慣。我們會發現同一社會的所有兒童學會的往往是同樣的東西。於是他們長大成人時，就以相似的方式去行動，這並不是因爲他們很願意這樣去做，也不是因爲他們對這些行爲深思熟慮過，而是因爲這是他們從小就學會的行爲方式。

生活中，人們表現出的相同或相似行爲有時並非是出於共同的學習或需要。比如，當你一個人在街上漫無目的地散步，沒有非去不可的路線，這時你看到前面的人都在一個特別的交叉路口向右轉彎，你很可能會被引誘著也向右轉彎。再比如，一天你正在走自己的路，忽然看到有一些人停在馬路上並都抬頭向天上望著什麼，你往往也會停下自己的腳步，像他們那樣望向天空。如果有人對你說，一瓶某某牌子的啤酒比原先的瓶子大二十倍是一項了不起的藝術，你也許眞的會同意他的看法，並自願地拿出上千元買了一瓶，自豪地擺放在客廳展示給客人看。生活中我們之所以這樣行爲，常常是因爲看到他人如此行爲，即使明顯地感受到他人的判斷與自己的感覺不一致時，我們也常常會放棄自己的感覺，而跟隨社會或團體中的大多數人的行爲決定自己的行動。這就是心理學所說的「社會遵從」現象。可以說，遵從是一種潛移默化的影響。沒有人告訴我們非得這樣做不可，但我們還是這樣做了。

11.2.1 心理學對社會遵從的實驗研究

關於人的社會遵從的實驗研究工作開展得最早的應該算是謝里夫在一九三五年進行的實驗研究了。

1.「運動遵從」的光點實驗研究

謝里夫利用有趣的遊動錯覺現象進行了遵從的實驗研究。所謂的遊動錯覺現象是指黑暗中的一個小光點，即使使其完全靜止，但在觀察者看來卻似乎是在來回運動著。在第二次世界大戰期間，那些跟隨前面飛機燈光飛行的飛行員們常常由於遊動錯覺的干擾，總覺得前面的燈光在不停地運動著，因此而迷失方向，最終偏離了飛行航線。後來，改用閃動燈光才避免了這種遊動錯覺的作用。

謝里夫把一間伸手不見五指的暗室作爲實驗室，參加實驗的被試者被一個個分別帶進實驗室，然後給被試者打一個靜止的光點，請被試者判斷一下光點來回運動的距離。當然所有的被試者都不熟悉遊動錯覺現象，他們眞的以爲光點是運動著的。結果發現，經過幾次實驗，每個被試者便開始形成自己的光點運動標準，即每個被試者報告光點運動的距離總是有一個他們自己的範圍，而且發現，不同的被試者對光點運動的範圍存在很大的差異，有的被試者認爲光點只運動了二、三英寸，而有的被試者則認爲光點運動了十五、六英寸。然後謝里夫把光點運動範圍做出大小兩極判斷的被試者組成一組，讓他們兩人一起到暗室中再次進行光點運動距離的判斷。結果發現，本來認爲光點只運動了二、三英寸的被試者開始做出三、四英寸，直至六、七英寸的判斷了，而原先認爲運動了十五、六英寸的，也開始靠向七、八英寸了，最後兩人取得了相同或相似的判斷標準。

謝里夫的這一實驗顯示，在模糊不清、缺乏現實參考的情景下，個體常常會不知覺地接受社會或團體中他人的影響。之所以說謝里夫的實驗情景是模糊不清、缺乏現實參考，是因爲在他的實驗中，光點的運動始終是一個錯覺，沒有任何客觀的東西作爲光點運動距離的現實參照，被試者做出的回答只是一種完全不能確信的估計或猜測。

謝里夫的這一實驗報告發表後，引起了心理學界的研究興趣，但是由於他的實驗情景太模糊了，心理學家們不免提出了這樣的問題：當個體的感覺或判斷是在很現實的明顯情景下進行時，個體是否也會自動地放棄自己的感覺或判斷，而與社會或團體中的其他人保持一致呢？

2. 經典的「阿希實驗」

索羅門·阿希（Solomon Asch）在一九五一年進行了一系列被現在的心理學界認爲是經典的心理學研究，並被心理學界作爲一個專有名詞「阿希實驗」記載在心理學的各類詞典中。

阿希做的也是一個視覺判斷的實驗，但在他的實驗中，被試者的視覺感受是眞實而明顯的，完全排除了模糊的實驗情景。實驗的材料是兩張一組共十八組的卡片，每組卡片中的第一張卡片上只有一條垂直線段，稱爲標準線段，第二張卡片上有三條垂直線段，稱爲比較線段。在比較線段中，有一條線段是和標準線段一樣長短，而其他兩條比較線段都明顯地長或短於標準線段。被試者的任務就是向實驗者指出三條比較線段中和標準線段一樣長的那條線段。就一般的正常視覺來說，每個人都可以正確無誤地一下做出自己的判斷。當然，標準線段的長度和比較線段中的正確線段的位置不斷有變化。阿希請了一些大學生參加這一實驗，學生被每七人分爲一組，實驗時七個學生一起圍著一張圓桌子坐下，阿希每次向學生們呈現一組卡片，請學生依次做出回答。

實驗開始了，阿希給大學生們呈現第一組卡片，學生們一個接一個地根據自己的感覺大聲回答出自己的判斷，七個人的意見都一致，也都是正確的。接著，阿希呈現第二組卡片，學生們依然像第一次一樣做出了一致的回答。正當大學生們感到這個簡單而枯燥的測試又單調又毫無意義時，阿希給大家呈現了第三組卡片。第一位大學生仔細看了看兩張卡片上的線段，鄭重地作出了顯然是錯誤的回答，接著第二、三、四、五，直至第六位大學生也作出了同樣錯誤的判斷，輪到第七位大學生回答了，他感到十分驚訝，因爲他的感官清楚地告訴他別人都是錯的，他們都沒有選擇眞正與標準線段相同的那條線段，他非常迷惘，不知該怎樣回答，他還很可能尷尬地對同學們笑笑，小聲地說出自己認爲是正確的線段。阿希接著就又呈現了第四組卡片，第七位大學生再次發現自己感官得來的證據和小組中的其他六位成員不一致，他感到更加迷茫，他認眞地看了看每一位和他一起參加實驗的大學生，覺得他們沒有什麼異樣，而且他們好像還都覺得自己很正確的樣子。這時，第七位大學生會有什麼反應呢？結果是，許多參加實驗又坐在第七個位子的大學生最終自動放棄了來自於他們自己感官的正確判斷，小聲地說出了與別人相同的但是是錯誤的回答。

原來，這個實驗是事先安排好的，前六名大學生都是假被試者，他們都是阿希的實驗助手，他們按照事先安排好的程序進行正確或錯誤的選擇，只有第七位大學生不知道自己是小組中唯一不知底細的眞被試者。實驗中，來自這位大學生感官的證據實際是正確的，但他卻處於兩種強度懸殊的力量較量中，一個是只有他自己的弱方，他由自己的感官得到判斷；另一個則是有六個人的一致判斷。因此，這第七位大學生的任務非常困難，他不但要在一群一致不同意他的判斷的公衆面前發表他的明確看法，而且更讓他感到窘迫的是那些人已經在他之前先公開地表示了一致的意見。在實驗的過程中，爲了消除這唯一不知底細的大學生的懷疑，阿希指示那六位大學生在每組十八次的實驗中要間隔地有六次回答是和第七位大學生的感覺一致。

阿希一共在三所大學一百二十三名大學生中做了這個實驗，結果，只有四分之一的大學生自始至終做到了拒絕遵從。而來參加這個實驗的大學生都是具有良好的視覺及敏銳思維能力的，並且從表面看，大學生們可以任意地作出自己想作的反應，而阿希也確實要求他們選擇自己認爲正確的答案，但是來自群體的壓力是如此之大，當社會中絕大多數人都已經作出同樣反應時，個體常常就會受到誘惑，也跟著做出不正確、但卻和衆人一致的判斷。

當一個人的活動是出自其他人都這樣活動時，這種活動在心理學上就稱爲社會遵從或從眾。

11.2.2 心理學對社會遵從的解釋

1. 資訊壓力

是指個體把社會或群體看做資訊源而給自身帶來的壓力。在生活中，我們常常把他人看做是資訊的一個重要來源。我們透過他人獲得許多有關這個世界的資訊，甚至許多有關我們自己的資訊也是透過他人獲得的，這就好像我們在一個陌生的城鎮迷路時，我們總是向當地的警察或居民問路。而且，在一般情況下，那些在我們看來是能帶給我們正確資訊的人，也常常是我們仿效和相信的人。

在阿希的社會遵從實驗中，這種資訊壓力的機制看來的確在起作用。人們傾向於相信多數，認爲多數人正確的機率更大，因而把多數人看做是資訊的來源而懷疑自己感官得來的判斷。如果是在模稜兩可的情況下，由於自信心的缺乏，人們更容易發生社會遵從。

2. 規範壓力

指作爲群體要求而制約個體行爲的一種力量。假如個體違背群體要求的話，往往被稱爲「越軌者」，並且被群體疏遠，群體甚至會對其施行精神或肉體上的懲罰。

幾乎在所有的社會情境中，人們都希望社會或群體能喜歡自己、接納自己、優待自己。而一旦面臨與大家意見不一致時，人們就會擔心社會或群體疏遠自己、討厭自己甚至虐待自己。爲了避免發生「被拋棄」的後果，人們往往就會遵從社會或群體要求，從而發生社會遵從。事實也確實如此，群體一旦發現有「越軌者」，群體成員就會在權利可及的範圍內給予個體懲罰。在西方電氣公司霍桑工廠的一項研究中，心理學家觀察了很多工人的行爲，這些工人的工資依其勞動生產率而定。工作越努力，完成任務越多，工人的工資也就越高。然而，心理學家卻發現，這些工人對自己每日的工作量好像有一個不言而明的標準，每天每個工人完成了這個工作量後，就自動地鬆弛下來了。工人們透過這樣的工作，就能合理地掙到一份工資，而不想努力苦幹。因此，工廠的生產率一直都維持在一個較低的水準。怎麼會這樣呢？爲什麼沒有人主動地透過提高自己的生產率來掙得更高的工資呢？

心理學家透過大量而細致的研究發現，每個工人遵從群體認可的生產率，就是源於群體的規範壓力。由於群體擔心任何人的努力都可能會引起管理人員提高定額，因此，群體就在無形中建立了一個行爲規範，即一個人不能做得太多，否則，個體就被冠於「假積極」的稱呼；而同時，一個人也不能做得太少，那樣會使自己被認爲在「摸魚」而扣發部分工資，甚至群體把自己當成懶漢而被群體瞧不起。群體爲了使建立起來的這個行爲規範行之有效，還有了一套加強這一規範的不尋常的辦法，使得一旦有人工作得太慢或太快，都可能要受到群體的「提醒」，提醒的方法就是有人在「越軌者」的肩上打一下，這不僅讓「越軌者」疼一下，而且還是對其違反群體生產率標準的一種象徵性的懲罰。

在「越軌者」身上打一下，這僅僅是一切群體對違反其要求的個體施行各種壓力的一種戲劇性的例證，正是這些壓力迫使群體成員遵從群體的觀念、態度、價值觀及行爲。如果個體遵從了，就會得到群體的優待和接受；而一旦個體偏離了群體要求，個體就會受到群體的疏遠和相應的懲罰。

11.2.3 社會遵從的影響因素

1. 群體規模

假如你正走在忠孝東路上，看到一個人在熙熙攘攘的人流中抬頭向天空望去，你很可能會繼續走自己的路，絲毫不關心。但是如果是有五個、十個，甚至二十個人都在那兒駐足向天空觀望，你就很有可能想也不想地停下腳步，像他們那樣望向天空，而且，抬頭望的人越多，讓你駐足觀看的可能性也就越大。再假如，你正坐在一間房子裡，感到很冷時，有一個人說這房間太熱，你一定不會同意他的看法，你會想這個人是不是搞錯了？而且，你很有可能會直言反駁他的觀點。但是，假如房間裡有六個人，除了你之外的五個人都說這房間太熱的話，你一定會對自己的感覺產生懷疑，因爲你認爲五個人都弄錯的可能性比較小，你可能會摸摸自己的前額，看看是不是自己在發燒而覺得冷，而且與你感覺不一致的人越多，你越是懷疑自己的判斷。可見，要讓我們不相信一個群體比不相信一個人要困難得多，一般來說，群體的規模越大越使我們感到更值得信賴，我們就越容易對其發生社會遵從。

2. 群體的一致性

群體中的分歧會損害群體的力量，從而使群體迫使其個體發生社會遵從的壓力下降。因而，在產生社會遵從的過程中，群體的一致性是影響個體社會遵從強烈與否的一個重要因素。阿希在自己的社會遵從實驗研究中，在六個合作者中有意安排了一人支持眞被試者由感官得來的證據時，發現被試者的遵從性下降了75％，也就是說，這時被試者的遵從行為只有通常水準的四分之一了。而且發現，支持者的個人狀況似乎無關緊要，即不管支持者是一個很有威信的專家，還是一個毫無特長的無名之輩，只要他支持被試者的意見，被試者的遵從性就會大大下降。

群體的分歧之所以有降低個體的社會遵從的作用，是因為分歧減弱了個體把群體作為資訊源的信任，削弱了個體對群體的依賴，結果就降低了個體對群體的社會遵從行為的發生。如果與群體發生分歧的人再又持有支持個體的同樣的觀點，還會大大增加個體對自己判斷的自信心，而且，有支持者，個體也不再感到孤獨無助，個體的社會遵從也就更會減少了。再者，即使與群體發生分歧的人的觀點與個體的觀點毫不相干，但也是個體敢於表達自己見解的很好的鼓勵和示範。就像「皇帝的新衣」中所有的圍觀群眾都看到了赤身裸體的皇帝穿著他臆想中漂亮的新衣裳，但沒有一個人敢說眞話，此時有一個人，哪怕還是個孩子，說出了「皇帝沒有穿衣服」，那些成年人也就找到了抵抗多數人壓力的力量，紛紛說出皇帝根本就沒有穿衣服，而且這聲音很快就變成了一片。所以，群體中的分歧會大大降低個體產生社會遵從的壓力。

3. 性別差異

多年來的研究都發現，女性比男性有更強烈的社會遵從傾向。在二十世紀五、六○年代，有關這方面的研究有大量的報導，綜合這些報導，可看出在各種不同的廣泛實驗條件下，女性的社會遵從率為35％，男性的社會遵從率為22％。這種男女之間社會遵從性的差別，多年來或多或少地被人們作為生活中的一種事實而普遍接受。但是，隨著女性社會地位的提高，人們看到許多過去對男女性別差異的研究報告，其實都多少滲透著對女性的不公正和歧視。有學者就追問到：早期的社會遵從性的研究是眞的反映了女性有更大的社會遵從性，還是由於在那些男人組織的實驗中，使用了更適合男性的材料，女性由於對這些男性材料不熟悉、不擅長，而自信心不足，從而導致了更明顯的社會遵從傾向？這一系列的疑問最終導致了西斯川克（F. Sistrunk）和麥克大衛（J. W. McDavid）在一九七一年的研究工作，在他們的研究中，對材料和性別的關係進行了嚴格區分。他們首先選出了一百個有關日常生活的觀點和事實描述，請一些被試者判斷這些問題與性別的關係，假如對某一問題的描述，至少有80％的被試者認爲男性更有興趣或經驗，那麼這個項目就被認爲是男性項目。同樣，用此方法把女性的項目也檢測出來。還有一些是沒有明顯性別傾向的中性項目。然後，西斯川克和麥克大衛分別用「男性」、「女性」和「中性」的項目，進行了社會遵從的實驗研究。結果顯示，女性並不明顯地比男性更加具有社會遵從的傾向，反映在中性項目中，男女的社會遵從量幾乎相同；女性項目中，男性的社會遵從傾向更明顯；男性項目中則是女性的社會遵從傾向更突出。

這樣看來，通常爲人們所接受的那種女性比男性更容易從眾，很可能是由於實驗的情境所導致的偏見。

在日常生活中，遵從行爲是比較常見的。由於它形成了我們這個社會的流行、習慣，但也由於它，有些人雖然覺得社會或團體有些不對之處，但爲了不與大家發生衝突，便違心地聽從了團體的意見。但在社會團體中，堅持自己的意見，抵拒外來壓力的人也不少。儘管他們可能受到非議，甚至爲堅持眞理而獻身，但他們會帶動起更多的人覺醒，來跟隨他們。我們把這種相反的現象稱爲眾從。我們的生活中每天都發生著遵從和眾從的行爲，當然有些眾從中的主導人物並不是由於群體行爲不好，而有可能只是爲了獨樹一幟，與眾不同。

11.3 暴徒式的群衆——社會感染及團體暴力的產生

在繁忙的公路上，突然有兩輛車相撞了，頓時，好奇的過路人把現場圍了起來，人越圍越多，後面的人還踮起腳拚命地往前擠，這就是一種集體行爲。一般來說，集體行爲是自發產生的，相對來說是沒有組織的，甚至是不可預測的，它的發展趨勢沒有計畫，依賴於參與者的相互刺激，在社會群體的掩護下，個體會違反自己在社會情境中常常嚴格遵守著的社會準則，從而會形成瘋狂的舉動、一時的狂熱，表現爲群眾性的歇斯底里。比如，一九五五年在義大利那不勒斯的一場足球賽中，球迷們毆打了無辜的裁判，造成一百二十人受傷。一九六七年九月在土耳其凱賽里的另一場足球賽中發生了騷亂，四十二人被打死，六百多人被打傷。十九世紀末，法國醫師李本（G. LeBon）觀察並解釋了群眾聚集而發生的集體行爲，他認爲聚集在一起的群眾似乎能夠突然轉變爲殘酷的、獸性的、失掉理智的、毫無約束地發洩情感和濫用暴力的烏合之眾。

11.3.1 集體行爲的類型

從邏輯上講，一切團體的活動都可以稱爲集體行爲。社會團體的活動一般有兩種類型，一種是制度化的活動，一種是非制度化的活動，由此可以把集體行爲也分爲制度化的集體行爲和非制度化的集體行爲。

所謂制度化的集體行爲是指團體的活動是在人類有共同的了解與期望中發生的，表現爲有規則的集體活動。一般來說，制度化的集體行爲的最大特徵是可預測性，這種可預測性表現在：

(1)行爲方向上：凡是與群體活動方向吻合的成員，其他人就回應，反之就不回應。
(2)行爲標準上：表現爲有相同或相似的價值觀。
(3)角色扮演上：個體的行爲和其在集體中所扮演的角色位置相一致。
(4)組織系統上：制度化行爲的發生總是有一定的規定和規則。

所謂的反制度化集體行爲是指團體的活動沒有共同的了解和被公認的原則。比如，激烈的群眾暴動、商品要漲價的消息傳來時的搶購浪潮、戰爭的歇斯底里狀態等，都屬於反制度化的集體行爲。

反制度化的集體行爲的特點正好與制度化的集體行爲相反，不論從哪個方面講，都是難以預測和難以控制的，因而常常對社會潛藏著巨大的破壞性，所以，心理學的大量研究都是集中在這方面的，因而，我們所討論的集體行爲也是反制度化的集體行爲。

11.3.2 集體行爲的產生

在討論反制度化集體行爲產生之前，我們先來看一個典型的、發生在現實社會中的集體行爲的事件。

在美國德克薩斯州一個叫李村的地方，有一個白人農場。一九三一年初冬的一個星期六的上午，一個年輕的黑人雇員忿忿地來到這個白人農場，他是來向白人農場主索要欠他的週薪的。白人農場主不在家，他的妻子接待了這個黑人雇員，並說自己的丈夫出去了，沒有留下欠他的週薪，希望他換個時間再來。這個黑人雇員很不高興地離開了。但過了一會兒，他拿著一隻手槍又重新來到了白人農場主的家中，再次憤然地要求農場主的妻子馬上支付欠他的週薪。農場主的妻子再次告訴他自己的丈夫出去還沒有回來，並要求他馬上離開。這個黑人雇員不僅沒有離開，反而用手槍把農場主的妻子挾持到房中，實施了非禮。非禮後，這個黑人雇員就逃走了。白人農場主的妻子立刻報了案，黑人雇員很快被警察逮捕了，並坦白了自己的全部罪行。警察把他關進了監獄。消息傳出後，整個李村都騷動起來了，白人激進份子紛紛指責黑人的暴行，而黑人則認爲這是白人對黑人的又一次陷害。當時，整個李村的氣氛相當緊張。法庭不顧這一緊張的氣氛，堅持要在當地公開審判。審判開始前，人們就從四面八方趕來了。法庭內外，人越來越多，擁擁擠擠。隨著審判的進行，人群變得越來越好戰，出現了集體激動的場面，並在相互的交流中把這一情緒逐漸地傳染、蔓延。在這關鍵的時刻，各種各樣的謠言又隨之出現，每個人都相信自己聽到的謠言的正確性，人群更是表現得個個躍躍欲試，一觸即發。下午一時整，當白人農場主的妻子出庭作證時，激動的人群一下子沸騰起來，成了一群憤怒的暴徒。警察慌忙把黑人雇員監禁在一個水火不入的牢房中，並試圖用催淚彈迫使騷動的人群解散。但這一切都無濟於事。隨後，騷亂的群眾火燒了法庭。傍晚時，有白人激進份子用炸藥爆破了關押黑人的牢房，將炸死的黑人雇員吊在法庭裡的一棵樹上示眾。隨後，又把黑人雇員的屍體掛在汽車後面沿街拖著示眾，有五千多名白人跟在汽車後面狂叫怒吼。最後，這群激動的白人把黑人雇員的屍體拖到李村黑人區，當眾焚燒。事態蔓延得越來越嚴重，最後不得已，出動了軍隊加以鎮壓，才使整個事件慢慢平息下來。

由這一典型的集體行爲的事件，我們可以看到，集體行爲的產生有如下的特點：

1. 擁擠

首先是擁擠，它是最初的或最早的集體行爲的方式。在擁擠中，群體中的成員到處亂撞，與群體中的其他成員無論是在心理上還是在身體上都發生著擁擠。擁擠的基本效果是人們彼此之間更敏感、更易於產生反應。人們變得目光狹小、不顧他人，同時對其他對象的刺激反應大大減少。此時此刻，人們的注意力只限於當時，對平常的事物視而不見。從而導致了群體成員之間彼此關聯，情緒和行爲反應迅速、直接，但似乎都是處於一種潛意識狀態。

2. 集體激動

隨後是第二個階段——集體激動，是擁擠行爲更爲激烈的方式，它除了具有擁擠的一般特徵外，還有著它自己的特殊特徵，即對他人的注意有更爲強烈的吸引力，使人們的情緒更爲迅速地出現，反應更爲快速激烈，而且人們的情緒和行爲都是由發自內心的衝動支配，所以，人們表現得極不穩定，也極不負責任。在這種情況下，人們有更好的機會發洩自己內心的緊張、焦慮和不滿。

3. 社會傳染

第三個階段是社會傳染，是一種比較快的、不知不覺的、不合理的擴展，這種擴展主要是一種衝動行爲和心境的擴展，它往往表現爲一種瘋狂、一種時尚的擴大，它是擁擠和集體激動的極端形式，而且社會傳染還能吸引旁觀者，使旁觀者在不知不覺中也做出了同樣的反應，成爲集體行爲的一員，即使是那些對這一群體抱有不同觀念的人也不能例外。社會傳染的結果，使社會抵抗力減少，即使個體的自我意識減少，而自我意識能阻擋別人對個體的影響。自我意識的減少，就使得阻擋個體內心緊張的發洩減少了，因此當個體看到其他人開始活動時，個人也就會情不自禁地模仿他人、跟隨他人，一下子就擴展到整個群體，最終成爲了集體行爲。

想一想，如果是你，只有你一個人時，你能否氣憤地把一個嫌疑犯殺死呢？而且是一個沒有侵犯過你的嫌疑犯呢？一般情況下你是不會的。通常我們會對某件事情有過於激烈的情感發洩，但我們一般不會付諸於行動。憤怒的時候我們時常也會說：「我要殺了他。」但隨後你不會當眞的，因爲你會意識到這樣的一連串問題：果眞殺了他，我會怎麼樣？我會坐牢，我會被人所不恥，我會終生受到煎熬……所以你從來都沒有殺過人，無論你怎麼憤恨。但是一旦我們進入群體中時，尤其是進入一個群情激奮的群體中時，我們卻常常會做出我們單獨一個人想都不敢想的事情，這就是群體的力量。問題是群體怎麼會使其成員變得如此激烈，甚至失去理智呢？

11.3.3 心理學對集體行爲的解釋

1. 循環反應刺激下的社會傳染

十九世紀末，法國醫師李本透過對集體行爲的觀察和分析，對集體行爲進行了解釋，他特別以歐洲工業革命時暴動的群衆運動爲例，他認爲個體一旦進入集合的群衆，就會由於相互間的循環反應刺激方式，彼此模仿、彼此傳染，從而使個體在突然間變成爲殘酷的、獸性的、沒有了理智的、毫無社會約束感地發洩和濫用暴力的狂徒。

所謂的「循環反應的刺激方式」是指一種相互刺激的情形，也就是說，當刺激發生時，一個人的反應由他人刺激而來，而這個人的反應又形成了對他人的刺激，而且這種刺激比以前的刺激更強烈。比如，在一個劇場內，火災警報突然響了起來，這時就會引起場內觀衆的驚恐反應，觀衆之間會由於彼此間的循環反應刺激而相互模仿、相互傳染，結果導致越來越混亂的局面。爲了更清楚地說明循環反應的刺激帶來的社會模仿和社會傳染，我們以觀衆中的甲和乙爲例。甲和乙兩個人都急於要逃離火災現場，在逃離的過程中，假設甲先看到了乙在拚命地逃跑，那麼乙的驚慌就成爲了對甲的刺激，使甲變得更爲驚慌，逃跑的速度也一下子快了起來。而甲的這一系列的反應，又成爲了對乙的強有力的刺激，乙更爲驚慌、更爲害怕，逃離的速度也就更快了。這反過來又刺激了甲……如此循環往復，甲和乙彼此模仿、彼此傳染，情緒和行爲在瞬間傳遞開來、蔓延開來。前蘇聯電影《勇敢的人們》中有一段馬群奔跑的鏡頭很好地表現了動物群體中的循環反應的刺激方式。當馬群受到一群奔馳而來的馬群影響時，就表現出種種集體行爲產生前的特徵：嘶叫、馬蹄亂動，情緒和行爲都表現出極度恐懼的狀態，並情不自禁地加入了狂奔的馬群。與此同時，新加入馬群的馬的驚恐情緒和行爲表現，又使原有的馬群產生更爲激烈的恐懼情緒和行爲，原來的馬群又更加快了狂奔的速度。於是，狂奔在馬群中的馬越聚越多，剎時間就像是在草原上刮起了陣陣狂風。

我們常說「人多力量大」，但這種大的力量在無組織的情況下通常表現的是破壞性、無序性，並且會因循環反應的刺激而具有極強的傳染性。在群體中，一旦有所騷動，開始產生的情緒、情感、行爲就會迅速擴散。社會學家布魯邁說這種由循環反應的刺激引起的傳染「吸引並感染許多人，他們許多人本來是超然的和無動於衷的觀眾和旁觀者。開始時，人們可能僅僅是對那一行爲更加注意了，同時也就有更加進入的傾向，最終由於社會傳染而引起了群眾模仿」，大家就陷入一種無序狀態。而這種循環反應帶來的傳染，通常表現在兩個方面。一是情緒傳染。個體拋棄社會準則、規範，表現出富有激情。當參與者具有共同的態度、資訊和價值時，情緒傳染則更有可能、更迅速，像李村私刑中的群眾的情緒，相互刺激、相互傳染。二是行爲傳染。當情緒被激動後，由不斷激發的情緒引發的行爲也不斷地升級，而且行爲也在相互刺激中不斷得以激發，導致暴力行爲迅速蔓延。最後激烈的情緒和暴力的行爲便籠罩在這群「烏合之眾」之中，並控制著他們。

2. 去個性化下的責任分散

有心理學家認爲，參加集體行爲的個體，由於其原有的個性特徵完全埋沒在集體之中，成爲一個沒有個性的去個性化的個體，從而使個體的自我意識降低，變得不負責任，最終導致了反制度化的集體行爲的產生。

去個性化是導致集體行爲產生的重要原因，關於這方面心理學家金巴爾多（P. Ztnbardo）在一九七〇年時用一個有趣的實驗研究加以證明了。他以女大學生爲實驗的被試者，對她們說：「實驗要求妳們對隔壁的一個女大學生施行電擊，不需要妳們負任何道義上的責任，完全是爲了科學實驗的需要。」透過鏡子，參加實驗的女大學生們可以看到那個被她們電擊的女大學生。實際上這個女大學生是心理學家的助手，並沒有受到電擊，但當被試者按下電鈕時，她假裝大喊大叫，流淚求饒，像眞的被電擊了一樣，以使那些女大學生被試者相信自己的電擊使她很痛苦。

女大學生被試者被分成兩組，分別在兩種不同的實驗條件下進行。在第一種條件下，金巴爾多讓參加實驗的女大學生被試者們都穿上了帶有頭罩的白大褂，全身裝扮得彼此認不出來，而且，實驗室的燈光比較昏暗，使被試者之間更難以辨認。實驗時，金巴爾多也不叫她們的名字，被試者依次去電擊隔壁的女大學生，卻不知道每一次到底是誰在按下電鈕。金巴爾多把這一實驗條件稱爲去個性化條件。

相對應的第二種實驗條件就是強調個性化的，所有女大學生被試者們都穿著平時的服裝參加整個實驗，而且金巴爾多還讓她們每個人在胸前別上了一張清楚地寫有她們的姓名和系別的名牌，實驗室的照明非常好，被試者之間很容易辨認，而且，在實驗的過程中，實驗者始終禮貌地稱呼被試者的姓名，因此在第二種條件下，每個人都知道是誰正在對隔壁的女大學生實施電擊。金巴爾多把這一實驗條件稱爲「個性化條件」。

金巴爾多預言，在去個性化條件下，女大學生被試者們將會在按電鈕時表現出較少的約束。實驗結果果眞如他所預料，去個性化條件下，女大學生被試者們按下電鈕的次數比個性化條件下的女大學生被試者們要高兩倍，而且下手也比較狠。更有趣的是，金巴爾多在實驗前請每位被試者聽了一段錄音，內容是金巴爾多與兩位即將接受電擊的女大學生的談話，這個談話表明了兩位女大學生具有的不同的人格特點。一位女大學生在談話中表現出樂於助人、惹人喜愛的人格特點，當金巴爾多問她最近在做些什麼時，她說她正在義務教一些智力遲鈍的兒童。另一位女大學生則在談話中表現得非常自私自利，讓人討厭，在整個談話過程中，她不時地在挑剔別人，還說在學校裡她最討厭猶太人。

在聽了這兩段談話後，請女大學生被試者們也在以上去個性化和個性化兩種條件下分別對上面兩位女大學生進行電擊。結果發現，在去個性化條件下，不管遭受電擊的是讓人喜歡的還是令人討厭的女大學生，被試者們都去按電鈕。金巴爾多在他的論文報告中這樣寫到：「這些可愛的，在正常情況下態度溫柔的女大學生，幾乎在每一次有機會時都去按一下電鈕，根本不管被電擊的是不是一位可愛的女學生，而且，一點兒也不感到有什麼不愉快。」而相反，在個性化條件下，被試者就表現得非常有鑑別力，被試者們按電鈕的時間長短和用力程度決定於被其電擊的女學生的人格特點，她們更多、更狠地去電擊那個令人討厭的女學生。

金巴爾多的這一系列實驗結果顯示了群體的「暴力」的確與「去個性化」有著非常密切的關係。這裡所說的「去個性化」

是指當一個人在群體中時，就會產生群體為個人提供了保護的錯覺，個體會認為人多勢眾，誰也不認識誰，此時，個人不再以一個具體的個體而存在，而是以群體的成員而存在，法律的約束力遠離了這些人，從而，個人喪失了責任心，失去了一定的理性，做出了違反社會準則的過激行為。而個人單獨行事時，則由於自我意識強烈，社會抵抗力強，因而更能保持從理性的、倫理的角度去看問題，清楚自己可以去做或不可以去做的事情。金巴爾多的實驗中，個性化小組中的每個女大學生被試者都是以一個獨立的、具體的個體而存在，沒有匿名，這時被試者在實驗中操縱電擊器時，就會體察被電擊者的痛苦，也就會盡可能地減少按下電鈕的次數，但更重要的是，有人在看著她們的行為，這樣正在施行電擊的「她」很自然地會想到大家都知道是我在電擊隔壁的女孩，便對自己的行為進行約束，她們越不電擊也就越顯得有道德、善良、仁愛。而去個性化小組的女大學生被試者們都是匿名的，她們也許會想到被電擊的女大學生的痛苦，但她們一旦融入群體，隱藏在群體之中後，自我意識下降，被試者們清楚此時沒人知道到底是誰在按下電鈕，個人的行為是由群體為之承擔的，加之她們會受到同伴的感染、暗示等影響，被試者就很容易喪失理性和個人責任感，表現得衝動興奮；人人有責，也就等於人人無責，女大學生被試者們就更多地會做出不負責任的行為。

在群體中遊蕩著的「本我」

人越多，衝動越大，行為越激烈，甚至會有兇殘的舉動。看看人類歷史上的戰爭，除了少數領袖能明確戰爭的意義外，其他人常常會陷入瘋狂的戰爭中。和平年代，見到一滴雞血都害怕的人在戰爭年代可能成爲一個殺人不眨眼的人。在戰爭年代，戰爭的雙方是以軍隊形式表現出來的，個人不是代表著他自己，他是群體中的一部分，沒有特殊的意義，他已經匿名了。

希特勒發動的一次次戰爭中，那麼多德國士兵爲了他的計畫獻出了自己年輕的生命，難道他的理論是眞理嗎？在群體中，一個極有說服力和感染力的人能說服並支配別人去做他本來不肯去做的事，而這種效果又是極易擴大的，直到每個人被說服。當士兵們開始行動起來時，就成了一個強有力的壓力，對那些不願去做的人構成威脅，而一旦被征服，就很容易喪失一定量的個性特徵，成爲一個無個性的人。

而個體爲什麼會在匿名時就表現得那麼衝動呢？佛洛伊德的「本我」也許是最好的解釋。佛洛伊德認爲人有三個我。本我，代表了人類的本能、欲望和衝動，只要尋求快樂，按「快樂原則」行動。自我，與現實環境相接觸，負責對現實環境進行考察，以尋求滿足本我的現實途徑，因而，是按「現實原則」行動。而超我則代表了良心，是道德我，時時提醒自我按社會道德、法律規範行爲，履行的是「至善原則」。佛洛伊德認爲人的本我的力量特別大，它隨時隨地都想表現自己，它像個獸，而不太像人；它喜歡用暴力來釋放本能中的衝動。當一個人在匿名時，超我的作用便很小，反正沒人知道是我做的，不會影響我的名譽，此時本我便極容易隨心所欲。在群體暴力中，其實就是一個個本我在遊蕩。

但是我們也要注意，儘管人們有時群集在一起做的事情，在單獨一人時是不肯做的，而做的這件事情通常又是不道德的暴力行爲，但也不能局限在這裡，我們可以利用這些來引導人們做自己單獨一人時不願做的事。如聯合起來幫助災難的倖存者、重建被燒毀的房屋，不相似的人們在共同面臨災難時，也能表現出極大的團結並且充滿著激情。

考考你：

1.什麼是社會促進？爲什麼社會促進有兩種截然相反的效果？
2.什麼是社會遵從？它的經典實驗是誰做的？
3.影響社會遵從的因素有哪些？
4.反制度化的集體行爲是如何產生的？
5.對反制度化的集體行爲的解釋有哪些？你是如何認爲的？

人際交往

如果你想贏得朋友的歡心，重要的是你要記得他們。如果你記住了我的名字，那就等於給我一個很巧妙的讚美，因爲那表明我曾經給你留下深刻的印象。

——卡內基

「小」人際交往

自從有了人類社會就有了人與人之間的人際溝通與社會交往，並且成爲人類社會的重要活動方式之一，對人類社會的發展起著十分重要的作用。因而，人際溝通與社會交往在心理學中一直占有十分重要的位置，許多心理學家都致力於這一研究領域，他們最爲關注的是，在人與人的人際互動中，人們如何形成對他人的印象？人們又以怎樣的行爲方式和心理特徵保持或增加著自己的吸引力？

12.1 印象形成中的資訊利用

人們在與人交往時，從某人的言談舉止，行事爲人，和他人對他的評價中，可以得到許多關於他的訊息資料，而人們是怎樣利用這些資料對這個人形成印象的呢？一個根本的問題在於，人們是傾向於增加還是傾向於平均他們所知道的各種資訊呢？

12.1.1 印象形成的模式

所謂的「印象」是指我們對別人的看法。在很多情況下，我們不是等到全面把握了他人的全部特徵後，再形成對他人的印象的，我們會根據很有限的資訊，甚至是片斷的資訊，就進行加工整理，形成對他人的印象。在這一對資訊的利用過程中，心理學研究發現有兩種加工方式：平均模式和累加模式。

1. 平均模式

「平均模式」是指我們把認知到的有關他人的特徵資訊相

加，然後再求其平均值，以此平均值爲基礎，形成對他人的印象。我們舉個例子來說明。我們和小王第一次交往時，發現小王是一個眞誠、聰明的人；後來我們在與他的第二次交往中，又發現他還是一個樸素、大方的人。那我們對他的兩次印象會有什麼不同嗎？心理學研究指出，人的心理品質在社會交往中所起的作用是有差異的，因而可以對不同的品質賦予不同的分值。眞誠、聰明可以說是非常優秀的心理品質，我們給三分；而樸素、安靜是比較優秀的品質，我們給一分。根據印象形成的平均模式，我們對他人的印象是以感受到的他人的所有心理品質的均值爲依據形成的，那麼，我們對小王的總體印象的得分分別是：

第一次（3＋3）÷2＝3

第二次（3＋3＋1＋1）÷4＝2

但若是反過來，我們先是認知到小王是樸素、安靜的，後又認知到小王還是眞誠、聰明的，那我們對小王的總體印象就會發生變化了：

第一次（3＋3＋1＋1）÷4＝2

第二次（3＋3）÷2＝3

這一結果說明了什麼？它說明了有關他人資訊來源的先後順序影響著我們對他人的印象形成，即當一種中性的肯定的訊息資料（+1）與先前建立起來的很滿意的肯定性資料（+3）聯繫在一起時，我們對他人的綜合評價不僅不會上升，反而會降低；而反過來，先是認知到他人的中性的肯定的品質（+1），後又認知到他人的積極肯定的品質（+3），我們對他人的總體印象就會上升，而不是降低。

2. 累加模式

與平均模式相反，「累加模式」是指我們在對他人形成印象時，是把認知到的有關他人的各種品質相加，求其和，以此形成對他人的總體看法。我們仍然以對小王的認知爲例。我們對小王的總體印象得分，兩種情況下分別應該是：

第一種情況下：

第一次（3＋3）＝6

第二次（3＋3＋1＋1）＝8

第二種情況下：

第一次（1＋1）＝2

第二次（3＋3＋1＋1）＝8

我們看到，當我們用累加模式作爲印象形成的依據時，情況正好相反，即只要感受到他人的好品質，不管前後好的程度是否不同，我們對他人的印象都會上升，而不會下降。

兩種模式所得到的結果完全不一樣，那麼在生活中我們到底會選擇哪一種模式呢？以我們的經驗好像平均模式更對一些。因爲在我們已經知道小王很積極肯定的品質（眞誠、聰明）後，我們就會在心裡不自覺地對小王有了很高的期待，期待他繼續有讓我們驚喜的不同凡響的表現，並帶著這種熱切的期待去和小王進行第二次的接觸，但在這次交往中，我們的期望落空了，我們沒有得到小王的其他的更爲優秀的品質，只是發現他還有比較積極肯定的品質（樸素、安靜），俗話說：「希望越大，失望也就越大。」由此，我們就不自覺地降低了對小王的綜合評價。心理學家諾丁曼．安德森（N. Anderson）透過他設計的一系列精細而準確的實驗驗證了在生活中大多數人確實是使用平均模式形成對他人的印象。他發現，當一些僅屬於比較積極肯定的品質或中等品質的資訊（如固執），與先前建立的非常積極肯定的品質聯繫在一起時，大多數被試對他人的綜合評價不但不會增加，甚至還可能降低。同時在實驗中他也發現，有小部分的被試則喜歡採用累加模式對他人形成印象。

的確，我們在日常生活中與他人接觸時這兩種方式都可能用到。但大多數的心理學家們的實驗都論證平均模式是形成對他人印象的重要方式。

3. 印象形成中的黑票作用

關於印象的形成，有一些既不是單純能用累加模式也不是單純能用平均模式來解釋的現象。比如，司湯達爾的《紅與黑》寫了于連短暫的一生，于連是個聰明的青年（+3），他從小就有很高的志向（+3），他長得英俊（+3），很討人喜歡（+3），他的性格堅強（+3），他喜歡征服一切難以解決的事情（+3），他學習刻苦認眞（+3）。你知道了他的這些品質後，你會喜歡他嗎？可是，你在小說中還會發現，他從小的志向就是往上爬，爬出他的平民階級而想有高官厚祿，並且不惜利用愛他的兩個女人的感情（-6），你還會喜歡他嗎？如果採取平均模式，你對他的印象的得分是$(3+3+3+3+3+3+3-6)/8$，而採用累加模式，則他的得分不會太受影響，那就意味著你會說「于連心腸儘管壞透了，但我還是覺得他很好」。這通常不太可能，因爲這很矛盾。當我們知道于連是個心腸很壞的人後，不會利用平均或累加模式來看他，你會因爲發現他這個極重要的品質後，對他全面否定，給他負分。他有志向有什麼用呢？這志向指的是：往上爬。他聰明有什麼用呢？這聰明是爲了爬得更快更輕鬆。他學習刻苦又有什麼用呢？還不是給自己多一點爬的本錢。他長得英俊就更不好了，是爲了勾引貴婦和少女，以利用她們的愛心。他的性格堅強也只會使他往上爬的目標更加不易動搖。這些念頭在你腦中閃過時，你只能得出結論：「于連可眞壞呀！太可怕了。」

而《飄》中的白瑞德儘管他做軍火生意，在南北戰爭中掙故鄉人的錢，但當我們知道他對媚蘭的那種尊敬和對郝思嘉的那種愛，我們還是會很喜歡他的。

我們看到，對這兩個人物的印象形成中，我們既沒有按累加模式，也沒有按平均模式來評價他們兩個人，都是其中一個品質影響了我們印象形成的全局。看來，對人印象的形成，不是各種品質簡單的累加或平均。心理學家阿希認爲，每次當概念的部分發生變化時，對一個人形成的整體概念也會發生變化。整體不是各部分的機械組合。由於它們不同的性質，對印象形成的厲害程度不同，涵義也就會有變化。

于連的聰明、堅強，因爲他的冷酷、品質惡劣而更加具有威脅性，具有潛在的破壞性。他的那些優秀品質不但沒有使我們覺得他更好，反而覺得他更壞，更可怕。而對白瑞德，由於他對郝思嘉的眞摯的愛，我們會把他做軍火生意看做聰明，在南北戰爭中掙故鄉人的錢看成目光遠大，因爲他知道北方必勝。聰明、機警、幽默在我們對他的評價中都產生了積極的作用。我們更能理解他的聰明，他的各種所謂的壞品質也不覺得它們眞的是那麼壞了。

這樣看來，積極肯定的品質與消極否定的品質並沒有得到公平的對待。雖然人們爲了達到一種完全一致的印象，似乎也去平均他們聽到的品質，但與積極肯定的品質相比，更注重消極否定的品質。也就是說，對同一個人來說，在所有其他品質都相等的情況下，一種消極否定的品質比積極肯定的更能影響印象的形成。在心理學上，有人把這一現象叫做「黑票作用」。

由此可見，在印象的形成中，平均或累加這種數學模式只使用於積極肯定的品質，對突然加進來的極端消極的品質則束手無策。如果我們知道大家都很愛戴的一個人原是個「騙子」，那麼他的那些熱情謙虛在我們看來都是假的，而如果知道他有些脾氣不好，我們就會把這個品質累加或平均一下，覺得無傷大雅。看來消極否定的品質越強烈，它就越特殊，越無法融合。就像一塊美玉，它很漂亮，但它掉到大理石的地面被摔得粉碎時，其美麗也就蕩然無存了。

另外，在對他人的印象形成中，除了上述的例外，通常我們還是採用平均模式或累加模式的。究竟怎樣利用已有資料來評價他人，也跟我們的個性有關。有些人，他喜歡一開始就接納別人，看他們的優點，而發現別人的缺點時，他也能儘量忽略它、原諒它，覺得「人無完人」，能做得像現在這樣就很不容易了。而有些人則喜歡一與人接觸就看人家的缺點，如果有優點也不會馬上就對他作出肯定，而是謹慎地繼續觀察。可以說每個人評價他人的眼光和方式都是不同的，但我們通常還是離不開平均模式，大多數情況下還是圍繞著它在轉。因此，我們在評價他人時既不要把他人看得過於神聖，也不要看得過於惡劣，儘量做到客觀、不偏激。

12.1.2 印象形成中的心理效應

早期的內隱人格理論學家們認爲，每個人都心照不宣地認爲他人所具有的品質都是相互關聯的，一旦掌握了某人其中的一種品質就可以推想他所具有的其他品質及行為表現，比如，一個人很內向，我們就會推斷他也很膽小、不樂觀等，這種現象被稱為「外行人的人格理論」。認知心理學家在解釋我們對他人印象形成時就繼承了這一觀點，而且，認知心理學家還認為，人們都是有選擇地接受資訊並將其統合成一個有意義的整體的。因此，對他人的印象形成，是認知者主動地、有組織地將關於認知對象的資訊整合成一個緊湊的、有意義印象的過程，在這一過程中，人們往往要採取一些捷徑，提高訊息加工的效率。那麼，這些捷徑到底是什麼呢？

1. 第一印象與首因效應

「第一印象」，又稱為初次印象，指兩個素不相識的陌生人第一次見面時所獲得的印象，主要是獲得對方的表情、姿態、身材、儀表、年齡、服裝等方面的印象。這種初次印象在對人的認知中起著很大的作用，它往往是交往雙方今後是否繼續交往的重要根據。第一印象在人們交往時所發生的這種先入為主的作用，就叫做首因效應。心理學家洛欽斯（A. S. Lochins）是第一個對首因效應進行研究的學者，一九五七年時他杜撰了兩段文字作為實驗材料，內容主要是寫一個名叫吉姆的學生的生活片段，這兩段文字的情況是相反的。一段內容把吉姆描寫成一個熱情而外向的人，另一段內容則把吉姆描寫成一個冷淡而內向的人，兩段文字的描寫分別如下：

「吉姆走出家門去買文具，路上碰到了兩個朋友，就一起順路走在鋪滿陽光的馬路上，他們一邊走一邊聊天。到了文具店時，吉姆一個人走了進去。店裡擠滿了人，他一面排隊等待，一面和一個熟人聊天。這時他看到前天晚上剛認識的一個女孩也走進了文具店，吉姆就主動地和那個女孩打了招呼。」

「放學後，吉姆獨自離開教室出了校門。他走在回家的馬路上，陽光明媚，吉姆走在馬路有樹蔭的一邊。路過一家文具店時，吉姆就走了進去。店裡擠滿了學生，他注意到那兒有幾張熟悉的面孔，但吉姆沒有打擾他們，一個人安靜地排隊等待。這時他看到前天晚上剛認識的一個女孩也走進了文具店，吉姆好像沒有看到一樣，沒和那個女孩打招呼。」

洛欽斯把這兩段描寫相反的材料做了不同的四種組合，又把被試分爲四組，讓他們分別閱讀其中一種組合，然後要求各組被試回答「吉姆是怎樣一個人？」，結果如下：

組別	實驗條件	友好評價（%）
1	先閱讀熱情外向材料，後閱讀冷淡內向材料	78
2	先閱讀冷淡內向材料，後閱讀熱情外向材料	18
3	只閱讀熱情、外向材料	95
4	只閱讀冷淡、內向材料	3

由這一結果可看出，第一印象確實對我們認識他人並形成對他人的印象有著強烈的影響。

在第一印象的首因效應中，對情感因素的認知常常發揮著十分重要的作用。比如，當你最初見到一個人時，你總是從他（她）的面部表情、語音語調、身材和服飾等外表來判斷他（她）。但同時，也是很主要的，你總是喜歡那些流露出友好、大方、隨和情感的人，這正迎合了在社會上你我都需要他人尊重和注意的情感需要，這點在兒童身上表現得最明顯。小孩子都喜歡那些第一次見了他（她）就笑哈哈的人，如果能讚揚他（她）幾句，他（她）就更高興了。

但第一印象由於時間短暫，只能認識他人的一個方面，雙方第一印象所獲得的材料通常是與外表有關，而外表有時會具有很大的欺騙性，使你覺得他（她）的其他方面也很好（或很壞），因此，中國有句俗話說：「人不可貌相，海水不可斗量。」

第一印象的認識不全會使我們對他人產生偏見，我們還會常常根據經驗，透過第一印象就武斷地把某人歸類，他是這樣的，應該是這一類人，她是那樣的，應該屬於那種人。這種武斷常常使我們一葉障目，忽視了他人的眞實表現。

第一印象儘管是片面的，但它在我們的日常生活中產生了很大的作用，我們可以透過他人的言談舉止、衣著打扮來判斷他人的性格特徵、受教育程度、家庭背景等等。同樣，在我們猜測他人時，他也在猜測著我們。所以，在與人第一次接觸時，尤其要注意自己的外表、談吐和修養。畢竟第一印象是一種心理現象，即使你知道有時這不對，會產生偏見，但你無法控制，因爲它就像心跳一樣地普通，只要你是生活在人群中的人類，就不可避免。

2. 近因效應

與第一印象的首因效應相對應的是「近因效應」，指的是新得到的資訊比以往所得到的資訊更加強烈，會給我們留下更爲深刻的印象，從而使我們「忘記」以往的資訊，而憑新獲得的資訊對他人作出判斷。比如，有一個人一向很溫柔，但突然有一天，她發怒了，還惡狠狠地對你說話，你就很有可能把她一向的溫柔給忘記掉，這就是近因效應的作用。由洛欽斯的實驗結果，我們也可以看到，在第一組被試中有22％的人是以新獲得的資料來形成對吉姆的印象，認爲吉姆是一個冷漠內向的人；在第二組被試中有18％的人以新獲得的資料形成對吉姆的印象，認爲吉姆是一個熱情外向的人。

近因效應在個體感知熟人時，如果對方在行爲上出現了某些新異的舉動時，其作用會更明顯。就像一個老好人，有一天突然對你發了很大的火，從此給你留下了極爲深刻的印象。

在日常生活中，儘管到處存在著首因效應和近因效應，但我們還是應該時時警惕自己，與他人交往時儘量不要戴著首因效應和近因效應的有色眼鏡去看人。他人的性格、內涵不是一朝一夕就能下定論的，要想眞實地了解一個人，就要全面地對其進行考察，正是「路遙知馬力，日久見人心」。

3. 光環效應

在學校裡經常會有這樣的現象，某學生數學課考試不及格，他的數學老師就容易推斷出這個學生一定是貪玩的學生，平時學習不努力、聽課不專心、做作業不認眞、天資不聰慧、將來也不會有大作爲等等，從而對這個學生的學習不太過問了，不自覺中也就容易忽視這個學生的點滴進步，失去了對這個學生激勵的大好時機。而對一個數學學習好的學生，數學老師往往會認爲這個學生學習努力、認眞，天資聰慧，將來必有出息……，爲此在與該學生的互動中也就會自覺不自覺地關注這個學生的進步，並及時給予鼓勵。

再比如，某人到一家商店買東西，其中有一件商品後來發現質劣價高，就很不高興地說：「都是奸商，沒有一個好東西，唯利是圖。」於是便由於一個商人的表現否定了所有的商人。

爲什麼會發生這種現象呢？心理學認爲這是由於知覺者的情感而引起的對人的一種主觀傾向，並把此現象稱爲光環作用。由於我們對人知覺時有一種情感效應，因而常使人對他人的評價出現偏差，這一偏差表現爲當某人被我們賦予了一個肯定的被我們喜歡的特徵之後，那麼這個人就可能被我們賦予許多其他好的特徵。比方說，外觀迷人者會被認爲有高超的技藝、聰明、有創造性，因而就得到更多的獎賞和讚揚，這就像一圈光環籠罩在一個人身上一樣，讓人不知他還有什麼黑暗消極的一面。反之，如果某人存在某些不良的特徵，那麼他就會被認爲所有的一切都是壞的，這一現象又被稱爲「壞光環作用」，還被形象地叫做「掃帚星」作用。

在生活中，我們大多數人對他人的印象往往會受到光環作用或掃帚星作用的影響。如果我們覺得一個人是好的，是我們喜歡的，那麼我們往往也就會覺得這個人也有著其他的許多好品質，儘管這些好品質我們從沒在和這個人接觸時看到過，但我們還是堅定不移地會認爲此人擁有這些好品質。比如，我們在和一個女孩子接觸中感受到她是一個性情溫柔的女孩，那麼她同時就可能會被我們認爲也具有善良、謙虛、整潔、聰明的好品質，甚至會認爲她將來一定前途無量。而我們在和另一個女孩子的交往中，認識到她是一個性格暴躁的女孩子時，我們往往也就會認爲她還是一個粗野、無知、任性的女孩，我們會很討厭她，甚至認爲她將來一定一事無成。這就是我們在認知他人時所謂的「一好百好，一惡百惡」的好或壞光環作用，即使你覺得那個溫柔的女孩子，有時有些自私，你也不太會不喜歡她，也許你還會說：「畢竟，自私是人的本性，人無完人啊。」其實，這就是我們平常所說的「愛屋及烏」。

戴恩（K. Dion）、伯斯奇德（E. Berscheid）和沃爾斯特（E. Walster）的一項研究結果很好地論證了我們在形成對他人的印象時，光環作用和掃帚星作用的普遍存在。他們的研究是這樣進行的：先給每一位被試看一些陌生女性的照片，這些女性從照片上可以被區分為有魅力的、無魅力的和中等的。然後，讓每一位被試在一些與魅力無關的特性方面對照片上的每一個女性進行評價。結果，在社會合作性、婚姻能力、職業狀況、做父母的能力等等方面，僅在照片上顯得有魅力的人得到的評價都很高，而在照片上顯得無魅力的人得到的評價最低。就是因為從照片上看，長得好看、長得有魅力的人，就使得她們在別人眼中也就具有了這樣或那樣的積極肯定的品質了；相反，那些僅僅從照片上看不漂亮、沒有魅力的人，就被大家看得好像也有這樣或那樣的消極品質了。可見，雖然我們都知道「人不可貌相，海水不可斗量」的道理，但要真正做到「不以貌取人」，還真不是那麼容易呢。

站在巨人的肩上而不是活在他們的光輝中

亞里斯多德被稱為百科全書式的哲學家，他的學問涉及天文、地理、物理、倫理、政治等。一直到中世紀，整個宗教、哲學都沈浸在亞里斯多德的理論當中。長達一千四百多年的黑暗的中世紀，占統治地位的亞里斯多德—托勒密的地心說堅決反對「地動」的觀點，而主張「天動」。認為地球是宇宙的中心，靜止不動；日月星辰都圍繞地球轉，這就是「古代最偉大的思想家」的思想。在我們今天看來，亞里斯多德的學問有多麼可笑。可爲什麼在中世紀人們就心甘情願地說「地心說」是對的呢？以致哥白尼用其一生來證明地心說的謊言，竟得到指責說是「滑稽可笑的」；而後來的伽利略、布魯諾都付出了巨大的代價，才爲經典力學奠定了基礎。這正像牛頓說的：「如果我之所見比笛卡兒等人要遠一些，那只是因爲我是站在巨人的肩上的緣故。」這一方面說明了牛頓的力學是建立在前人的基礎之上，另一方面也說明了，要站在前人的肩上而不是活在前人的光輝當中，只會低頭稱「是」。但是後人並沒有吸取亞里斯多德的教訓，自從有了牛頓力學，人們便如獲至寶，雖然有人也提出或想到了許多疑問，也很快被自己和周圍的人們給否定掉，「這不可能！」人們被牛頓的光環所籠罩，根本沒想到去好好地多思考一下。歷史又在重演，直到愛因斯坦的出現，人們才走出經典力學的框架。正是光環作用使我們總把偉大的人物看成是最好的，而不願去超越或發現更完善的眞理，從而使我們常常與眞理失之交臂。

12.2 社會交往中的喜歡與吸引

每一種人際關係都包含了喜歡和不喜歡這一向度，事實上這一向度也影響著我們社會生活的每一個方面，就我們每一個人來說，我們都希望自己在與他人的交往和互動中，不斷地增加著或繼續保持著自己的吸引力，問題是，要做到這一點，是否有普遍適合人類社會的共同法則？心理學的研究表明，有許多品質或特徵可以增加或保持你我在社會交往中的喜歡與吸引。

12.2.1 熱情的魅力——熱情的中心性品質效應

約翰是個優秀的中年男子，他工作勤奮。早年求學時，他就有著堅強的性格，做事果斷、堅決，又不失謹慎。這種風格一直陪伴他走上事業的顛峰。人們常說他是個聰明的人。在生活上，他同樣積極、樂觀，待人熱情、真誠。

而漢森與約翰是少年時代的朋友，他們兩個在許多方面實在是太像了，漢森事業有成，工作勤奮認真，同樣有著約翰的堅強、果斷、堅決和謹慎。人們也常說他是個聰明的人，但是，正如天下沒有相同的兩片葉子一樣，漢森也不可能與約翰處處相同。漢森天生長就了一張希臘石雕般的臉，冷峻而清瘦，這張臉倒是與他的性格相符。有時他甚至冷酷得讓人不知該怎樣接近。

如果，突然有一天，他們兩人站在你的面前，你更喜歡哪一位呢？是約翰，還是漢森？你希望與他們中的哪一位交朋友呢？

1. 熱情的中心性品質實驗

上面的假設，正是美國心理學家索羅門·阿希熱情的中心性品質實驗的翻版。阿希在一九四六年作過這樣的經典實驗，他給被試有關某個人的描述，其中包括七種人格特質：聰明、熟練、勤奮、熱情、堅決、實幹和謹慎。同時，也給了另外一些被試一張描述某人的品質羅列表，這張羅列表中只是把上述的七個品質中的熱情換成冷酷，而其他六個品質則同上面一模一樣。然後，阿希請兩組被試對表格所描述的人給出一個較詳細的人格評定，並要詳細地說明最希望這個人具備哪些品質。結果阿希從兩組被試那裡得到了完全不同的答案：第一張表格的人，僅僅因為他有熱情的品質，就受到了被試們的喜愛，被試們毫不吝嗇地把一些表格中根本沒有、也根本與表格中所列品質無關的好品質，統統地「送給」了他，對他的品質期待就更是錦上添花了；而第二張表格的人，就僅僅因為用冷酷代替了熱情，結果就受到了被試們的厭惡，被試們在評價這個人時則是把一些在表格中根本沒有、也根本與表格中所列品質無關的壞品質，統統地「送給」了他，對他的品質期待也是很消極的。這一實驗結果表明，熱情還是冷酷，可使一個人對他人的吸引力發生實質性的變化。

為了再次驗證熱情—冷酷這一對品質對人際吸引的決定性影響效果，阿希接著又設計了實驗繼續進行檢驗，在這次實驗中，阿希用禮貌—生硬這對詞，代替了上述的熱情—冷酷這一對，而其他六個詞仍然保持不變。和上述實驗方法一樣，阿希也仍然是請兩組被試根據所拿到的關於某個人的七個品質的描述表格，對所描述的人盡可能詳細地評價一些他的人格，並詳細地說明最希望這個人具備哪些品質。結果，阿希發現，這次實驗中的兩組被試對兩個表格中所描述的人的評價，沒有顯著性差別，描述得幾近相同，對其的品質期待也幾乎是相似的。這一實驗的結果再次驗證了，一個人熱情還是冷酷，將在很大程度上決定著他在社會交往中的喜歡與吸引。

2. 熱情的中心性品質作用機理

心理學家們認為熱情之所以可以左右著我們在社會交往中的喜歡與吸引，是因為熱情一冷酷這一對品質包含了更多的有關個人的內容，它們和許多人類的其他人格特性緊密相關；而禮貌一生硬這一對品質則相對獨立，它們和人類的其他的人格特性聯繫較少。因此，一旦我們認識到一個人是熱情的，我們就會把聯繫在其周圍的其他人類優良的品質也「配送」給他；而相反，當我們認識到一個人是冷酷的，我們就把聯繫在其周圍的其他人類不良品質「配送」給他。可見，在人類的品質描述中，熱情一冷酷這對詞就好像是居於人類品質詞的中心，它們左右著人類的一些其他品質有還是無，因此，在心理學上通常就把熱情一冷酷這對品質叫做了中心性品質。

為什麼熱情會有這麼神奇的魔力呢？這是因為熱情幫助我們喜歡它的主人。熱情從它主人的心中發出，一出來就是有對象的。透過各種方式表達出來，同時也瀰漫在它主人的周圍，只要在他身邊的人就都能體驗到其熱情的味道和溫暖。而熱情這一品質在生活中最容易、也是最主要的表現方式是，盡可能積極而寬容地去喜歡與我們交往的每一個人，積極而開心地去欣賞我們見到的每一朵鮮花和小草，並且由衷地對他們說出讚美、稱頌的話語，並且還要記住，一個處在熱情中的人往往是面帶笑容的。

12.2.2 喜歡別人的人也會贏得別人的喜歡——人際吸引的相互性原則

看看你身邊的人，你能發現你最喜歡的人通常有什麼特徵嗎？你為什麼會喜歡他們？是因為他們漂亮嗎？還是因為他們聰明？抑或是因爲他們有社會地位？心理學的研究表明，我們通常喜歡的人是那些也喜歡我們的人。他不一定很漂亮，或很聰明，抑或很有社會地位，僅僅只是因爲他很喜歡我們，我們也就很喜歡他了。心理學上把這一相互喜歡的研究結果叫做人際吸引的相互性原則。

1. 相互性原則的實驗研究

心理學家阿讓森（E. Aronson）和林德（R. Linton）曾經以實驗證明人際吸引中的相互性原則。在實驗中他們讓被試分別體驗與兩個實驗助手的相互交往，而被試不知道與自己交往的是實驗助手，他們把實驗助手也當成了是和自己一樣來參加實驗的被試，這也是實驗者有意安排的。被試和實驗助手的交往是透過一起合作完成某項實驗者安排的工作而實現的。在第一次合作後，實驗者給他們一段休息的時間，在休息時，實驗者設法使被試很「偶然」地聽到了兩個實驗助手和實驗者的談話，在談話中，兩個實驗助手都談到了對被試的印象，其中第一個實驗助手用相當奉承的語氣，一開始就說他喜歡被試，而第二個實驗助手則對被試持批評的態度，這一實驗助手說他不能肯定自己是否喜歡被試，並對被試作出了否定的描述。休息時間過後，兩個實驗助手又回到實驗室和被試一起繼續合作。等第二次的合作結束後，實驗者請被試對與自己合作的兩個實驗助手進行評價，並回答自己在多大程度上喜歡與自己合作的兩個夥伴，即兩個實驗助手。實驗的結果正如實驗者所預料的那樣，被試的評價與兩個實驗助手對他的評價是相互的：第一個實驗助手喜歡被試，因而被試也喜歡第一個實驗助手；第二個實驗助手表示不喜歡被試，因而被試也不喜歡第二個實驗助手。由此證實了人際交往中的相互性原則，即如果關於某人的全部訊息資料說明他喜歡我們，我們就可以預先確定我們也喜歡他；而如果關於某人的全部訊息資料都說明他不喜歡我們，那我們也可以預先確定我們也不會喜歡他。

其實我們稍微留心一下，就會發現在日常生活中，到處都可以見到相互性原則。《聖經》說：「你們用什麼量器量給人，人也必用什麼量器量給你們」、「你期望別人怎麼待你，你也要怎麼待人」。薇薇是個八歲的女孩，她最喜歡的是小敏阿姨。小敏阿姨是薇薇媽媽的同事。一次薇薇在媽媽公司辦的聯歡會上表演節目，叔叔阿姨都爲她鼓掌，但她只注意到小敏阿姨，因爲小敏阿姨在薇薇表演時，一直用充滿興致的雙眼注視著她，並時時對表演著的薇薇發出會心的微笑。那時薇薇還不認識小敏阿姨，她從台上下來，就迫不及待地跑來問媽媽，坐在那兒的、一直在微笑的阿姨是誰？就在這次的表演中薇薇認識了小敏阿姨，並似曾相識似的，薇薇把小敏阿姨看成了自己的一個好朋友，她一再邀請小敏阿姨到自己家來做客。小敏正是透過自己的關注和微笑，給了薇薇一個這樣的訊息：我喜歡妳的表演或我喜歡妳，從而也贏得了薇薇對她的喜歡。

我們常常就是這樣，最喜歡那些喜歡我們的人。那麼我們爲什麼會喜歡那些喜歡我們的人呢？

2. 相互性原則的心理機制

因爲喜歡我們的人使我們體驗到了愉快的情緒，我們只要一想起他們，就會同樣想起和他們交往時所擁有的快樂，因而使我們一看到他們也就自然有了好心情的出現。我們知道，他們喜歡我們，他們會給我們友好、誠實、熱情等，所以我們也順理成章地會給予他們友好、誠實、熱情等，我們也很自然地就喜歡上了他們。

更重要的是，那些喜歡我們的人使我們受尊重的需要得到了極大的滿足。他人對自己的喜歡，是對自己的肯定、賞識，說明自己在這個社會的交往中對他人，或說對社會是有很多價值的。

3. 相互性原則適用範圍

人際吸引的相互性原則也有著適用的範圍。一個人如果自我尊重程度較強，較為自信，那麼別人對他表示出的喜歡和讚揚，他可能並不在乎，因而人際吸引的相互性原則對這種人作用也就不太大。而那些具有較低自我尊重的人則不然，他們不喜歡那些給他們否定評價的人，因為他極不自信，所以特別需要別人的肯定，特別看重別人對自己表達出的喜歡情感。曾經就有心理學家以實驗研究很好地證明了這種區別。實驗者先對參加實驗的被試進行了一系列測驗，測定了他們的自我尊重程度後，讓他們在一個小組裡透過討論問題進行相互接觸。在小組討論結束後，每個組員都要評價一下其他成員，並把它寫在一張紙上，由實驗者來綜合大家對組員的評價。然後，再把屬於某個組員的評價發給這個組員，但實驗者所發的評價是假的，他並沒有用眞實的評價，這些假的評價，有些是相當肯定的，而有些則非常否定。然後再詢問每個人喜歡小組的程度。對於只有低自我尊重的被試來說，對全組的喜歡很大程度依賴於全組對他的喜歡程度；而那些有較高自我尊重的被試則不太依靠團體對他的評價來決定自己是否喜歡團體。可見，自我尊重的強弱，在很大程度上可影響著人際吸引的相互性作用的發生。

在實際生活中，應該說大多數人都不是很自信的，自我尊重的意識常常並不很強，因而大多數人都特別需要別人對自己的肯定，而且越不自信時就越需要別人的肯定。如果有很多人都說我們很好，都說喜歡我們，那麼我們往往會越來越自信。隨著喜歡我們的人的增多，我們可能就不太會像起初那樣去喜歡新認識的朋友了。這是由於我們的自我尊重程度提高了。

還有一個原因決定著我們去喜歡那些喜歡我們的人，那就是報答。「他那麼喜歡我，而我竟沒有一些反應，好像有些不像話嘛！」我們往往是迫於一些壓力或內疚，不想讓人失望，不想讓別人「熱情熱心換冷淡冷漠」，我們想讓別人知道我們也是有感情的，也是比較熱情和知道回報的人，於是，我們也對對方表現出喜歡。

當然，我們說我們通常會喜歡那些也喜歡我們的人。但這並不是絕對的。有時我們喜歡某個並不喜歡我們的人，而相反，我們不喜歡的人有時卻很喜歡我們。我們只能說在其他一切方面都相同的情況下，我們有一種很強的傾向，喜歡那些喜歡我們的人，即使他們的價值觀、人生觀都與我們不同。

另外還有一個有趣的現象，如果一個人自始至終都對我們表達喜歡的話，我們可能不僅不珍惜，反而還因為對其動機和智力的懷疑而不喜歡他；而當另外一個人，起先表現的是對我們的不喜歡，但是經過一段時間的交往後，他變得喜歡起我們了，這反而會增加我們對其智力和誠意的判斷，我們會更強烈地表現出對他的喜歡。比如，有一個人一見到你就表示出很喜歡你，並且以後一直都在表示他很喜歡你，那麼你就會有些疑問，懷疑這個人的誠意和辨別力。你也許對自己說：「這個人可能是對誰都這麼喜歡，或者他想討好我。」而有人一開始對你是否定的，甚至還說了些批評你的話，那麼，你會很不高興，但過了一段時間後，他對你的評價漸漸提高了，這時你就會覺得「這個人不是個喜歡說好話的人，他很有判斷力」。他的意見和評價在你眼裡就顯得特別有分量。「唉，他評價人是那麼地嚴格，但仍能對我有較好的印象，看來他是真的喜歡我。」這就很容易使我們也以真誠的喜歡相回報。

所以，沒有人會喜歡那種「虛情假意的喜歡」。因此，在日常生活中，我們要想獲得別人的喜歡和認可的話，就應該先懷著一顆真誠的心去悅納他人，悅納周圍的一切。

戴爾·卡內基讓你充滿吸引力

美國成功心理學家卡內基在《人性的優點》一書中介紹了在人際交往中可以增加或保持喜歡與吸引的心理品質或人格特徵有：

1. 真誠地對別人感興趣。每個人都希望別人注意到他存在的價值，如果你對別人不感興趣，別人也就對你不感興趣。
2. 盡力記住別人的名字。每個人都很看重自己的名字，這可使個體感受到你真誠的關注。
3. 做一個好聽眾而不是演說家。在人際溝通中每個人都希望對方注意傾聽自己，這可使個體的社會尊重需要得到滿足，從而建立起友好交往的好氛圍。
4. 談別人感興趣的話題。共同感興趣的事或物，常常可以把兩個人的情感緊緊地連在一起，而且還是打破僵局、縮短交往距離的良策。

5.經常讓別人感覺到他很重要。認爲別人重要，說明你尊重他，而且，人們常常希望在別人某一方面能力欠佳時表現自己。
6.避免當面傷害別人的感情。如果要批評人，一是可以先從讚揚入手；二是可以先從自我入手；三是批評時不要傷害別人的自尊心。
7.有錯要主動承認，爭辯要有分寸。堅持錯誤不如承認錯誤，堅持錯誤會疏遠與他人的感情，承認錯誤會使人在眞誠中原諒我們的過失。爭辯中要顯示大度，把握好分寸，不說刻薄話，控制好自己的情緒。
8.不要總顯得自己比別人高明。總覺得自己鶴立雞群，認爲自己比別人高明，勢必會造成孤立。
9.多從別人的角度考慮問題。站在別人的位置設身處地地想一想再行動，常常會贏得人心。
10.永遠保持同情心。同情心在行爲上的表現就是對他人提供熱情幫助。

考考你：

1.什麼是印象形成的平均模式？
2.什麼是印象形成的累加模式？
3.對他人印象形成過程中我們會受到哪些因素的影響？
4.什麼是熱情的中心性品質？
5.什麼是人際吸引的相互性原則？
6.你是怎樣增加和保持吸引力的？

後　記

從北京大學出版社楊書瀾女士處欣聞《心理學是什麼》一書將在台灣發行出版，爲有這樣一個與台灣學者共同學習交流的機會，我倍感高興，但也很惶惶。心理學是什麼？怎樣理解心理學？以什麼樣的方式來敘述眾多心理學理論流派和解釋各種心理現象，才能使大眾對心理學有更爲準確的理解和把握？用什麼樣的寫作體系，並對心理學內容體系進行怎樣的合理取捨，對大眾了解心理學才是最科學、最方便的？這些，足以讓我費了許多的心思，儘管我們在各方面做了努力，但我仍然不敢說，本書的取捨和闡釋是很準確的。正如我在序言中寫到的：既然是書，自有體系，人就是一個宇宙，有關人的發現不是用一個體系能夠描述的，我們只希望這是讀者所見的有關心理學現象和理論介紹的獨特體系。

交流與指正，可以使我學識長遠，人生獲益，我熱切地盼望著台灣同仁和讀者的批評與指教。同時我要感謝北京大學楊書瀾女士及揚智文化葉忠賢先生，使心理學有了這樣一個向大眾闡釋的機會。

參考書目

王樹茂（編著）（1982）。《心理學趣談》。遼寧人民出版社。

弗洛伊德。高覺敷譯（1984）。《精神分析引論》。商務印書館。

申荷永（主編）（1999）。《社會心理學：原理與應用》。暨南大學出版社。

李之群（1997）。《趣味心理學》。華中理工大學出版社。

沃爾克、小皮克（主編）。喻柏林等譯（1986）。《知覺與經驗》。科學出版社。

貝內特。旦明譯（1983）。《感覺世界：感覺和知覺導論》。科學出版社。

車文博（主編）（1998）。《弗洛伊德文集》。長春出版社。

易錦海、李曉玲（1997）。《交際心理學》。華中理工大學出版社。

邵志芳（2001）。《思維心理學》。華東師範大學出版社。

南博（編）。馬建設譯（1988）。《記憶方法：心理學上發現的二十條規律》。中南工業大學出版社。

孫曄、李沂（主編）（1988）。《社會心理學》。科學出版社。

徐信華（1998）。《弗洛伊德傳》。河北人民出版社。

時蓉華（1998）。《社會心理學》。浙江教育出版社。

馬斯洛。李文湉譯（1987）。《存在心理學探索》。雲南人民出版社。

馬斯洛。林方譯（1987）。《人性能達的境界》。雲南人民出版社。

高宣揚（1987）。《進入精神分析的世界：佛洛伊德學說概論》。台北：洞察出版社。

高峰強、秦金亮（1999）。《行爲奧秘透視：華生的行爲主義》。湖北教育出版社。

章志光（主編）（1996）。《社會心理學》。人民教育出版社。

史基納。譚力海等譯（1989）。《科學與人類行爲》。華夏出版社。

斯通。關穎譯（1987）。《弗洛伊德：精神分析大師》。上海翻譯出版公司。

華生。李維譯（1998）。《行爲主義》。浙江教育出版社。

馮川（編）（1997）。《榮格文集》。改革出版社。

奧斯本。慕偉譯（1998）。《弗洛伊德入門》。東方出版社。

葉亦乾等（編）（1997）。《普通心理學》。華東師範大學出版社。

榮格。梁綠琪譯（1989）。《性與夢：無意識精神分析原理》。中國國際廣播出版社。

榮格。劉國彬、楊德友譯（1988）。《回憶·夢·思考：榮格自傳》。遼寧人民出版社。

劉善循（2000）。《學習成功術：記憶、思考和創新的方法》。商務印書館。

鄭全全、俞國良（1999）。《人際關係心理學》。人民教育出版社。

燕國材（1980）。《記憶與學習》。湖北人民出版社。

Aronson, E. & Pratkanis, Anthony R. (1993). *Social psychology*. NY: New York University Press.

Gleitman, H. (1994). *Psychology*. NY: W. W. Norton.

Hock, Roger R. (1999). *Forty studies that changed psychology*. NJ: Prentice Hall.

Hogg, Michael A. & Vaughan Gramham M. (1998). *Social psychology*. London: Prentice Hall.

Martlin, Margaret W. (1998). *Cognition*. Florida: Harcout Brace.

Smith, Eliot R. (1995). *Social psychology*. NY: Worth Publishers.

人文社會科學叢書4

心理學是什麼

著　　者／崔麗娟等
出 版 者／揚智文化事業股份有限公司
發 行 人／葉忠賢
總 編 輯／林新倫
執行編輯／晏華璞
美術編輯／周淑惠
登 記 證／局版北市業字第1117號
地　　址／台北市新生南路三段88號5樓之6
電　　話／(02)2366-0309
傳　　真／(02)2366-0310
E-mail／book3@ycrc.com.tw
網　　址／http://www.ycrc.com.tw
郵撥帳號／14534976
户　　名／揚智文化事業股份有限公司
印　　刷／鼎易印刷事業股份有限公司
法律顧問／北辰著作權事務所　蕭雄淋律師
初版一刷／2002年12月
定　　價／新台幣380元
ISBN／957-818-443-3

國家圖書館出版品預行編目資料

心理學是什麼 = What is psychology? / 崔麗娟等著.
-- 初版. -- 台北市：揚智文化, 2002[民91]
面： 公分. -- （人文社會科學叢書：4）
參考書目：面
ISBN 957-818-443-3（平裝）

1. 心理學

170　　91016967